本书获2020年衡阳市社会科学学术著作出版资助
本书系湖南省教育厅科学研究重点项目（19A120）、
湖南工学院“三个一批”人才支持计划（ZY20171008）、
湖南工学院“双一流”建设重大培育项目（201709）研究成果

区域农村产业融合发展水平测度与路径优化的实证研究

陈国生　等著

湘潭大学出版社

图书在版编目（CIP）数据

区域农村产业融合发展水平测度与路径优化的实证研究 / 陈国生等著. -- 湘潭 : 湘潭大学出版社, 2020.9
ISBN 978-7-5687-0475-5

Ⅰ. ①区… Ⅱ. ①陈… Ⅲ. ①农业产业－产业发展－产业融合－研究－中国 Ⅳ. ① F323

中国版本图书馆 CIP 数据核字（2020）第 181934 号

区域农村产业融合发展水平测度与路径优化的实证研究

QUYU NONGCUN CHANYE RONGHEFAZHAN SHUIPINGCEDU YU LUJING YOUHUA DE SHIZHENG YANJIU

陈国生 等著

责任编辑： 丁立松
封面设计： 张丽莉
出版发行： 湘潭大学出版社
社　　址： 湖南省湘潭大学工程训练大楼
电　　话： 0731-58298960 0731-58298966（传真）
邮　　编： 411105
网　　址： http://press.xtu.edu.cn/
印　　刷： 广东虎彩云印刷有限公司
经　　销： 湖南省新华书店
开　　本： 787mm×1092 mm 1/16
印　　张： 13
字　　数： 325 千字
版　　次： 2020年9月第1版
印　　次： 2022年3月第1次印刷
书　　号： ISBN 978-7-5687-0475-5
定　　价： 58.00 元

序

自中央一号文件指出要大力推进农村一二三产业融合发展以来，各省市都相继出台了多项政策支持本地区农村一二三产业融合发展。如湖南省印发《2016 年省预算内基建投资“农村一二三产业融合发展专项”实施方案》，明确投入 4 000 万元作为支持湖南省农村一二三产业融合发展专项资金；衡阳市制定了《关于推进农村一二三产业融合发展的实施意见》，明确了推进农村一二三产业融合发展的措施，要求各级政府部门从政策上对农村一二三产业融合发展给予大力支持，放松了政府的管制，为衡阳市农村一二三产业融合发展创造了良好的政策环境。过去的成就得益于政策的鼓励，未来的发展更需要政府进一步的支持。

衡阳现有人口 733.75 万人，其中农业人口有 616.63 万人，是典型的农业大市。农业振兴事关重大，而农业振兴应走一二三产业融合发展之路。目前衡阳农业发展态势总体良好，但衡阳传统农业转型过程中出现了产品滞销、市场倒逼、农业人口过剩且老龄化严重等一系列“瓶颈”。特别是进入 2020 年以来，猪肉价格持续高位，直接导致猪肉以及禽肉、水产、牛羊肉和蛋奶等替代品的价格一起上涨。而猪价的上涨不仅导致消费水平下降，而且还会加大环保压力。显然，探索农产品市场的形成机制和规律，研究农村一二三产业的融合发展对策，是时代赋予当代“三农”工作者的崇高而伟大的责任和使命。陈国生及其团队所撰写的《区域农村产业融合发展水平测度与路径优化的实证研究》一书，是一部以摆脱当前农业产业以及农产品发展严峻的形势，研究衡阳农村一二三产业的融合发展和农业创新发展对策的学术专著，具有较高理论价值和现实指导意义。

《区域农村产业融合发展水平测度与路径优化的实证研究》一书基于整理的文献资料，围绕一个中心（产业融合）、二个突出问题和三大融合模式展开，重点分析了衡阳农业发展存在的深层次问题的内在逻辑，并且总结当前产业融合情况，通过利用农业领域三个产业融合评价体系对其展开实证分析，着重从模式选取、经营主体培养、体系建设、行为策略制定等层面提出解决办法。具体研究内容主要包括 6 个部分，共 13 章。第一部分是理论基础与文献综述，设计为第一章。第一章为绪论，主要是对研究的研究背景、问题提出、研究目标、研究内容、研究方法、数据说明、可能的创新点以及研究不足进行介绍，第二部分是融合发展综合评价研究，设计为第二、三、四章。其中第二章《衡阳市农村“三产融合”的内涵要解、发展模式、作用机制与实现路径》、第三章《基于TOPSIS法的衡阳市农村一二三产业融合发展综合评价研究》和第四章《基于AHP模型的衡阳生态茶园景观质量评价体系及模型构建研究》。第三部分是融合发展模式研究，设计为第五、六、七章。其中第五章《农业内部交叉融合模式：基于经济高质量发展战略的衡阳市茶叶产业发展战略》、第六章《农业产业链延伸型融合：田园综合体“三位一体”融合模式构建与实现路径研究》、第七章《农业功能拓展型融合：常宁大三湘油茶生态示范园多功能农业生态旅游发展》。第四部分是融合发展新业态研究，设计为第八、九、十章。其中第八章《智慧农家乐：衡阳市农家乐O2O模式发展的影响因素与发展对策研究》、第九章《特色小镇：基于“CSM”模式的常宁市塔山乡瑶族文化旅游融合研究》、第十章《田园综合体：耒阳市江头贡茶农庄为生态休闲茶庄田园综合体模式》。第五部分是农村产业融合助推衡阳经济高质量发展实证研究，设计为第十一、十二章。其中第十一章《衡阳市瑶族文化振兴与旅游产业高质量发展互动机制分析及实现路径研究》、第十二章《农村产业融合发展背景下衡阳市实施“农民大学生培养计划”的探索与实践——以衡阳市广播电视大学为例》。第六部分是政府行为与政策建议。设计为第十三章《促进衡阳农村产业融合发展的地方政府行为与政策建议》，主要任务是对全文进行总结，并从高质量发展视角提出相应的政策建议。

衡阳市农业的基础较好，但是受到各地农业资源、技术差异以及经济发展水平参差不齐等因素的影响，衡阳市农业增长速度正趋于减缓，农村一二三产业融合发展还存在两大突出问题。一是农业龙头企业发展较快，但其他新型经营主体促进产业融合作用不强，利益联结机制松散。龙头企业是推动农村一二三产业融合的重要力量，近年来衡阳市农业产业化龙头企业虽有迅速发展，但并没有形成强大的辐射作用，也没有带动其他新型农业经营主体的发展，农村产业融合的深度和广度欠佳。二是农村产业融合产业链初具雏形，但是产业融合层次较低，农业多功能挖掘不够，融合方式较为单一。多年来，衡阳市农业产业集群区培育已经取得了显著成效，培育了100多个农业产业化集群，并且通过农业集聚区的发展，将农业肥料行业、种养业、加工业、物流业和销售业等连接起来，初步形成了农村一二三产业融合产业链。但与其他地区相比，衡阳市产业融合存在层次较低、农业多功能挖掘不够，融合方式单一的状况。

本书在访谈与调研众多农业生产经营主体的基础上，总结出衡阳农村产业融合的四种典型模式：一是“公司＋基地＋农户”的农业多功能产业融合。典型代表为湖南大三湘茶油股份有限公司。在农业的多功能开发上，公司以会员为纽带开展了关于油茶种植、深加工、观光休闲、农耕文化体验、生态农业等多种功能。该公司还帮助农民发展林下经济，开发茶山飞鸡、有机黄豆等生态农产品，带动农民脱贫致富。二是农业产业链延伸型融合。典型代表为衡南县满江红种养专业合作社的“种养结合”共生共长的生态循环农业模式。该合作社集龙虾养殖和水稻生态种植于一体，形成了“稻虾共生”系统，优化了农业生态环境。三是田园综合体“三位一体”式融合。典型代表为耒阳市江头贡茶生态休闲农庄生态与体验合一的农业发展模式。在公司的带领下，走个性化、私人定制路线，在茶叶种植上采取生物和物理防控来防虫，茶园里每隔几米就布置了太阳能诱蛾灯、性诱剂、寄生蜂等专业设备，加上茶园鸡，利用生物和物理防控来防虫降病，整个生长过程杜绝一切化学农药、肥料和除草剂。四是农业创新驱动型的智慧农业。生态、优质、高产、高效与安全是现代农业发展的根本追求，因此要按照“创新、协调、绿色、开放、共享”农业发展理念，充分利用现代信息技术改造提升农业。利用“互联网＋农业”和农业物联网等实现农业技术的集成创新，推动农业结构升级或形成农业新业态；结合农业供给侧改革的目标与任务，以创新驱动和需求导向来推进信息技术在农业各环节的应用，实现农业数据化和在线化，提升农业生产经营效率。

通观全书可以看到，作者将学术著作的严谨寓于平实的文风之中。全书文字精练、语言流畅、分析缜密，不失为一本为农业专业工作者和农村管理专业本科生及研究生所需要的、很有价值的工作和学习参考书。正是因为这种特殊的针对性，才促使本书的撰稿人始终站在一个较高的起点上看待书中所涉及的每一项专题。从研究的角度进行选题，从研究的角度进行写作，向读者提供作者自己通过研究而形成的观点和结论，启发读者对相关问题作出新的思考，引导读者从事更深的研究。因此，本书也更有其独到的学术引导价值。

邓宗兵

（作者系西南大学教授、博士生导师）

2020 年 8 月

目　录

第一部分　理论基础与文献综述

第二部分　融合发展综合评价研究

第三部分　融合发展模式研究

第四部分　融合发展新业态研究

第五部分　农村产业融合助推衡阳经济高质量发展实证研究

第六部分　政府行为与政策建议

第一部分

理论基础与文献综述

第一章　绪　论

第一节　研究背景、目的与意义

一、研究背景与问题提出

推进农村一二三产业融合，对于构建和丰富现代农业产业体系，转变农业发展方式，拓展农民增收渠道，推动农村全面建成小康社会，具有十分重要的意义。2003—2018 年，中共中央、国务院已经连续十六年发布与农业相关的“一号文件”。2016 年中央一号文件指出：要“推动粮经饲统筹、农林牧渔结合、种养加一体、一二三产业融合发展，让农业成为充满希望的朝阳产业”。2015 年《中共中央关于制定国民经济与社会发展第十三个五年规划的建议》和《国务院办公厅关于推进农村一二三产业融合发展的指导意见》都明确提出要推进农村一二三产业融合，形成农村发展新格局。在 2017 年党的十九大报告和 2018 年的中央一号文件中提出实施乡村振兴战略，其中积极发展农村一二三产业融合是实施这一战略的重要内容。这表明，农村一二三产业融合发展已成为我国农业农村发展的重要支持政策。推进农村一二三产业融合，是党中央在经济发展进入新常态的现实背景下对农业农村工作做出的重要部署。

改革开放 40 多年来，我国经济持续向好，平均每年以近 10%的速度增长，可以说具有里程碑式的意义。随着改革进入深水期，社会主要矛盾也发生了重要转化，已经转化为人民日益增长的美好生活需要和不平衡不充分的发展之间的矛盾，随之而来产生了一系列的新问题，农业农村的发展空间和发展潜力有待于进一步开拓。我国农业承受着成本地板不断抬升、价格天花板不断下压的双重挤压，面临着农业生产和价格补贴“黄线”开始逼近，以及资源环境“红灯”开始亮起的双重约束，因此，转变农业发展方式的形势十分紧迫。如果继续延续“就农业讲农业”发展的思路，忽视农村经济结构的调整和农业跨界与工业服务业融合发展的客观要求，我国农业农村的未来发展之路将会越走越窄，促进农民增收的困难将会越来越大。从产业发展的客观规律上看，产业发展到一定阶段，客观上就会产生产业融合的要求，只有通过产业间的融合、渗透，才有可能拓展产业发展的空间。就目前农村发展而言，只是就农业谈农业，很少涉及农业以外的产业，这就势必会阻碍农业和农村发展。随着生产力的进步，产生了农业劳动力的闲置，这也要求通过产业渗透、跨界融合，将闲置劳动力融入第二、第三产业当中去。因此，在充分挖掘农业自身的发展潜力的同时，依靠产业结构转型、区域协调发展和拓宽与二三产业融合的发展空间已成为区域经济增长的新动力。国家“十三五”规划纲要中提道：努力实现六大新的目标，其中排在第一位的就是产业结构优化。加快发展高成长性和战略新兴产业，推进生产性服务业向专业化和价值链高端延伸。党的十九大报告作出“我国经济已由高速增长阶段转向高质量发展阶段”的重要判断，提出必须推动经济发展质量变革、效率变革、动力变革，提高全要素生产率。在这一背景下，科学评价一二三产业融合水平，综合评估农村一二三产业融合发展质量，提示我国一二三产业融合的特征和“短板”，提出提升区域经济发展质量的关键举措与针对性建议，对推动我国经济高质量发展战略实施、抢占新一轮以质量取胜的竞争高地，具有重要的战略意义和历史意义。由此可见，研究一二三产业融合对经济发展的影响非常有必要，也很有意义。

当前我国农村一二三产业融合发展在部分区域和部分领域亮点纷呈，但总体上仍处于初级阶段。新型经营主体异军突起，但经营主体多元化只是初显轮廓，与农民的利益联结不紧密；区域特色逐渐凸显，但品牌和营销建设尚不完善；更加注重发展与生态环境、社会福利和文化的协调，但很多地区资源已经严重透支，很多贫困地区对农业具有的多功能潜力认识不足，发展办法不多；农产品加工业取得了长足发展，但资源利用水平低、产品类型不丰富、精深加工能力不足，加工业大而不强；政策支持逐渐增多，但更有利于推进农村三产融合的具体可操作性的政策有待加强。究其根本原因，在资源有限，甚至稀缺的情况下，分离发展的农村产业生产成本不断增加，导致农村产品附加值低。分离的农村产业价值链使得内留于农村、农业的利润低，从事农村产业的农民收入增长幅度小、增长缓慢，导致大批农村劳动力被迫转向城市、进入二三产业，导致农村的“空心化”问题日趋严重，并扩大循环。“五化同步”的实施，农业仍是短板。因此，在此背景下，结合现有研究的不足，本章立足经济高质量发展背景，拟解决如下问题：(1) 完善高质量发展背景下农村一二三产业融合发展的内涵；(2) 构建高质量发展背景下的农村产业融合评价指标体系；(3) 在经济高质量发展背景下，分析农村产业融合发展取得的经济效应；(4) 探讨农村三产融合，助推经济高质量发展的作用机制与实现路径，提出促进产业融合发展的政策建议。

农村一二三产业融合发展，可以扩大农村产业生产可能性的边界，降低农村发展的机会成本，促进农村发展中要素配置的帕累托改进，增大农村发展的正外部性。为此，推进农村一二三产业融合发展，要澄清认识、正视问题、创新思维。要甄别农村三产融合的特质性、探索农村一二三产业融合的联结机制、审慎引介国内外成功经验和模式，使创新、协调、绿色、开放、共享的发展理念在农村一二三产业融合发展的进程中得到具体的体现。因而无论是从学术研究的探索、农业农村发展的实际需求，还是从相关支持政策的深化角度看，都有必要开展这一研究。

本书研究的重点是进行农村一二三产业融合的衡阳实证研究，具体内涵指的是区域内的三大产业能够互相促进、互为条件、协同共生，最终形成互惠互利、合作共赢的局面，通过内生增长机制，实现区域经济的高质量发展。三大产业融合是经济发展的一种高级模式，通过三大产业在区域内的有效融合，能够实现区域内部经济效率的有效提升。三大产业融合属于动态过程，因此，在此过程中会受诸多因素的影响，尤其是在区域经济基础、资源等因素影响下，区域差异化会逐渐扩大，甚至在一定程度上会降低融合效率。不过这种融合属于正常特点，终极目标依然是实现区域协调发展。

三大产业融合具有显著特点，主要表现在四个方面：（1）共生性特征，主要是指区域之间、区域内部三大产业之间相互融合、相互依赖、相互流通，并推动经济的发展，这是产业融合的基本特点，也是融合的有效保障。（2）有序性特征，主要是指三大产业在发展过程中形成了有序组合，通过产业合理配合，实现经济结构的优化。（3）高效性特征，该特征是三大产业融合的主要目的之一，通过融合来实现经济的高效发展，实现产业之间的高效融合，在推动经济发展的同时，实现自身的快速增长。（4）动态性特征，是三大产业发展的一种演变过程，通过动态过程能够实现产业水平的进一步优化升级，从初级水平逐渐演变到中级水平，最终达到高级水平，这是一个循序渐进的过程。产业系统是在不断发展变化的，而这种变化的动力则为驱动因素，在该因素作用下，系统在无序与有序之间相互转变，以此实现系统结构的不断优化升级。

二、研究的理论意义与现实意义

农村一二三产业融合是构建现代农业三大体系、实现乡村振兴的重要途径。自2015年《国务院办公厅关于推进农村一二三产业融合发展的指导意见》颁布以来，农村三产融合发展受到日益广泛的关注。推动农村三产融合发展已成为当前发展农业农村经济的重大政策导向。本书就是通过提升农村三产融合水平，促进农民增收、农业增效、农村繁荣，助力农村全面建成小康社会。通过农业的“接二连三”和跨界融合，催生农村发展的新业态，使农村一二三产业有机连接，同时使农业闲置劳动力更有效地融入二三产业，进而能形成集多种功能于一身的经济综合体，并通过针对具有不同特性地区的不同模式选择，找出适合不同业态的不同载体进行功能释放，进而带动农业农村经济整体效率和效益的提高，以推动该领域的理论与实践探索。

1. 理论意义

通过研究农村三产融合发展，在理论上取得了一定的进展。具体体现为：

（1）有助于拓宽农村一二三产业融合的研究视角。通过梳理国内外学者关于农村三产融合发展的研究，发现我国农村三产融合研究总体处于初始阶段，多是总结归纳、经验引介等描述性研究，很多研究都将农村一二三产业融合发展等同于农业产业化，对开发农业的多种功能、拓展农村三产融合发展空间的内容较少，对融合的复合型经营主体的利益联结机制研究也不够充分，在模式研究上存在机械照搬国际经验的现象，缺乏因地制宜的产业融合研究。为此，本书在甄别不同融合所表现出来的特质性、研究农村三产融合的推进机制、审慎引进国内外成功的经验、探索农业的多种功能发挥、拓展产业融合空间等方面加以改进或深化，既拓展了研究视角，也拓宽了研究广度。

（2）有助于构建农村一二三产业融合的理论研究框架。通过对农村三产融合的内涵、目的、形式等相关概念进行了界定，对我国当前农村三产融合模式的内涵、运行机理进行总结，丰富拓展了我国农业经济学以及产业经济学研究的内容和领域，并对当前农村三产融合理论进行补充。通过多功能农业、产业结构理论、交易费用理论、制度变迁理论对我国农村三产融合产生的经济效应、融合机理、利益联结方式进行分析，拓宽了相关理论的研究视野，并形成对农村三产融合研究的理论支撑。通过对我国三产融合现状、效应的分析，探索了我国农村三产融合发展为农业农村发展带来的正外部性，以及我国农村三产融合发展在农业农村经济发展中降低其机会成本的若干思路，为今后发展三产融合及寻求解决思路提供理论依据。

2. 现实意义

通过研究可为农村一二三产业融合发展提供具有可操作性的手段和措施。其实践意义具体体现为：

（1）为农村一二三产业融合发展找出突破口。对当前我国农村三产融合发展的状态、融合所具备的条件以及农村三产融合的经济效益进行分析，构建农村一二三产业融合水平评价指标体系，寻找出当前农村三产融合发展中存在的不足和可以加以利用的条件，找到农村三产融合进一步发展的重要依据，进一步认识和判断融合发展所处的进程，总结融合发展经验并用以引导实践。可通过不同条件的转化，从中找到未来发展的突破口。

（2）为农村一二三产业融合发展提出针对性对策建议。通过对农村三产融合效应的研究和对我国农村三产融合模式的分析，探索在实践中通过农村三产融合发展所能达到的效果，为广大农村地区提供可借鉴的融合形式，为农民增收乃至农村贫困地区的扶贫脱贫寻找更多的可能性。通过分析农村三产融合的主体及机制，可为各类经营主体支持和投入于农业农村发展找到更多的切入点。从产业链条的延伸、农业多种功能的拓展以及引导支持政策三个方面提出建议，为发展农村三产融合打开思路。

第二节　国内外研究综述

结合发达国家产业融合方面的经验，发现当农业发展到一定阶段，必定会出现产业融合。产业融合是实现现代农业的必要渠道。工业领域是最早出现产业融合的领域，主要是通过技术要素让工业产业实现有效联合，然后实现协同发展。日本的产业融合非常发达，已经能够实现多个产业的有效融合。产业融合受内外部条件的影响，不同国家产业融合的条件不同，对此认知差别也不同。针对产业融合，这里对国内外相关研究进行了全面梳理。

一、国外研究综述

1. 关于产业融合理论研究

20 世纪 70 年代以来，信息技术得以快速发展，互联网进入了社会生活的各个领域，多个产业在信息技术的作用之下开始渗透发展，产业融合现象已经出现。1963 年，美国学者罗森伯格（1963）深入地分析了美国机械工具产业早期发展状况，并首次提出了融合概念。他认为融合就是在技术作用之下把多个完全不同或独立的产品产业融合在一起的过程，此种融合具有典型的技术融合特征[1]。1978 年，美国学者尼古路庞特深入地分析了技术融合的特征，他用三个交叉重合的圆圈对此进行分析。三个圆圈分别代表三个产业，交叉之处就是三个产业的融合之处，三个产业的相互融合能够产生新的生产领域，而这一领域则是成长最快、创新最多的领域。他提出的产业融合概念相对完善，应用非常普遍，引发了学术界的普遍关注，很多学者对此进行了广泛研究[2]。20 世纪 80 年代之后，欧丁格、诺尔、缪斯深入地研究了反映数字融合的发展规律，并提出了两个概念，即 Compunctions 和 Telemetriqu。1994 年，美国电信公司首次把产业融合运用到实践。欧洲委员会对产业融合的概念进行了明确界定，明确产业融合只能是产业联盟、网络平台、市场等有效重合。1998 年，奥诺和奥基深入分析了电信、广播和出版等融合的具体情况，并构建了一个三维空间坐标，分析其融合的本质[3]。2001 年，植草益（2001）从动因方面对产业融合进行了概念界定，他认为产业融合实质上就是一种降低行业壁垒的方式，借助于不同行业间的合作，来提升自身的竞争实力。产业融合有时借助于技术革新来实现，有时借助于放宽限制来实现[4]。2004 年，尼尔斯·施蒂格利茨对产业融合的类型进行了深入分析，并提出了四种产业融合模式，在此基础上构建了产业融合动态演化框架[5]。

2. 产业融合的类型

随着学术界对产业融合研究力度的不断加大，产业融合类型和模式越来越广。1997 年欧盟委员会提出了产业融合过程理论，该理论认为，产业融合实质上就是技术、服务和市场的有效融合[6]。从技术视角拓展到产品、产业、市场视角，学者们分别对产业融合进行分类展开研究。格林斯腾和汉纳认为产业融合会使原有各产业原本清晰的界限变得模糊[7]。从市场供需角度分析，施蒂格利茨把产业融合分为供给融合和需求融合。从产品角度分析，Yoffie D B（1996）认为不同独立产品的整合，实际上就是产业融合的过程[8]。格林斯坦塔伦认为，产业融合可以分为三个类型，一是替代型融合，二是互补型融合，三是综合型融合。

3. 产业融合的动因

针对产业融合动因的研究，不同学者提出了不同观点。有的学者是从市场创新的视角对此进行研究，Lei D T（2000）认为，随着产业边界技术创新程度的不断提升，新产品开发力度进一步增强，价值创造能力也大幅度提升，产品的市场竞争力进一步增强。有的学者是从市场变化的角度对此进行分析，澳大利亚联合报告中明确指出，消费者需求的变化引发了整个市场变化，从而促进了产业融合[9]。根据上述分析可以看出，产业融合的动因包括多个方面：一是技术因素；二是经济因素；三是信息因素；四是监管政策因素。韩国学者深入地研究了农业发展所面临的瓶颈及其原因，并提出只有走农业产业融合之路，农业才能得以快速发展，农业附加值、农民收入才能得以持续提升。

4. 农村产业融合的理论溯源

1994 年，日本学者今村奈良臣在研究中指出，农业发展不仅仅是种植业和养殖业的快速发展，同时还包括工业和流通业、销售业和旅游业的发展。只有多个行业融合发展才能实现农产品附加值及农民收入的提升，农业才能实现可持续发展[10]。在此基础上，他提出了 6 次产业的概念和 6 次产业乘积的理论[11]。佐藤正之（2012）、室屋有宏（2013）等在上述分析的基础上进一步细化了农业 6 次产业化发展状况，并针对其发展中的各种问题进行了详细探讨[12-13]。植草益（1998）认为，产业融合能够取得更好的经济成效，并且对市场能够产生巨大影响。他在研究中指出，产业融合的过程实质上就是不同企业间竞争与合作的过程，不同企业通过技术革新与放宽限制这两种方式来降低行业间的壁垒[14]。2001 年，植草益从产业链条方面对产业融合进行了分析。研究的结果表明，产业融合有利于延长产业链条，能够创造出更多的附加利润，农民收入也会因此大幅度提升[4]。2010年，申孝忠（2010）在研究中指出，农业不能孤立地实现发展，只有和其他产业实现有效融合，才能够取得更大的经济效应。比如，农产品加工业、食品产业、流通业、农村基础设施等有效地融合，才能提高农业商品化服务能力和效益[16]。

5. 产业融合的测度

针对产业融合测度，传统的测度方法包括专利数据法、赫芬达尔指数法。前者是一种计算两产业之间相互融合的方法，也被称之为相关系数法。Fai、Tunzelmann（2001）选取了32家具有专利活动的美国公司作为研究对象，其数据来自1930—1990年间，这些公司专利活动集中体现在化学、电子、交通运输和机械四个行业。两位学者对上述四个行业专利数量在总专利数量中所占的百分比进行了计算，然后构建了一个相关系数矩阵，通过相关系数矩阵判断产业间技术融合的程度[17]。赫芬达尔指数法是Gambardella和Torrisi在1998年提出的，他们对计算机、电信设备和电子元件等五大产业进行了综合性的分析，探讨了这五大产业技术融合过程中的相关问题，在计算的过程中，授予专利HI值，通过这一指标，判断电子信息产业间的技术融合程度。上述两种方法在计算过程中各有优势，同时也存在着局限性，前者无法对产业间专利数据进行准确测量，后者无法对某个具体产业的关联度进行准确测量。

6. 农村产业融合的实践进展

针对农村产业融合实践，国外学术界主要从产业链整合的视角对此进行研究。金泰坤（2013）在研究中从三个方面对韩国6次产业发展方向进行了规划：一是水平多元化；二是垂直多元化；三是农工商一体化[18]。有的学者是从农村经营主体培育的视角对此进行研究的。Knutson R D和Cropp R A（2013）在研究中指出，农村区域性组织为了提高自身在市场上的竞争力，会通过合作社的形式增加自身的实力[19]。Verdouw C N(2010）选取了欧盟4个成员国作为研究对象，构建了reference model，利用此对成员国季节性蔬果需求驱动型消费模式进行深入分析。分析的结果表明，农业产业链和信息技术实现有效融合，能够挖掘出更多的生产信息，能够实现产业的不断升级和发展[20]。有的学者是从利益连接机制方面对此进行研究，他们认为小型农业生产企业规模一直得不到有效扩张，原因在于此类企业所承受的经济压力大。要想改变这种状况，应该完善其基础设施、制定新的生产计划、加大市场的开放力度[21]。

在产业融合过程中，农产品加工业实现了快速发展，并取得了良好成效。随后，乡村旅游和休闲农业也逐渐成为产业融合发展的对象，如何把这两项融合到产业链条中，成为学术界关注的焦点。Hjalager A.（1996）认为融合是在多功能农业的基础上，因横向功能的拓展使农业经营范围扩大[22]。Hegarty C.（2005）认为，受到不同区域资源禀赋、市场条件的影响，农业呈现出多样化特征。多样化农业更有利于区域经济的协调，其发展潜力不可估量[23]。Davies E. T.（1992）选取了威尔士乡村发展模式作为研究对象，并对此进行了深入研究。研究的结果表明，在威尔士乡村发展模式中起关键作用的是农场经营者，因此在农业经营链条分析过程中，必须重视农场经营者所处的位置[24]。McGehee N. G.（2004）认为，乡村旅游和休闲农业是近年来农村经济新型业态，要想实现快速发展，应该充分利用农场资源[25]。

针对产业融合服务的外部性问题，学术界也进行了广泛研究。Fleischer（2008）选取了以色列农业发展作为研究对象。研究的结果表明，产业融合虽然能够带动地方经济的发展，但是受规模性和季节性因素的影响，产业融合对农业经济效益提升影响并不显著。但是在安置低收入女性就业方面作用非常明显[26]。WTO（2004）在研究中发现，通过文化功能实现的产业融合，首先能够增加文化的认同感和自豪感，其次能够促进传统文化的传承和继承[27]。Thompson（2004）选取日本乡村作为研究对象，对当地的乡村旅游进行了深入分析。研究的结果表明，乡村旅游必须在适度范围内进行，否则会造成当地生态环境的严重破坏，不利于当地文化环境的保护和塑造[28]。Long P. T.（1990）在研究中指出，产业融合过程必须重视收入分配的均等性，否则将会引发各种社会问题[29]。

7. 农村产业融合的推动政策

针对产业融合发展的推动支持，欧美国家产业支持具体体现在：一是人力物力支持，二是帮助产业开拓市场，三是制定开发政策，四是大力发展专业化的管理机构。Jeffries（2002）认为，在产业融合方面，欧盟从多个方面为其提供了便利条件，包括交通、政策和公共服务平台等[30]。日本产业融合程度比较高，为了达成产业融合，日本专门设置了农协综合管理部门，为农民提供生产生活资料、农产品销售、医疗和养老等方面的统一服务[31]。Feagan R.（2009）认为，实现农民和消费者双赢的有效渠道就是构建农村社区。农村社区能够为农民提供更多的培训和服务，从而促进农业的发展，为消费者提供更优质的农产品服务[32]。韩国在促进产业融合方面的具体措施集中体现在农业产销一体化方面（金泰坤，2011）[33]。

二、国内研究综述

当前农业农村经济发展关键在于产业融合发展。针对产业融合，国内学术界研究起步比较晚，形成的理论成果有限。当前的研究主要集中在产业界限方面，认为不同种类产业相互融合，就属于产业融合。此种理解方法存在着弊端，会导致产业边界模糊。因此，本节对国内学者有关农村产业融合发展的研究进行全面梳理，判断当前研究现状，明确研究中出现的相关问题，对我国产业融合发展具有重要的理论和实践意义。

1. 关于产业融合的研究

于刃刚（1997）深入地分析了产业间融合现象，并提出了系统性的产业融合理论，他是国内最早进行此方面研究的学者[34]。分工理论是我国学术界对产业融合研究的主要理论依据。张磊（2001）深入地分析了产业融合的特点，他认为产业融合受三个要素影响，一是技术创新，二是管理理念创新，三是管制放松[35]。周振华（2002）在研究中指出，产业融合能够催生出新的产业[36]。马健（2006）提出，产业融合的动力来源于两方面，一是技术革新，另一个是管制放松[37]。陈柳钦（2009）从三个方面对产业融合进行了深入分析：一是产业融合动因；二是产业融合效应；三是产业发展渠道[38]。

2. 农村产业融合的一般性认识

随着产业融合的不断发展，国内相关研究不断深入，也对农村产业融合的意义和内涵展开了相关研究。针对农业产业融合研究的起步阶段，学术界主要从两个方面进行研究，一是从演化路径方面进行研究，二是从融合动因方面进行研究。何立胜和李立新（2005）分析了农业产业化发展的具体路径，两位学者认为，农业只有和其他产业实现有效结合，才能获得更广阔的发展空间，创造出更多的价值[39]。王昕坤（2007）从融合动因上对产业融合进行深入分析，认为农业中引入了高新技术，实现了和其他产业的融合，能够让农业获得发展的动力，实现农业的快速发展[40]。他在研究中还指出，农村产业融合根本原因在于人民对农业需求的提升[41-42]。随着农业产业融合研究的进一步深入，国内学术界提出了农业产业融合的概念，并根据其业态不同，把农业产业融合分为 4 个类型，具体包括延伸型、重组型、交叉型、改造型融合。梁伟军（2012）把产业间的联系作为分类标准，将农业产业融合分为 4 个类型，即渗透型、交叉型、综合型和整合型。

随着农业产业融合研究的进一步深入，学术界提出了农业三次产业融合发展的理念。2015 年，中央一号文件中首次明确了这一概念，指出要把三次产业融合发展作为我国农业产业发展的方向。随后学术界开始对农村三次产业融合发展路径进行了研究。崔振东（2010）在研究中指出，实现农业生产内生化的过程，事实上就是产业融合的过程[43]。徐哲根（2011）指出，三次融合的基础是农业，利用各种手段将农村产业内部资源进行有效整合，这个过程就是产业融合的过程[44]。杜长青（2015）认为，通过产业融合能够实现农业产业链的延伸，能够让农业获得更广阔的发展空间。三大产业的有效融合能够产生农业聚集效应，有利于农业附加值和农民收入的提升，也有利于农业现代化的早日实现[45]。姜长云（2015）将农业内部产业间的有效融合，称之为农村产业融合。通过融合能够创造出新的业态，能够促进技术创新，实现农业产业顺利转型[46]。张义博（2015）从三个方面对于产业融合进行了论述，一是融合空间，二是融合的参与者，三是融合层次[47]。马晓河（2015）认为，产业融合是不同资源要素跨界集约化发展，其中融合的主体仍然是农业，通过资源的优化配置，实现产业的协调发展，从而实现农业经济利润的提升[48]。

3. 农村产业融合的评价

农村产业融合实质上就是农业和非农领域之间的有效融合，通过融合能够增加彼此的就业岗位，能够实现产业链增值。很多学者对此进行了研究，认为产业融合作用具体体现在三方面，一是能够增进社会福利，二是能够实现生态循环，三是能够促进农村文化发展。宗锦耀（2015）认为，产业融合延长了农业产业链和价值链，农产品加工业得到了快速发展，创造了巨大的经济效益，同时构建了现代农业产业体系，在促进农业提质增效方面作用非常明显。特别是乡村旅游业的发展，让农业获得了一个新的发展空间，为农村和农民创造了更大的经济效益[49]。除此之外，农业还可以和其他产业跨界结合，比如和保健业、养生、婚庆礼仪等结合，通过创业和创新，实现产业的多元化发展[50]。潘利兵（2015）深入分析了产业融合的优势，他认为农业和生态文明、文化旅游相结合，通过资源优化配置、相互渗透，逐步形成新业态和新商业模式，能够为农业经济发展创造更多的机会[51]。张文建（2011）在研究中指出，农业和旅游业的融合，能够实现两个产业资源的最优配置，其作用体现在三个方面，一是让农业旅游新模式实现可持续发展，二是能够进一步促进农民市民化，三是能够促进农村现代化建设的可持续深入[52]。温铁军（2015）在研究中指出，要充分发挥互联网的功能，打造现代农业，推进农业的发展规划和生态化，让农业能够走多元化发展之路[53]。

针对产业融合发展评价，国内学术界常采用的方法是投入产出法，这种方法能够对两个产业间投入产出关系进行比较分析。关浩杰（2016）根据党和国家所提出的五大发展理念，对产业融合评价指标体系进行了分析，该体系共分为五个方面，包括创新、协调、绿色、开放、共享[54]。苏毅清等（2016）从理论层面深入地分析了产业融合过程中所面临的各种问题，并构建了评价体系[55]。冯伟（2016）分析了产业融合所带来的经济和社会效应，然后在此基础上构建了产业融合评价指标体系。该体系的内容主要包括：产业链延伸指标，农业功能指标，农业和服务业融合指标，农民收入和城乡一体化方面的指标[56]。李芸等（2017）选取了北京市农业产业融合作为研究对象，运用层次分析法和综合指数法对此进行全面评价，判断北京市产业融合过程中所存在的各种问题[57]。蒋辉等（2017）把产业融合分为三大指标体系，一是第一产业指标体系，二是第二产业指标体系，三是第三产业指标体系，并对不同指标体系间的联系和异同进行了分析[58]。

4. 农村产业融合的模式

产业融合涉及多个方面，拥有多个类型，划分标准不同产业融合的模式也不同。很多学者从不同的角度对此进行了研究，针对产业融合的模式进行了分类。

姜长云把产业融合分为两个类型：一是单一型；另一个是复合型。梁伟军（2011）根据融合方式把产业融合分为多个类型：一是产业整合型；二是技术渗透型；三是综合型；四是交叉型；五是产业链延伸型[59]。姜长云（2015）、郑风田（2015）从融合的方向上对其进行分类：一是农业向农产品加工业方向融合；二是向农村服务业方向融合；三是农村服务业和农产品加工业反向通过逆融合的方向向农业方向融合[46,61]。何立胜、李世新根据融合业态把其分为：一是工厂化农业，二是观光和生态农业，三是数字农业，四是综合型农业[62-63]。戴春（2016）在研究中指出，农村产业之间的交叉重组，可实现产业融合，有利于农村产业结构的升级及农业资源的最优配置[64]。赵海（2016）对农村产业融合的案例进行了深入分析，并通过实地调研总结了当下使用性比较强的产业融合模式，一是出产地产销模式，二是农社对接模式，三是互联网＋农业模式，四是龙头企业加合作社加农户模式[65]。许伟（2015）选取了安徽休闲农业作为研究对象，对其发展过程中的各种问题进行分析，研究的结果表明，休闲农业和农业其他领域的有效融合，能够发挥第六产业的叠加效应，能够取得更好的经济和社会效益[66]。孙中叶（2005）认为，不同产业的有效融合，能够产生新业态，能够获得更广阔的发展空间[63]。

5. 农村产业融合的主体及利益联结机制

随着我国经济的快速发展，农业农村经济也出现了翻天覆地的变化，涌现出一大批新型农业经营主体，包括农业专业大户、农民合作社、农业企业等，新型农业经营主体为我国农业注入了新鲜血液，让我国农业呈现出前所未有的勃勃生机[67]。郭庆海（2013）认为，农村产业融合让农业经营主体发生了彻底变化，当前的农业经营主体主要包括家庭农场、农业产业化龙头企业、农民合作社[68]。孔祥智（2013）认为，培育新型农业经营主体是农业发展的必然，其原因包括三个方面：一是四化同步发展，二是新型农业社会化服务体系的快速发展，三是农产品价值链升级[69]。苑鹏、张瑞娟（2016）深入地分析了新型农业金融主体和服务主体在农业发展中的相互作用，研究的结果表明，两者通过纵向和横向合作，在推动农村经济发展方面作用非常明显，其作用集中体现在：一是能够转变农业发展方式；二是能够实现农业的适度规模经营；三是有利于农业科技的推广；四是能够促进产业融合；五是能够让农户更好地分享改革开放成果[70]。姜长云（2017）选取了大量的产业融合案例作为研究对象，分析其产业融合过程中的优势和不足。分析的结果表明，产业融合在提高农民收入方面具有明显的效用[71]。程国强、罗必良等（2015）选取了四川崇州农业作为研究对象，深入分析当地农业共营制的具体特征，得出的结论是可以通过三种方式全面推进农业农村发展：一是培育农业职业经理人；二是实施农业社会化服务；三是实施土地股份合作[72]。郭翔宇（2016）选取了黑龙江绥化市一二三产合作社作为研究对象，分析产业融合过程中所出现的问题。研究的结果表明，当地采取复合型经营体系取得了良好的经济和社会效益，其作用体现在：一是能够增加农民收入，二是能够加快农业现代化进程，三是有利于新农村建设，四是有利于全面小康社会建设[73]。

针对产业融合，很多学者认为融合的核心就是利益联结机制。首先，对农业的多种功能进行合理开发与利用，让农业价值能够得到充分彰显，并且深度挖掘农业在非农领域的经济价值。其次，借助价值增值实现产业融合，增值部分留在农业，为农业发展、农民增收提供条件、创造机会[74]。林建华（2015）深入地分析了农民合作社的特点，分析的结果表明，在助农增收过程中，农民合作社起到了巨大的推进作用[75]。农业龙头企业的发展在促进产业融合方面作用也非常明显。陈晓华（2015）在研究中指出，龙头企业实力雄厚、规模大，不仅是发展大农业的主体，而且还是现代化企业，其管理能力、营销能力是其他中小型企业所不能比的。龙头企业在资源利用方面能够实现资源的最优化，能够延伸和提升产业链与价值链，能够促进新业态的形成，在提升农民利益方面作用极其明显[76]。禤燕庆等（2016）选取了广东省等地农业龙头企业发展作为研究对象，对龙头企业上下游兼并、规模扩张进行全面分析。研究的结果表明，龙头企业的上下扩张，一是延伸了产业链，增加了盈利环节；二是实现了横向拓展，为产业融合做出了巨大贡献[77]。朱雪霞和高扬（2015）对农户和家庭农场进行了深入分析，认为当前增加农民收入的主要渠道就是大力发展乡村旅游、发展休闲农业。浙江和江苏等地在此方面已经取得了显著成就，家庭农场、乡村旅游、休闲农业等得到了快速发展[78-79]。阮荣平等（2017）选取了2 615家新型农业经营主体作为研究调查对象，数据分析的结果表明，大部分新型农业经营主体和农户之间建立起了合作共赢关系，形成了利益联结机制，该机制具有较强的辐射功能，能够带动周边农业的共同发展[80]。

农村产业融合催生了大量的新型农业经营主体，这些新型农业经营主体在产业融合过程中发挥着巨大的推动作用，让产业融合的功能得以充分彰显。但是近年来农村土地产权制度实施了一系列的改革，农业规模不断扩张，吸引了很多工商资本的关注。一部分工商资本通过各种渠道逐渐地进入农业领域，在农业领域开展相关服务，包括租用农村土地、实施农产品加工、开展多种形式的农业经营等。吕亚荣、王春超（2012）认为逐利性是工商资本的显著特征，即便是进入农业领域这一特征也不会改变[81]。张文广（2014）[82]、李中（2013）[83]、吕军书和张鹏（2014）[84]等认为工商资本进入农业行业之后，首先会主动占领稀缺土地，其次会促进农产品质量的提升等。陈锡文（2010）、石霞（2017）在研究中指出，工商资本进入农业领域，作用主要体现在：一是能够解决农业投入不足问题；二是能够缓解农业要素短缺；三是能够促进农业劳动生产率的提升；四是能够提升农产品市场竞争力[85-86]。

6. 农村产业融合的发展政策

宗锦耀（2015）全面梳理了我国产业融合发展政策，研究的结果表明：国家针对产业融合所出台的一系列政策，实施的目的就是让农村得到快速发展，让广大农民能够得到切切实实的实惠[49]。姜长云（2015）认为，产业融合的关键在于创新，而创新的关键在于新型经营主体，只有建立起利益联结机制，发挥新型经营主体的主观能动性，才能让产业融合功效得以充分彰显[87]。王强（2015）对农村产业融合发展过程中应该注意的事项进行了分析，他认为首先要遵循因地制宜、整体性原则，其次要发挥区域优势，最后要实现市场和政策调节的相得益彰，才能取得良好的成效[15]。李明贤（2017）在研究中指出，产业融合是农村经济中各产业之间的有效结合，不仅应该和养殖业、休闲业等实现有效融合，更要和乡村建设融为一体，在乡村建设的过程中实现产业融合[60]。2015 年之后为了促进产业融合的深入发展，国家和相关职能部门出台了一系列的政策和文件。《关于推进农村产业融合发展的指导意见》（2015 年）中明确指出，要大力发展多类型产业融合。《关于落实发展新理念加快农业现代化实现全面小康目标的若干意见》（2016 年）中明确指出，要想实现农民收入的持续增长，让广大农民顺利进入全面小康社会，就必须全面推进产业融合。《国务院办公厅关于进一步促进农产品加工业发展的意见》明确指出，实现人民群众生活质量的提升，关键在于要保持我国经济平稳增长，另外要从三方面对此加强保障。一是促进农业提质增效，二是促进农业产业融合发展，三是促进农民就业，实现农民增收。《关于支持返乡下乡人员创业创新促进农村产业融合发展的意见》中明确指出，要从以下几方面促进农村经济、农民收入的增长：一是鼓励返乡下乡人员创业创新。此类人员掌握一定的技术、拥有先进的经营理念，能够提升农业现代化水平；二是大力发展新产业、新业态和新模式；三是促进生产资源要素在城乡之间的有效流动；四是增加农民就业增收。《关于大力发展休闲农业的指导意见》中明确指出，促进城乡一体化发展要做到以下几方面：一是大力发展休闲农业；二是加大供给侧结构性改革，实现农业和旅游业的共同发展；三是拓宽农民就业增收的渠道；四是提供更多的产业脱贫路径；五是推动城乡一体化协调发展。《关于深入推进农业供给侧结构性改革加快培育农业农村发展新动能的若干意见》中明确指出，加快农业农村发展应该做到以下几点：一是优化产品产业结构；二是壮大新产业新业态；三是强化创新驱动。《关于开展田园综合体试点工作的通知》中明确提出，要在 18 个省份中全面推行田园综合体改革，大力发展乡村新兴产业。党的十九大报告中再一次提出了乡村振兴战略，鼓励产业融合，为农村经济发展、农民增收创造更多的条件。

三、文献述评

分析外国专家的研究发现，融合最早开始于西方国家，并且开始研究产业融合的时间也较早。不过，早前对产业融合的研究大多数只是研究理论知识，重视研究科学融合于第二产业、第三产业。在实际应用过程中，缺乏研究农业领域和第二产业、第三产业的融合。外国专家研究农业领域与第二产业、第三产业的融合是开始于日本的第 6 次产业化，在那以后的专家研究及我们国家的相关研究都是在此基础上进行的。

分析我国现有研究发现，我们国家研究农业领域与第一产业、第二产业、第三产业的融合尚不成熟。由于引进国外三大产业融合的相关经验以及理论知识，使得我国农业领域三大产业的融合方式逐渐转变为通过整理经验进行研究。之前有关研究普遍认为农业领域与三大产业的融合和满足农业领域的需求、推动乡村企业发展是相同的，不能够筛选出农业领域与三大产业的融合。将农业领域与三大产业相融合，能够丰富农业的职能、扩大农业领域和三大产业融合的发展规模，并且解决过去发展过程中难以解决的问题。农业领域和三大产业的融合，可以使得各个产业之间形成经济效益的联系，但是这种联系模式要与之前原有的联系模式有所区分。不过，目前对相关融合体系缺乏全面整体性研究，所以使得产业融合过程中的经济效益联系也尚不完整。农业领域和三大产业融合的过程中，日本的第 6 次产业化发展的影响作用十分明显，我们在发展的过程中要基于地区发展的实际情况，辩证地看待地区之间的区别。所以在引用外国先进经验的过程中不能够完全复制。

第三节　研究的主要内容、关键问题与方法

一、研究的主要内容

本书基于整理的文献资料，根据提出问题、研究问题、处理问题一系列过程，整理有关农业领域与三大产业融合的理论知识，并且总结当前产业融合情况，通过利用农业领域与三大产业融合评价体系对其开展实证分析。根据实证分析的结果结合方式选取、主要实体培养、体系建设、政治策略等层面提出解决办法。本书研究内容主要包括 6 个部分，共 13 章。

第一部分：理论基础与文献综述。设计为第一章。第一章为绪论，主要是对研究背景、问题提出、研究目标、研究内容、研究方法、数据说明、可能的创新点以及研究不足进行介绍，明确本书的总体思路和研究特色。整理文献综述，主要是对农村一二三产业的测算方法、测算模型、空间集聚效应研究、影响因素研究的相关文献进行梳理，进行文献述评，以明确现有研究中的不足以及为后续的实证研究提供理论支撑。

第二部分：融合发展综合评价研究。设计为第二、三、四章。其中第二章《衡阳市农村“三产融合”的内涵要解、发展模式、作用机制与实现路径》，认为产业兴旺是乡村振兴的经济基础。在农业迈向高质量发展新时代，农村“三产融合”日益成为农业转型升级和高质量发展的重要特征。衡阳作为农业大市，应构建“三产融合”发展体系，加快培育和壮大多元化融合主体，创新发展多类型融合模式，打造产业集聚发展平台载体，促进形成“三产融合”利益共同体，拓展农业接二连三、跨二进三发展空间，增大政策扶持力

度，确保“三产融合”持续长久发展。第三章《基于TOPSIS法的衡阳市农村一二三产业融合发展综合评价研究》认为衡阳市作为农业大市，农业资源非常丰富，加快农村一二三产业融合是使其从农业大市转变为农业强市的重要举措。本章通过对2017年衡阳市农村产业融合发展现状的分析，构建了衡阳农村产业融合发展水平综合评价指标体系，并结合相关数据对其农村产业融合发展水平进行测算和综合评价，从而有针对性地提出健全政策服务体系，保障农村一二三产业融合发展；培育三产融合多经营主体，构建衡阳农村三产融合经营模式；激活多种要素，促进农业产业的融合发展；发展新业态作为衡阳农村产业融合的有效载体等提升路径，为衡阳市农村产业融合发展提供参考。第四章《基于AHP模型的衡阳生态茶园景观质量评价体系及模型构建研究》认为，“乡村振兴”战略实施以来社会对于生态休闲型景观的需求更加旺盛，使得景观质量评价成为学术界和实业界的热点问题。如何评价生态茶园景观的满意度，以便找出目前生态茶园景观所存在的问题备受关注，因此需要一套客观公正的评价方法。本章运用层次分析法（AHP）和逼近理想解排序法（TOPSIS）从植物景观、水体景观、建筑及小品景观、设施景观、园路及广场景观、文化体验项目6个方面构建生态茶园景观质量评价体系，并对衡阳市5处生态茶园景观质量进行评价；利用使用状况评价法（POE）验证AHP-TOPSIS组合模型的合理性和可行性。结果表明：AHP-TOPSIS-POT组合模型能有效解决生态茶园景观质量评价过程中评价指标权重分配的难题，同时避免单因素决策的片面性以及人为主观因素所导致的决策错误，从理论角度支撑了生态茶园景观质量评价的构建和现实操作能力的提升。该评价模型为生态茶园景观质量评价提供新的途径。

第三部分：融合发展模式研究。设计为第五、六、七章。其中第五章《农业内部交叉融合模式：基于经济高质量发展战略的衡阳市茶叶产业发展战略》，为助推衡阳茶叶产业高质量发展，本章采用SWOT分析法对衡阳市茶叶产业发展展开具体研究。研究认为：衡阳市已拥有一批知名茶叶品牌、产业规模不断扩大、茶叶良种筛选能力不断增强、生产基地初具规模等多方面的优势，正遇上地方政府支持力度不断加大、产业发展潜力不断呈现、茶叶品牌效应不断扩大等这些千载难逢的发展机遇。但也存在一些短板与问题，如衡阳市茶叶产业加工规模不大、投入不足、品牌不响、人工成本过高、专业技术人才匮乏等，也面临整合不足、品牌竞争力不强、产品同质化、市场竞争激烈、自然灾害虫防难治等多重挑战。产业高质量发展背景下衡阳要实施四轮齐驱，助推政府提升服务质量，强化品牌驱动；优化平台驱动，助推茶企自我发力；加强行业齐抓共管，化解茶产品同质化难题；实施科技兴茶战略，全面提升茶叶“种、研、销”水平，以助推衡阳市茶叶产业高质量发展。第六章《农业产业链延伸型融合：田园综合体“三位一体”融合模式构建与实现路径研究》指出，在近五年的中央一号文件中，一二三产业融合已成为重要的关键词，在市场力量的作用下，农、文、旅、地产融合已成为必要趋势。本章在分析田园综合体基本内涵的基础上，构建“田园综合体三位一体”的新模式，进而剖析了“田园综合体三位一体”实现路径，最后提出推动“田园综合体三位一体”发展的新思路和对策。第七章《农业功能拓展型融合：常宁大三湘油茶生态示范园多功能农业生态旅游发展》，认为如果没有生态景观良好的环境和其他行业的支持，乡村旅游开发将变得非常困难。新型的农村景观生态格局应该是景观生态系统的各个元素之间的相互作用和平衡的结果，是自然元素和人类行为和谐共存的结果。鉴于此，本章在系统查阅国内外相关资料的基础上，总结了体验经济、乡村旅游的概念和内涵，并以常宁市大三湘油茶产业园现代农业示范园规划设计为证，探究探索体验文化与现代农业结合这一新命题，以期为相关的实践研究提供借鉴，以减少由于旅游开发对乡村地区自然生态环境的破坏，从而推动乡村地区的可持续发展。

第四部分：融合发展新业态研究。设计为第八、九、十章。其中第八章《智慧农家乐：衡阳市农家乐 O2O 模式发展的影响因素与发展对策研究》。随着互联网的飞速发展，“大数据”“互联网＋”“B2B”“B2C”的营销模式不断兴起。电子商务 O2O 模式（Online To Offline）更是成为一种备受大众推崇的营销新模式。O2O 模式的便捷性使得农家乐等多种营销模式迅速形成并发展成为提高农村就业率的新亮点。本章以衡阳市农家乐营销为例，对在 O2O 模式下影响消费者购买行为的影响因素进行了分析，并对衡阳市农家乐营销模式创新发展提出了针对性建议。第九章《特色小镇：基于“CSM”模式的常宁市塔山乡瑶族文化旅游融合研究》。基于“CSM”模式并综合借鉴规划学、建筑学、景观生态学等领域的知识及相关理论，从宏观、中观和微观等三个方面建立合理的规划设计构架，对常宁塔山瑶族乡文化旅游景观形成机理进行分析，提出民族特色文化在旅游景观发展中起到了非常突出的作用，而强有力的“环境支撑、情景融合、意境唯美”的思维理念和政府的顶层引导也为旅游景观规划控制和设计引导起到了关键性的作用。最后，针对常宁塔山瑶族乡文化旅游发展的优势和问题，从政府引导、政策支持、科技支撑和人才培养等方面有针对性地给出了民族文化旅游产品竞争力发展的策略，以期共同探究出有关“CSM”模式景观规划设计的方法。第十章《田园综合体：耒阳市江头贡茶农庄为生态休闲茶庄田园综合体模式》，基于综合体的建设与实践，提出田园综合体模式的江头贡茶生态休闲农庄规划设计总体构架、理念、原则、要点和内容等规划新理念，并规划出“一中心·四板块·十功能区”的空间布局，从而打造江头贡茶农庄田园综合体建设示范区。

第五部分：农村产业融合助推衡阳经济高质量发展实证研究。设计为第十一、十二章。其中第十一章《衡阳市瑶族文化振兴与旅游产业高质量发展互动机制分析及实现路径研究》以旅游扶贫与乡村振兴战略为研究背景，结合衡阳市塔山瑶族乡的瑶族文化振兴与旅游产业高质量发展互动机制分析及旅游发展实践，试图探索出立足于瑶族文化活化视角下的瑶族文化保护传承与旅游开发利用的规划和设计方法，以此树立和强调乡村振兴时代塔山瑶族文化与乡村振兴的统筹与互动的发展理念，并提出发展瑶族文化旅游助推塔山乡村振兴的具体对策。第十二章《农村产业融合发展背景下衡阳市实施“农民大学生培养计划”的探索与实践——以衡阳市广播电视大学为例》。正如习近平总书记在党的十九大报告中指出："加强农村基层基础工作，培养造就一支懂农业、爱农村、爱农民的'三农'工作队伍。"2019年习近平总书记对实施乡村振兴战略再次作出重要指示，强调要实现包含人才振兴在内的乡村全面振兴。习近平总书记的讲话充分说明培养农村高素质人才的重要性和必要性。实施乡村振兴战略，推动农业全面升级、农村全面进步、农民全面发展，关键在人才。衡阳自2005年实施"农民大学生培养计划"（2005年称为乡村人才培养计划，2006年更名为"一村一名大学生计划"，2011年升级为衡阳市"农民大学生培养计划"，2014年底全省统一升级为"农民大学生培养计划"。为行文方便，除特别指出，本文统称为"农民大学生培养计划"）十余年来，坚持为新农村建设培养实用人才，培养了一大批农村基层骨干、创业能手和致富带头人，为我市农村经济社会发展提供了智力支持和人才保障。

第六部分：政府行为与政策建议。设计为第十三章《促进衡阳农村产业融合发展的地方政府行为与政策建议》，主要任务是对全文进行总结，并从高质量发展视角提出相应的政策建议。在衡阳农村产业融合发展进程中，地方政府充分发挥引领作用，承担着重要职能。但必须看到，政府行为中也存在着职能转变滞后、行为不规范、干部素质不高等诸多问题。针对地方政府在引导农村产业融合发展的不足之处，建议地方政府着力转变政府职能，规范政府行为，聚焦基层人民的培养教育，加强对领导干部的素质提升、能力提高，同时着眼于农民的知识提高，多管齐下，全面推进。并针对推进过程中存在的问题，从融合模式、融合主体、融合机制和融合政策措施等方面提出解决对策。

二、关键问题

本书拟解决的关键问题主要包括以下方面：

1. 对高质量发展背景下农村一二三产业融合发展的现状及影响因素进行分析

一是对农村三产融合发展取得的进展进行回顾；二是对农村三产融合发展存在的问题进行剖析；三是对影响农村三产融合的不利因素进行分析；四是对影响农村三产融合发展的有利因素进行深入挖掘。

2. 在高质量发展背景下对农村一二三产业融合发展水平进行评价

以体现乡村振兴"五位一体"总体布局、指标的可获取性、评价指标的可操作性为原则，设计了农村三产融合水平评价体系，并对相关指标进行了选取，进而构建了综合性的农村三产融合评价指标体系，利用层次分析法对农村三产融合发展水平进行测算，并进一步利用耦合协调度对农村三产融合各层次间的协调程度进行实证分析，评价我国农村三产融合水平。

3. 对农村一二三产业融合的模式选择进行分析

通过总结和分析我国农村三产融合的典型模式及其示范作用概括出具有一般意义的形式，找到我国发展农村三产融合模式的契合点，探索农村三产融合的主体培育和利益联结机制，结合我国农村三产融合主要问题、外部条件和目前我国一二三产业融合水平，提出农村三产融合发展更为有效的政策建议。

4. 对农村一二三产业融合发展进行对策性研究

一是通过农村三产融合模式分析为我国农村一二三产业融合发展从外在形式上提供宏观的整体思路，并从主体、地区、业态三个角度为农村三产融合发展在模式选择上提供解决思路。二是通过分析内源型主体和外生型主体如何交汇在融合中，提出如何对不同主体进行培育，利用联盟博弈为不同主体间的合作如何进行优化选择提供对策思路，并在主体选择的基础上进一步提出农村一二三产业融合机制构建的对策思路。三是从延伸农业内外部的产业链条、开发多种农业功能拓展融合形式以及优化农村一二三产业融合引导支持政策等方面提出政策建议。

三、研究方法

根据研究内容，本书将采用理论探讨与实证分析相结合的研究方法。具体研究方法有：

1. 农村区域实地调研法

此研究方式是建议型，通过对湖南不同类型的农村进行专项调查，可以在研究过程中获取经验。本书重点对湖南的耒阳江头贡茶生态休闲农庄具有明显特征的田园综合体建设进行实地研究，并且通过研究分析江头贡茶生态休闲农庄田园综合体三大产业融合的现状、历程和运营体系、方式以及解决在发展过程中出现的问题进行调查采访，深入明确它们的发展，最终对融合程度进行评价，并且为培养融合主体以及创建体系奠定基础。利用此研究方式，深入了解农业领域三大产业融合发展的现状和发展历程，并且根据专项调查提供相应的江头贡茶生态休闲农庄景区规划发展策略。

2. 文献资料分析

本书利用文献资料分析的方式，对研究的课题创建理论架构，并且研究分析国内和国外相关专家学者的著作，可以减少实地研究数目不足带来的消极影响。其一，我们国家地域范围广阔，在时间方面具有局限性，所以有关资料收集需要通过整理、总结有关文献资料。其二，我们国家有关农业领域三大产业融合发展的研究仍然处于较低水平，所以对各个阶段的研究仍然处在初级阶段，并没有进行理论分析。在这一背景下，需要通过利用文献资料以及相关理论知识，整理归纳其工作原理。所以文献资料分析法可以解决理论知识的缺乏以及减轻实际调查的局限性。

3. 重点案例分析法

为了重点分析农业领域三大产业的融合模式，本书提供了多个重点实际案例，通过分析研究实际案例论证农业龙头企业带动模式、技术渗透型融合模式、农业的功能拓展融合模式和农业内部融合模式等四种农村产业融合模式，并且总结农业领域三大产业融合的特点、优势和短处，在主要实体、地区、现状以上层面为选取融合方式提供意见，使得本书的相关研究趋向真实有效。

4. 定量分析法

此书通过定量分析法进行课题研究，重点包含熵权法、AHP 层次分析法、TOPSIS 分析法、耦合程度分析法。在 AHP 层次分析法的基础上，论证农业领域三大产业融合发展所产生的终极结果；在 TOPSIS 分析法的基础上，计算农业领域三大产业融合发展的各项指标权重；在耦合程度分析法的基础上，协同分析各指标之间的协同发展水平。

参考文献

[1] Rosenberg N. Technological changes in the machine tool industry：1840-1910 [J]. The Journal of Economic History，1963，23：415.

[2] Nicholas N P. Industry evolution and competence development：The imperatives of technological convergences [J]. International Journal of Technology Management，1975，19 (7-8)：726.

[3] Ono R，Aoki K. Convergence and new regulation frameworks [J]. Telecommunications policy，1998，22 (10)：817-838.

[4] 植草益. 信息通讯业的产业融合 [J]. 中国工业经济，2001 (2)：24-27.

[5] Nils S. Industrial convergence：The evolution of the handheld computers market [R]. Edward Elgar Publishing Limited，2003.

[6] European C. Green paper on the convergence of the telecommunications，media and information technology sectors，and the implications for regulation [J]. Information Society Project Office Eu，1997.

[7] Greenstein S，Khanna T. Competing in the age of digital convergence [J]. President and Fellows of Harvard Press，1997：201-226.

[8] Yoffie D B. Competing in the age of digital convergence [J]. California Management Review, 1996, 38 (4): 31-53.

[9] Lei D T. Industry evolution and competence development: The imperatives of technological convergence [J]. International Journal of Technology Management, 2000 (19): 699-738.

[10] 今村奈良臣. 把第六次产业的创造作为21世纪农业发展产业 [J]. 月刊地域制作, 1996, (1): 18-21.

[11] 今村奈良臣. 中国农村经济发展战略的建议 [M] //山东省委农村工作领导小组办公室. 现代农业创新与发展——中日现代农业创新论坛论文集. 济南: 山东人民出版社, 2008.

[12] 佐藤正之. 不同行业的合作将带来六次产业化的成功 [J]. 创造知识资产, 2012, (7): 6-17.

[13] 室屋有宏. 六次产业化的现状与问题——振兴整个地区的“区域六阶段”的必要性 [J]. 农林金融, 2013, (5): 302-321.

[14] 植草益. 产业组织理论 [M]. 北京: 中国人民大学出版社, 1988.

[15] 王强. 产业融合结构布局要抓优势、分环节 [J]. 农业工程技术, 2015, (29): 26-27.

[16] 申孝忠. 内生发展与六次产业 [C]. 北海道: 第四届东亚农业研讨会报告资料, 2010.

[17] Fai F, Tunzelmann N V. Industry-specific competencies and converging technological systems: Evidence from patents [J]. Structural Change & Economic Dynamics, 2001, 12 (2): 141-170.

[18] 金泰坤. 全球化的进展与农业农村发展战略——农业的6次产业化 [C]. 哈尔滨: 第十届东北亚农业农村发展国际论坛, 2013.

[19] Knutson R D, Cropp R A. Managing the supply chain through cooperatives and contract integration VS Programs Affecting Food and Agricultural Marketing [M]. New York: Springer, 2013: 103-136.

[20] Verdouw C N, Beulens A J M, Trienekens J, et al. Process modelling in demand-driven supply chains: A reference model for the fruit industry [J]. Computers & Electronics in Agriculture, 2010, 73 (2): 174-187.

[21] Jang W, Klein C M. Supply chain models for small agricultural enterprises [J]. Annals of Operations Research, 2011, 190 (1): 359-374.

[22] Hjalager A M. Agricultural diversification into tourism : Evidence of a Europe-

an Community development programme [J]. Tourism Management, 1996, 17 (2): 103-111.

[23] Hegarty C, Przezborska L. Rural and agri-tourism as a tool for reorganising rural areas in old and new member states——A comparison study of Ireland and Poland [J]. International Journal of Tourism Research, 2005, 7 (2): 63-77.

[24] Davies E T, Gilbert D C. A case study of the development of farm tourism in Wales [J]. Tourism Management, 1992, 13 (1): 56-63.

[25] Mcgehee N G, Kim K M. Motivation for agritourism entrepreneurship [J]. Journal of Travel Research, 2004, 43 (2): 161-170.

[26] Tchetchik A, Fleischer A, Finkelshtain I. Differentiation and synergies in rural tourism: estimation and simulation of the israeli market [J]. American Journal of Agricultural Economics, 2008, 90 (2): 553-570.

[27] World Tourism Organization. Rural tourism in Europe: Experiences, development and perspectives [R]. 2004.

[28] Thompson C S. Host produced rural tourism: Towa's Tokyo Antenna Shop[J]. Annals of Tourism Research, 2004, 31 (3): 580-600.

[29] Long P T, Perdue R R, Allen L. Rural resident tourism perceptions and attitudes by community level of tourism [J]. Journal of Travel Research, 1990, 28 (3): 3-9.

[30] Jeffries D. The European Union and European tourism: In search of a policy [J]. Travel & Tourism Analyst, 2002, (1): 1-23.

[31] 成田拓未. 日本农协的发展经验对中国农民专业合作社的启示 [J]. 青岛农业大学学报 (社会科学版), 2009, 21 (1): 17-21.

[32] Feagan R, Henderson A. Devon Acres CSA: Local struggles in a global food system [J]. Agriculture & Human Values, 2009, 26 (3): 203-217.

[33] 金泰坤, 许珠宁. 农业的六次产业化和创造附加价值的方案 [M]. 首尔: 韩国农村经济研究院, 2011.

[34] 于刃刚. 三次产业分类与产业融合趋势 [J]. 经济研究参考, 1997, (1): 42-43.

[35] 张磊. 产业融合与互联网管制 [M]. 上海: 上海财经大学出版社, 2001.

[36] 周振华. 信息化进程中的产业融合研究 [J]. 经济学动态, 2002, (6): 58-62.

[37] 马健. 产业融合论 [M]. 南京: 南京大学出版社, 2006.

[38] 陈柳钦. 产业融合的发展动因、演进方式及其效应分析 [J]. 西华大学学报 (哲学社会科学版), 2007, (4): 69-73.

[39] 席晓丽. 产业融合与中国多功能农业建设的初探 [J]. 福建论坛, 2007, (9):

20-23.

［40］李俊岭．我国多功能农业发展研究——基于产业融合研究［J］．农业经济问题，2009，(3)：4-7.

［41］梁伟军．产业融合与现代农业发展［M］．武汉：华中科技大学出版社，2012.

［42］赵海．论农村产业融合发展［J］．农村经营管理，2015，(7)：26-29.

［43］崔振东．日本农业的六次产业化及启示［J］．农业经济，2010，(12)：6-8.

［44］徐哲根．日本农户增收的产业路径及其启示［J］．现代日本经济，2011，(3)：48-54.

［45］杜长青，李旭梅．产业融合——农村经济可持续发展的新举措［J］．中国农业信息，2016，(11)：3.

［46］“推进农村产业融合发展问题研究”课题组．推进农村三次产业融合发展要有新思路［J］．宏观经济管理，2015，(7)：48-49，58.

［47］张义博．农业现代化视野的产业融合互动及其路径找寻［J］．改革，2015，(2)：98-107.

［48］马晓河．推进农村一二三产业深度融合发展［N］．农民日报，2015-02-10 (1).

［49］宗锦耀．以农产品加工业为引领推进农村产业融合发展［J］．农村工作通讯，2015，(13)：19-22.

［50］周学勤，陈丽娜．“互联网＋农业”，下一个风口！——农管家做“互联网＋”时代的农业大管家［J］．农村工作通讯，2015，(15)：7-10.

［51］潘利兵．发展农产品加工业和休闲农业积极引领农村产业融合发展［J］．农业工程技术，2015，(29)：21-23.

［52］张文建．农业旅游：产业融合与城乡互动［J］．旅游学刊，2011，26 (10)：11-12.

［53］温铁军．发展农业4.0版的现代化［J］．农村工作通讯，2015，(24)：51-51.

［54］关浩杰．农村产业融合发展综合评价指标体系如何构建［J］．人民论坛，2016，(20)：52-54.

［55］苏毅清，游玉婷，王志刚．农村产业融合发展：理论探讨、现状分析与对策建议［J］．中国软科学，2016，(8)：17-28.

［56］冯伟，石汝娟，夏虹，等．农村产业融合发展评价指标体系研究［J］．湖北农业科学，2016，55 (21)：5697-5701.

［57］李芸，陈俊红，陈慈．北京市农业产业融合评价指数研究［J］．农业现代化研究，2017，38 (2)：204-211.

［58］蒋辉，张康洁，张怀英，等．我国三次产业融合发展的时空分异特征［J］．经

济地理，2017，37（7）：105-113.

[59] 梁伟军. 农业与相关产业融合发展研究 [D]. 武汉：华中农业大学，2010.

[60] 李明贤，唐文婷. 地域特点、资源整合与农村一二三产业深度融合——来自湖南省涟源市的经验 [J]. 农业现代化研究，2017，38（6）：963-970.

[61] 郑风田，崔海兴，程郁. 产业融合需突破传统方式 [J]. 农业工程技术，2015，(26)：39.

[62] 何立胜，李世新. 产业融合与农业发展 [J]. 晋阳学刊，2005，(1)：37-40.

[63] 孙中叶. 农业产业化的路径转换：产业融合与产业集聚 [J]. 经济经纬，2005，(4)：37-39.

[64] 戴春. 农村产业融合的动力机制、融合模式与实现路径研究——以安徽省合肥市为例 [J]. 赤峰学院学报：自然科学版，2016，32（6）：40-43.

[65] 赵海. 一二三产业融合模式探讨 [J]. 中国农民合作社，2015，(6)：43.

[66] 许伟. 休闲农业发展新路径：安徽的实践和探索 [J]. 农村工作通讯，2015，(24)：26-28.

[67] 黄祖辉，俞宁. 新型农业经营主体：现状、约束与发展思路——以浙江省为例的分析 [J]. 中国农村经济，2010，(10)：16-26.

[68] 郭庆海. 土地适度规模经营尺度：效率抑或收入 [J]. 农业经济问题，2014，35（7）：4-10.

[69] 孔祥智. 新型农业经营主体的地位和顶层设计 [J]. 改革，2014，(5)：67-71.

[70] 苑鹏，张瑞娟. 新型农业经营体系建设的进展、模式及建议 [J]. 江西社会科学，2016，(10)：47-53.

[71] 姜长云. 推进农村产业融合的主要组织形式及其带动农民增收的效果 [J]. 经济研究参考，2017，(16)：3-11.

[72] "新型农业经营体系"研究小组. 农业共营制：中国农业经营体系的新突破 [J]. 红旗文摘，2015，(9)：19-21.

[73] 郭翔宇. 多元主体联合创新现代农业经营体系——绥化市推进"以村为基本单元的复合型经营主体"建设的实践探索 [J]. 农业经济与管理，2016，(4)：5-11.

[74] 党国英. 保护土地财产权需国家权力机构发挥根本性作用 [J]. 农村工作通讯，2014，(21)：49.

[75] 林建华. 合作社要走进农产品加工流通 [J]. 农机质量与监督，2015，(2)：46.

[76] 陈晓华. 推进龙头企业转型升级，促进农村产业融合发展 [J]. 农村经营管理，2015，(12)：6-9.

[77] 禤燕庆，康志华，赵博雄. 龙头企业如何推进农村产业融合发展——基于广东省的调研与思考 [J]. 农村工作通讯，2016，(9)：55-61.

[78] 朱雪霞. 锡山先锋家庭农场促一三产业融合发展 [N]. 江苏农业科技报，2015-03-07 (001).

[79] 高杨. 浙江衢州“农旅结合”促发展 [J]. 农民文摘，2015，(6)：29-30.

[80] 阮荣平，曹冰雪，周佩，等. 新型农业经营主体辐射带动能力及影响因素分析——基于全国 2615 家新型农业经营主体的调查数据 [J]. 中国农村经济，2017，(11)：17-32.

[81] 吕亚荣，王春超. 工商业资本进入农业与农村的土地流转问题研究 [J]. 华中师范大学学报（人文社会科学版），2012，51 (4)：62-68.

[82] 张文广. 给“资本下乡”戴上法律笼头 [N]. 经济参考报，2014-01-22 (6).

[83] 李中. 工商资本进入现代农业应注意的几个问题 [J]. 农业展望，2013，9 (11)：35-37.

[84] 吕军书，张鹏. 关于工商企业进入农业领域需要探求的几个问题 [J]. 农业经济，2014，(3)：65-67.

[85] 陈锡文. 工商资本下乡后农民从业主蜕变成雇工 [J]. 共产党员，2010，(17)：33.

[86] 石霞. 城乡协调发展问题研究 [J]. 领导科学论坛，2017，(24)：3-23.

[87] 姜长云. 完善农村产业融合发展的利益联结机制要拓宽视野 [J]. 中国发展观察，2016，(2)：42-43.

第二部分

融合发展综合评价研究

第二章　衡阳市农村“三产融合”的内涵要解、发展模式、作用机制与实现路径

改革开放以来，衡阳农业不断发生质的变化。一方面产业链快速拓展，由单一的农产品生产向农产品加工、品牌打造和市场销售等纵深发展；另一方面农业功能日益优化，以旅游、观光和休闲娱乐为特点的“三产融合”的发展模式逐步成为农村主要形式，摆脱了原先单一功能的生产制约。显然，2019 年中央一号文件强调的推进“三产融合”发展，实质上也就是加快现代农业产业体系的构建。在此政策背景下，本章以“三产融合”是以什么为重点，探究衡阳市是如何围绕“三产融合”开展工作，去挖掘增进“三产融合”发展的具体方法。

第一节　“三产融合”的内涵界定及现存关键问题

从研究成果来看，学术界对农村产业融合的研究较为充分，基础理论体系的构建趋于完善，体系包含有内涵概念、策略、发展模式等方面内容，并在诸多领域开展了关于农村产业融合的各项研究，其中针对农村旅游产业融合的研究居多。这里所提及的旅游业已不单单归属于第三产业，比如乡村旅游已是多种产业之间相互融合的产物。从整体而言，国内研究学者针对农村产业融合主要是定性分析，而对于实践案例的应用性研究较少，这就导致了研究结果缺乏深度性。此外，关于如何促进各产业在农村大环境下的深度融合，促进相对应的基本指导理论走向成熟，还处于探索分析阶段。因此，本章通过衡阳农村产业融合过程中存在的问题、表现及原因，判断衡阳农村产业融合过程中出现的新问题、新情况，分析衡阳农村产业融合推进力的构成及相互关系，归纳出农村产业融合推进过程中的关键性问题及其解决方案，提出运用宏观政策调整解决农村产业融合目前面临的紧迫问题，具有明显的现实意义。

一、文献梳理与内涵界定

作为更高级别的农业产业化概念，以满足农民的各种福利待遇要求，建立现代化农业、高质量农业，实现中国广大农村的伟大振兴为根本目的，突出“融合”关键的“三产融合”概念应运而生。具体来说，当广大农村建立了不同于之前生产模式的组织与生产形势，与农业相关的包括制造业、服务业在内的二三产业之间的界限逐步模糊，农业各种生产要素的区别变得不明显，这种新的充满着交叉、渗透的农村生产方式就称为“三产融合”。该概念是中央在2015年的“一号文件”中第一次提出的，从此之后，各专家学者开展了大量的研究[1]。Yoffie（1997）立足于信息传输产业相融问题展开阐述，他表示，数字技术在产业融合的过程中发挥着十分重要的作用，它可以将独立性较强的产品加以综合，最终整合成整体性的产品[2]。植草益（2001）认为应该立足于产业组织层面对产业融合概念进行阐述，他表示要限制产业壁垒，首先就要放宽技术限制，积极创新技术形式，使各类企业都能够处于更加积极的竞争关系当中，以此来创造一个更具活力的产业环境[3]。马健（2006）表示，各产业领域当中的竞争关系以及合作关系并不是一成不变的。在市场需求发生变化的同时，原有的产业产品也会随之产生波动。在这样的情况下，产业界限会因此变得十分模糊，甚至需要重新划分才能够投入使用[4]。王乐君认为，“三产融合”过程可以有效地将农业的各产业链与价值链进一步地提高和延伸，提高农民除第一产业之外的收入，实现多种方式营收，多种主体的共同提高[5]。而在学者姜长云看来，为了促进农村各生产要素的相互交流，促进各种产业的相互融合，提高农村各资源的集中配置力度，最优化农村各产业的布局，必须要形成一种之前从未有过的技术、业态及商业模式，而“三产融合”正是这样一种充满交叉重组和渗透融合的方式[6]。同时，根据马晓河的观点“三产融合”的基础依旧是农业，但需要在农产品从生产到销售的整个生命周期内，将各产业集聚在一起，发挥联动作用，积极探索新的体制和技术，实现整合的目的[7]。熊爱华认为农村中存在着三种不同的“链”，分别是产业、价值和供应，当“三链”相互缠绕，共同发展的时候，一种新的农业生产模型就诞生出来，而这种过程便被称为“三产融合”[8]。综上所述可以发现，尽管不同学者对“三产融合”的概念有不同的解释，但值得注意的是大家都普遍认同一个观点，那就是“三产融合”是促进农业农村转型发展的过程，而该过程的实现必须通过农村包括一二三产业在内的各种生产要素的相互交叉融合。

二、关键问题

1. 组织带头示范作用弱，工作不协调

目前我省对农村产业融合越来越重视，将产业融合在农村的发展视为重大工程。而在

这个过程中，政府需要承担重要的责任。但是政府在执行工作时存在一些弊端：政府大包大揽，其他主体参与度不高；产业融合过程组织管理混乱，缺乏经验，走了许多弯路；缺乏与村民的沟通，与村民产生矛盾，引起了村民的不满；一些干部对产业融合急于求成，不尊重客观规律，导致资源浪费，因此增加了农村产业融合的难度[9]。

2. 农村金融体系落后，资金投入少

农村产业融合筹集资金压力大，仅仅只依靠政府的支持不能满足农村产业融合发展，因此，农村产业融合发展尚存在资金的缺口。农村信用社等金融机构作用发挥不明显，职能部门监管不严，存在一定的金融风险，因此不能吸引外来的产业融合投资者。

3. 产业融合发展效率低

在乡村振兴的大发展背景下承担着经济基础地位的就是产业融合，将极大地影响农村的建设、农业的发展以及农民的收入。在衡阳的广大农村中，产业融合发展的程度较低，产业结构失衡。第一产业仍占据重要地位，第二、三产业发展速率较慢。粮食作物与经济作物之间存在比例不协调的问题，林、牧、渔业对比于农业之间产值相比存在差距。自然资源存在着不合理的应用。工业发展缺乏资金支持，生产力水平低下，相关工业技术与管理水平较低，生产出的产品质量较差，导致产品市场竞争力较差。

4. 环境保护压力增大

衡阳农村产业融合水平要想提高，首先应当加强环境的保护。当前农村产业的不断发展以及农村居民生产生活方式的转变对农村环境产生了一定的影响。随着城市化进程的加快，城市的环保意识加大，导致高污染、高消耗企业迁往农村地区，导致农村也面临基建、环境保护管理和设备不完善的问题。

第二节 衡阳市“三产融合”发展模式分析

近年来，衡阳市主要通过以下四种发展模式来开展“三产融合”策略，实现农村的一二三产业的融合发展与农村的现状结合，造福农民，幸福农村，使农业农村各产业大变样。

一、农业内部交叉融合模式

农村的经济结构需要调整，必须要充分发挥农业独特的资源优势。以此为基础，充分考虑不同资源的特点，整合资源，共同经营，将农业与畜牧业结合、使农业与林业相互促进，建立林下经济、庭院经济等农林牧渔复合经营模式。比如，衡阳县利用虾稻互利共生原理，营造良好农业生态环境，减少农业面源污染，快速推广“水稻＋龙虾”生态种养模式，实现一田多用、一水多用。这种养殖模式是传统种养模式的极大创新。作为一种新的循环生态养殖方式，在提高农民收入的同时保护了生态环境，提高了亩产，挖掘了农业的发展潜力。

二、农业产业链延伸型融合模式

在衡阳有一条包括鸡、茶、辣椒等生产全周期在内的完整产业体系，同时还孕育出了一大批优秀的当地企业，例如，衡山祁黄鸡、角山米、南岳云雾茶和祁东黄花菜等都形成了自己的品牌效应，具有一定的产业规模，能够有效地带动农民脱贫致富。在衡阳得以施展的这种模式是一种以农产品需求为导向的现代化的农业生产方式，通过建立一条从田间地头到百姓餐桌、从原材料到最终的消费品的产业生产链条，使农业的第二产业和第三产业连接起来，最终形成了一种高度融合、三维各层次立体发展的新农业。为了实现“接二连三”的农业发展，向前延伸和向后延伸缺一不可。向前延伸主要是围绕农产品原料开展的各种加工、销售，以企业为主，建立原料生产基地；而向后延伸则聚焦于农产品的深度加工、流通和餐饮，该途径的经营主体变成了各种专业大户。

三、功能拓展型融合模式

功能拓展型融合模式充分发掘农业各方面的功能，建立了以农业为基础的发展方式，包括体验农耕文化的农村旅游业，以科学知识普及和运动健康为主的休闲农业以及围绕农村开展的各种创意活动等。同时，农村还具有各具特色和充满历史文化气息的，包括农业生产、加工在内的各种资源，以此为基础，大力创新，建立人人可参与、人人可体验、充满娱乐元素、因人而异的创意农业，构建集生产、生活、生态功能于一体的农业产业新体系。比如，耒阳市江头生态茶园农庄开发茶业、渔业和生猪养殖业、餐饮住宿和娱乐产业，不仅充满着衡阳南部乡土风情，还具有历史悠远的贡茶文化。这种方式已经成为衡阳农村新的经济增长点，连续六年产值持续增加。

四、技术渗透型融合模式

随着网络时代的到来，出现了一种以模式创新和依靠信息技术的现代农业，以此为基础出现了一种新的模式，即充分利用包括传感器、卫星等在内的先进设备和各种信息技术。在包括生产、加工、销售在内的农业全生命周期过程中，充分应用新技术带动传统农业发展，依靠电商智慧农业的发展促进农村产业的大升级大发展。依靠这种发展模式，在衡阳利用互联网，建立了“互联网＋农业”，方便快捷对接农业供求关系，提供便利的农业服务，解决了农产品面临的问题。

第三节　农村产业融合发展的作用机制

一、内部驱动机制

1. 充分利用农村的特色资源

衡阳多山多丘陵，自然资源丰富。农村的自然资源是一种财富，应该充分利用这种优势资源，发挥地区特色，实现各具特色的农业产业化、品牌化发展，提高竞争力。具体可以通过如下方式：在森林资源丰富的地区，以森林公园为卖点吸引游人；有果蔬花园的地方，打造观赏、采摘旅游。在水资源丰富的地方，开发钓鱼休闲、饮食文化度假。

2. 坚持以农民为主体，形成利益共同体

农村产业融合发展是以农业生产为基本依托，以新型经营主体为引领，力争实现农村地区第一产业、第二产业和第三产业共同发展，利用各种方式促进包括农产品生产在内的餐饮、销售等服务业的升级整合，以期伸长产业链条，挖掘经营范围，提高产品收益。值得注意的是，产业融合的根本目的是提高农民收益，尤其是降低农民收入中第一产业的占比，增加农产品的价值，力争提高就业岗位数量，让农民能够享受到实实在在的利益，更

加主动地参与到产业融合发展的进展中[10]。

3. 依托特色农业生产，避免出现同质化倾向

农村产业融合发展的基础是农业生产，产业融合的所有模式实际上都是农村产业链延伸和拓展，即以农业各种资源中最有优势的作为基础，挖掘养殖和种植过程中的潜在的可联系的关系，建立既要向前延伸也要向后延伸的农业经营。在农村现阶段的产业融合发展过程中，部分地方的农村产业融合项目同质性强，无法充分利用农业的各种功能。各地发展基本一致，没有区别，且发展不够深入，无法形成个性化、多样性以及大品牌的现代农业。市场太过混乱，资源浪费严重。

二、外部推动机制

1. 乡村城镇化

加快城乡一体化建设进程，提升第二产业占比，推动传统农业向现代农业的目标发展，力争实现乡村城市化发展。同时需要注意，要实现农村和城市经济、政治和文化的协同一致，尽快建立资源、信息以及技术的城乡分享机制和平台[11]。

2. 政府政策扶持

政府的地位在农村产业的融合过程中极其显著。保护农村各产业持续发展的权利，建立各种特色农产品发展的经营模式；将互联网与电商企业引入农村，建设农村服务平台；修缮农村水利工程，保障农民正常生活用水，加强农村水堤防护，保障农民生产生活安全；响应美丽乡村号召，以民生基础设施为手段，充分解决污水的排放问题，力争集约化处理。同时在利用乡村资源的时候力争合理，鼓励村民向城市发展，从城市引进人才下乡，对龙头企业进行招商引资，为农村引进大型企业，促进城乡协调发展，加强农村基础工作，如完善教育、医疗、文化等条件。

3. 工业反哺农业，城市支持乡村

政府资金投入对于农村产业融合所需资金往往是杯水车薪。为了促进本地企业的蓬勃发展，政府需要整合城镇与农村的资本，引导资本由城镇流向农村；利用城市作为模板，将城市的技术和资金应用到农村中，促进农村全方位发展[12]。

三、制度保障机制

1. 改变原有的产品经营模式，加大建设力度

乡村各产业的融合不仅需要依靠政府政策扶持与资金推动，还必须要遵循市场发展的客观规律，要坚持以政府为引导，企业为主要导向，坚持市场化运作模式。

2. 建立良好的投资运营机制

资金问题是实现产业融合面临的重大问题，在这个过程中，既要充分利用政府和国家开发银行以及农业发展银行的各种基金扶持，也要挖掘各种融资方式，努力吸纳社会上资金的投入，建立良好的、来源广泛的、方式多样的融资方式。推行各种项目落地，控制资本的流动方向，重点应该是基础建设、生态维护、农业多产业协调发展[13]。

第四节　加快农村“三产融合”发展的实现路径

一、不断培育和发展壮大多元化融合主体，强化各主体独特作用

1. 农业农村要积极扩大规模，开展大农场经营

要扩大规模，就要吸引更多的农民将土地通过流转和入股的形式向大农场的方向发展，在扩大生产规模的同时，既要严格生产标准，也要规范操作流程，以市场为导向，利用规模经营提高农民收入。

2. 以合作社形式来服务农民，联系农村

要建立“三位一体”的专业合作社，并积极寻求途径扩大合作内容，在产品生产、销售和信用上面保证各方面权益。多方向发展，充分挖掘农产品的价值和潜力，以第二产业、第三产业促进第一产业的深度和广度。同时产业的各个环节都可以建立相应的联合社，包括生产、销售、体系等一系列都可以用来提高竞争力。

3. 领军产业要致力于产品及服务的升级，保持核心和领导作用

领军产业要始终保证其主体地位，尤其是要加大科研资金的投入，保证研发实力，坚持创新，推崇与科研机构的合作。领军产业要带头施行现代农业生产模式，建立循环生态农业，提高农产品的加工深度，保证物流，以现代生产要素为引导，建立现代农业产业基地。该基地的特征是包括生产、加工、科技、仓储和物流的全过程，即全生命周期。

二、发展农村三产融合新产业、新业态，创新发展多类型“三产融合”模式

1. 挖掘交叉融合的发展新方向

充分挖掘农业中可以融合的各产业，包括农业与林业、畜牧业、渔业之间的各种相互融合发展，在这个过程中更要注重循环发展。同时，一种新型的生态循环思想应该被考虑，该思想重视种植业与畜牧业的结合，最终形成一种种植业—畜牧业相互促进的新模式。

2. 大力促使农业向更深层次方向发展

要注重产业链生产发展，在充分考虑当地农情的前提下，按照具体问题具体分析的原则，挖掘各种有用信息，促使多种产业链相互融合。同时，需打开思路，以多功能形态田园综合体为目标，建立景区式的产业区、园林式的田园风光以及可以亲身体验劳作方式及像客房一样舒适的农房，即遵循的路线是“纵向延伸、横向扩张、侧向扩展”。也就是说，发掘包括文化和生态在内的所有价值，发展会展农业、智慧农业、生态农业等新型业态，着力推动推进农业电子商务化发展。

3. 加快推进农业功能拓展型融合

农村的潜力是无限的，包括文化、教育、科研、旅游在内的各种价值都值得去充分开发。共享经济、创意产业、民宿经济及康养经济也值得在农村大力发展。

4. 积极吸纳最新的要素，与传统要素融合

包括“互联网＋现代农业”、电子商务以及物联网在内的各种先进技术保证了农业的大发展，使线上的品牌与线下的种植、养殖、捕捞等得到共同发展，用智慧来武装农业，建立适合农业农村的互联网和物联网标准，保证小农户和新型农业主体的发展潜力。

三、打造平台载体，促进“三产融合”集聚集群发展

1. 优化农业空间布局，推进专业化、多样化农业集聚集群协调发展

充分明晰本区域的优势农产品，按照科学的方法建立一系列的高标准、高要求的各种功能区。例如，商品粮生产的粮食主产区、保护农产品生产环境及地理特色农产品的作物生产区。在这个过程中要充分发挥区域和功能区优势，在政策的支撑下，合理划分区域，充分节约资源，充分发挥区位的优势地位，建立专业化的地理集聚格局。目标是建立产品、区域结构合理的现代农业生产体系。同时，应该充分利用产业、科技和创业的带动作用，规划相应园区，在农业各链条上结合多种产业要素，多方面联动，谋求创新。在各个环节提高质量保证效率，使本区域农业格局具有高度融合、合理竞争的特征。

2. 组织“三产融合”联盟的建立

这种联盟的重点是围绕着农民，着眼于农业建立的生产和产业为一体的联合体。在这个体系中，必须以生产为基础要素，以服务作为沟通纽带，以市场为发展目标，让家庭农场、农民专业合作社和农业领军企业结合本身优势，通过合理的分工，拧成一股绳，实现“1＋1＋1＞3”的效果，打造全方位的一体化共同体。

3. 积极开展“三产融合”发展试点示范

全面开展产业兴村强县示范行动，让特色小镇、田园综合建设体的规划尽快提上进程，并努力创建具有百亿级和千亿级体量的、具有“三产融合”特色的大产业集群，打造产城融合发展先导区，实现每个村有自己的品牌，每个县有自己的特色产业。

四、健全利益联结机制，促进形成“三产融合”利益共同体

1. 积极推广订单农业

结合互联网技术，以“互联网＋订单农业”为主导模型的新型农业生产销售体系，根据消费者的需求订单，生产所需要的农产品，一切流程都通过网络，并借助各种电商平台和销售平台。但需要注意的是，这种方式需要围绕订单建立完备的信用体系和审查备案制度。

2. 建立股份制农业

一方面加大科研力量的投入，高校等研发人员将科技作为股份，以技术入股；另一方面农民则将土地作为股资，共同建立新的股份合作组织。经营方式可以采用多种模式进行，目的就是通过科技力量指导农民生产，让农民通过自主经营加内股外租的方式保证自身权益。

3. 预防风险，突出保障

当地企业的领军者要提高责任意识，保证领军企业能够如实发布责任报告，透明地向社会公布信息。围绕着土地的租赁和流转要建立相应的保障制度，切实保护农民的权益，杜绝一切违法行为的发生。建立强大的监督制约体制，要保证土地经营权的融资担保和流转合同以及订单合同的有效践行，并有效解决流转和订单中的各种纠纷。

五、完善各类支持政策，促进“三产融合”可持续发展

1. 适时改革政策制度，为产业融合源源不断创新活力，尤其是加强财政的支持力度

首先，建立新的税收政策，充分照顾新的产业，在企业进项税额方面尝试免除初级和精深加工农产品企业的赋税，通过多种方式力争降低农业加工企业在税收上面的压力。其次，建立专门用于“三产融合”的政府基金，并颁布政策，引导各类资金向“三产融合”项目倾斜。值得注意的是，一定要建立农场、农民合作社的评选机制，政府积极出台促进农村产业融合的措施，加快农村产业融合。最后，在各种重点工程建设上，尤其是要重视机耕道的铺设以及机库棚的搭建，且在充分考虑衡阳农村地区的各种公共基础设施的前提下进行。此外，农村的各种配套惠民设施也应该跟得上，包括快递、电子商务、农机等各种设施都应该投入较大的财政支持。

2. 通过保险政策降低金融风险

提高抗击巨大灾难的能力和机制，可通过各种保险、基金及证券来进行。通过各种保险政策的颁布为农产品价格保驾护航，开展建立重点农产品的收入保险工作，给予相应的补贴。围绕小额贷款保障和农业保险保单质押，推出各种增信模式来减少农民的后顾之忧。最后，关于承包土地经营权和住房抵押贷款，要勇于提出新的方式，完善金融产品信

用管理方式。

3. 建立人才兴农和科技兴农政策的推广和落实

首先，要充分挖掘本村外出人才，包括各种层次大学生、入伍当兵人员及创业人员报效家乡的荣誉感和责任感，促进“三产融合”的大发展。其次，将各种教育培训的资金进行统一管理，尤其是提高青年农民的素质，并与时俱进地建立专业人才管理的职业经理人制度，提高农村专业化水平。最后，建立系列的科技推广联盟，加大力量促进“三产融合”的发展。

参考文献

[1] 焦丽娟. 安徽省农村产业融合发展研究 [D]. 合肥：安徽农业大学，2018.

[2] Yoffie D B. Introduction：CHESS and competing in the age of digit al convergence [J]. Competing in the Age of Digital Convergence，1997 (1)：1-35.

[3] 植草益. 信息通讯业的产业融合 [J]. 中国工业经济，2001，(2)：24-27.

[4] 马健. 产业融合论 [M]. 南京：南京大学出版社，2006：4.

[5] 王乐君，寇广增. 促进农村“三产融合”发展的若干思考 [J]. 农业经济问题，2017，(6)：82-88.

[6] 姜长云. 推进农村“三产融合”发展的路径和着力点 [J]. 中州学刊，2016，(5)：43-49.

[7] 马晓河. 推进农村“三产融合”发展的几点思考 [N]. 经济日报，2016-02-25 (12).

[8] 熊爱华，张涵. 农村“三产融合”：发展模式、条件分析及政策建议 [J]. 理论学刊，2019，(1)：72-79.

[9] 王伟. 推进农村一二三产业深度融合发展——以湖南省郴州市为例 [J]. 湘南学院学报（社会科学版），2019，(4)：1-5.

[10] 耿献辉，周应恒. 完善农村产业融合发展机制 [J]. 群众，2017，(24)：30-33.

[11] 程晓丽，祝亚雯. 安徽省农村产业融合发展研究 [J]. 经济地理，2012，32 (9)：161-165.

[12] 陈国生，彭文武. 湖南旅游业和文化创意产业的协同效应测度及其空间分布特征分析 [J]. 荆楚学刊，2015，(4)：46-47.

[13] 肖卫东，杜志雄. 农村产业融合：内涵要解、发展现状与未来思路 [J]. 西北农林科技大学学报（社会科学版），2019，(6)：120-129.

第三章　基于 TOPSIS 法的衡阳市农村一二三产业融合发展综合评价研究

自我国“十三五”规划提出以来，衡阳市在湘南地区的经济效应地位愈发凸显出来，其中衡阳市的农村产业融合发展可以说是带动衡阳经济效应中的新引擎，推动了衡阳市“湘南承接产业转移示范区”中心县（市、区）的改革建设速度。不过衡阳市目前的农村产业融合发展的内部结构还有待于进一步的调整和改进，希望可以从整体上提升衡阳市场的开放水平，全面激发出衡阳现代农业的产业活力。衡阳市地理环境优越，水热资源充足，农业以种植业为主，同时猪、鸡、鱼等养殖业也发展良好。2018 年，衡阳市农林牧渔业总产值 582.04 亿元，增长 3.5%；农林牧渔专业及辅助性活动总产值 39.43 亿元，增长 12.4%；全市农民合作社共 6 513 个，增长 20.6%；家庭农场共 3 768 个，增长 7.4%；耕地流转面积 288.71 万亩，增长 4.7%，并且向全市不断供应着经济增长点[1]。在衡阳农村产业融合的发展过程中，服务业成为农村产业融合发展的重要支撑项目，服务业的发展，充分利用了衡阳市的“国家服务业综合改革示范县（市、区）”优势，提升了省级服务业标准化建设水平，使得衡阳市农村产业融合的发展水平进一步提升，在衡阳市委、市政府的支持下，不断探索并挖掘出了衡阳市的农村产业融合创新活力。

第一节　农村产业融合发展水平综合评价 TOPSIS 法

一、TOPSIS 法原理

国内外很多学者采用的研究方法各有千秋，比如层次分析法（AHP）、因子分析法、方差分析法、聚类分析法、系统动力学分析法、主成分分析法、德尔菲法、重要性-绩效分析法（IPA）等。但是这些方法都有各自的局限性，像德尔菲法、层次分析法等无法避免主观因素影响；聚类分析法不能充分体现类内的细节差异；主成分分析法对地区容量有较高要求；等等。故此，本章分析衡阳市的农村产业融合创新活力采取信息熵权 TOPSIS 法，进而提出衡阳市的农村产业融合发展思路和建议。

信息熵权法是根据各评价指标数值变异程度所反映的信息量大小来确定权数的一种客观赋值法，指标对综合评价的影响越大，权重就越大。指标的方差越大熵值就越小，反之亦然。可以说，这是一种基于评价对象与最优和极劣方案值的差异进行排序，简单、客观、方便的多目标决策的科学评价方法[2]。

TOPSIS 评价法是一种被运用于数量有限的方案中，进行多种可能性决策的技术。根据有关文献当中的介绍，可以简单地将 TOPSIS 评价法理解为近似的理想解排序法，其工作的基本原理也和逼近理想解的原理基本保持一致。首先构建一个归一化的原始矩阵，然后在这些方案当中找出最佳方案和最差方案，并用最优向量和最劣向量表示这两个方案，再通过计算出的目标方案同最优方案之间的差距，得出评价方案与最优方案的相似程度，并且将其作为评判的条件[3]。

二、TOPSIS 法步骤

TOPSIS 法评价的基本步骤如下：

（1）首先建立评价矩阵。有 n 个需要进行评价的对象，p 个评价指标，使它们构成一个 $n\times p$ 的矩阵。如果评价指标中有逆指标，我们需要将其进行正向化处理，最终得到的矩阵如下：

$$\boldsymbol{X}=\begin{bmatrix} x_{11} & x_{12} & \cdots & x_{1p} \\ x_{21} & x_{22} & \cdots & x_{2p} \\ \cdots & \cdots & \cdots & \cdots \\ x_{n1} & x_{n2} & \cdots & x_{np} \end{bmatrix}_{n\times p}。$$

（2）对原始数据归一化，得到

$$\boldsymbol{G}=\begin{bmatrix} g_{11} & g_{12} & \cdots & g_{1p} \\ g_{21} & g_{22} & \cdots & g_{2p} \\ \cdots & \cdots & \cdots & \cdots \\ g_{n1} & g_{n2} & \cdots & g_{np} \end{bmatrix}_{n\times p}。$$

其中：$g_{ij}=\dfrac{x_{ij}}{\sum\limits_{k=1}^{n}x_{kj}};i=1,2,\cdots,n;j=1,2,\cdots,p$。

(3) 构成加权的规范矩阵 $\boldsymbol{Z}$

$$\boldsymbol{Z}=\begin{bmatrix} z_{11} & z_{12} & \cdots & z_{1p} \\ z_{21} & z_{22} & \cdots & z_{2p} \\ \cdots & \cdots & \cdots & \cdots \\ z_{n1} & z_{n2} & \cdots & z_{np} \end{bmatrix}_{n\times p}。$$

其中：$z_{ij}=g_{ij}\times\omega_{ij}$；$i=1,2,\cdots,n$；$j=1,2,\cdots,p$；$\omega_j$ 为第 j 个指标的权重。

(4) 由各项指标最优值和最劣值分别构成最优值向量 $\boldsymbol{Z}^+$ 和最劣值向量 $\boldsymbol{Z}^-$。

$$\boldsymbol{Z}^+=(z_1^+,z_2^+,\cdots,z_p^+);\boldsymbol{Z}^-=(z_1^-,z_2^-,\cdots,z_p^-)。$$

其中：$z_j^+=(z_{1j}^+,z_{2j}^+,\cdots,z_{pj}^+)$，$j=1,2,\cdots,p$；$z_j^-=(z_{1j}^-,z_{2j}^-,\cdots,z_{pj}^-)$，$j=1,2,\cdots,p$。

(5) 计算各评价单元与最优值和最劣值的距离

$$D_i^+=\sqrt{\sum_{j=1}^{p}(z_{ij}-z_j^+)^2};D_i^-=\sqrt{\sum_{j=1}^{p}(z_{ij}-z_j^-)^2}。$$

(6) 计算各评价单元与最优值的相对接近度

$$C_i=\frac{D_i^-}{D_i^++D_i^-},\ i=1,2,\cdots,n。$$

(7) 依据接近度数值的大小进行排序，C_i 越大，表明第 i 个评价单元越接近最优水平。根据 C_i 大小降序排列，获得衡阳市各县（市、区）农村产业融合发展影响力排名[4]。

(8) 分别对数据进行权重赋值。一般情况下考虑到这些指标的本身需要和算法的特性，所以赋值的权重相同。

第二节　衡阳市12县（市、区）农村产业融合发展水平测定的指标体系构建

在分析衡阳市农村产业融合发展水平时，结合我国其他发达地区的农村产业融合发展的指标水平数值，我们可以构建一个农村产业融合发展的评价体系（表 3-1）来横向综合评价衡阳 12 县（市、区）农村产业融合发展的区域地位，并进行差异性分析。具体评价步骤如下：

一、评价指标体系的构建

为了将农村产业融合发展水平量化，需要划分成几个具体的研究对象，将评价指标体系分为三个层次，即目标层、准则层和指标层。具体指标如表 3-1 所示。

表 3-1　衡阳市农村产业融合发展的综合评价指标

目标层 A	准则层 B	权重	指标层 C	单位	权重	指标数据
农村产业融合发展的综合指标	农业产业链延伸 B_1	0.261	第一产业产值占 GDP 比例 C_1	%	0.087	15.01
			乡村非农从业人口比例 C_2	%	0.087	36.45
			农业产值占农林牧渔总值比重 C_3	%	0.087	40.99
	农业多功能性发挥 B_2	0.162	工业从业人员占乡村从业人员比例 C_4	%	0.081	8.58
			建筑业从业人员占乡村从业人员比例 C_5	%	0.081	6.95
	农业服务业融合发展 B_3	0.304	交通运输、仓储及邮政从业人员占乡村从业人员比例 C_6	%	0.077	2.18
			信息传输、计算机服务和软件从业人员占乡村从业人员比例 C_7	%	0.077	0.82
			批发零售从业人员占乡村从业人员比例 C_8	%	0.077	3.27
			住宿和餐饮从业人员占乡村从业人员比例 C_9	%	0.073	2.09
	经济效应 B_4	0.140	农村居民人均纯收入 C_1	元	0.073	16851
			人均农林牧渔服务业产值 C_{12}	万元/人	0.067	560.07
	社会效应 B_5	0.134	城乡居民收入比 C_{13}		0.067	1.86
			城镇化率 C_{14}	%	0.067	51.07

1. 农业产业链延伸指标体系

本章农业产业链延伸指标体系选择了第一产业产值占 GDP 比例、乡村非农从业人口比例、农业产值占农林牧渔总值比重 3 项指标，如表 3-2 所示。这 3 项指标包含了农村第一产业产值、第二产业产值的发展状况以及农业在农林牧渔中的地位等，体现出湖南省衡阳市各县（市、区）的农业产业链延伸水平。

表 3-2　湖南省 14 个市州的农业产业链延伸发展表

地区	第一产业产值占 GDP 比例/%	乡村非农从业人口比例/%	农业产值占农林牧渔总值比重/%
珠晖区	4.33	40.99	68.69
雁峰区	1.29	51.71	57.37
石鼓区	2.93	49.57	52.39

续表

地区	第一产业产值占GDP比例/%	乡村非农从业人口比例/%	农业产值占农林牧渔总值比重/%
蒸湘区	2.34	54.39	63.85
南岳区	10.22	41.90	45.22
衡阳县	21.75	40.25	38.51
衡南县	22.56	33.44	39.16
衡山县	20.82	41.68	36.77
衡东县	16.81	32.56	41.30
祁东县	25.14	41.50	44.72
耒阳市	16.08	27.66	40.02
常宁市	17.52	30.98	37.95

数据来源：《湖南省统计年鉴》(2018)、《湖南省农村统计年鉴》(2018)，以下表3-3～表3-6同。

二、农业多功能性发挥指标体系

农业多功能性层面主要强调农产品的加工，即政府通过一系列的农产品加工激励制度和政府的农业基础设施建设等政策来促进农业多功能性发挥。随着市场竞争的日益加剧，农业不断运用先进的加工技术和工艺来提升市场竞争力，现代农业已经从最初的小规模、非专业不断向规模化、专业化的方向发展，这一转变又集中反映在农业多功能性发挥上[5]。本章的农业多功能性发挥指标体系包括工业从业人员占乡村从业人员比例和建筑业从业人员占乡村从业人员比例两项指标，如表3-3所示。这两项指标体现出衡阳市各县（市、区）的农业多功能性发挥高低。

表3-3　衡阳市12个县（市、区）的农业多功能性发挥表

地区	工业从业人员占乡村从业人员比例/%	建筑业从业人员占乡村从业人员比例/%
珠晖区	7.99	9.18
雁峰区	23.08	5.56
石鼓区	11.64	11.64
蒸湘区	18.80	13.28
南岳区	10.61	12.29
衡阳县	9.64	7.45
衡南县	6.90	9.75

续表

地区	工业从业人员占乡村从业人员比例/%	建筑业从业人员占乡村从业人员比例/%
衡山县	9.83	7.80
衡东县	5.59	8.44
祁东县	11.52	8.29
耒阳市	8.40	3.15
常宁市	5.07	3.74

三、农业服务业融合发展指标体系

本章的农业服务业融合发展指标体系主要选择了交通运输、仓储及邮政从业人员占乡村从业人员比例，信息传输、计算机服务和软件从业人员占乡村从业人员比例，批发零售从业人员占乡村从业人员比例，住宿和餐饮从业人员占乡村从业人员比例 4 项指标，如表 3-4 所示。这 4 项指标体现出湖南省衡阳市各县（市、区）的劳动力资源状况。

表 3-4　衡阳市 12 县（市、区）农业服务业融合发展表

地区	交通运输、仓储及邮政从业人员占乡村从业人员比例/%	信息传输、计算机服务和软件从业人员占乡村从业人员比例/%	批发零售从业人员占乡村从业人员比例/%	住宿和餐饮从业人员占乡村从业人员比例/%
珠晖区	3.23	0.85	4.76	4.25
雁峰区	4.70	1.28	5.98	5.13
石鼓区	6.03	1.72	6.47	4.31
蒸湘区	7.52	5.26	7.77	8.27
南岳区	2.23	0.56	12.85	3.35
衡阳县	2.38	1.27	3.38	1.83
衡南县	2.36	0.87	3.55	1.06
衡山县	3.10	0.92	4.59	4.78
衡东县	2.12	1.54	4.28	2.74
祁东县	2.20	1.07	4.59	3.41
耒阳市	1.28	0	1.28	0.49
常宁市	1.38	0.05	1.10	0.91

四、经济效应指标体系

本章经济效应指标体系选择了农村居民人均纯收入、人均农林牧渔服务业产值两项指标，如表 3-5 所示。这两项指标能够反映出衡阳市各县（市、区）乡村经济的发展情况以及农村居民收入状况，体现出衡阳市各县（市、区）的社会消费水平和经济效应水平。

表 3-5　衡阳市 12 个县（市、区）的经济效应表

地区	农村居民人均纯收入/元	人均农林牧渔服务业产值/元
珠晖区	19 092	461.11
雁峰区	19 060	598.64
石鼓区	19 143	280.65
蒸湘区	19 076	394.61
南岳区	19 053	581.82
衡阳县	16 190	607.28
衡南县	19 023	570.49
衡山县	19 078	494.75
衡东县	18 314	655.93
祁东县	13 005	542.05
耒阳市	18 841	593.91
常宁市	15 418	474.98

五、社会效应指标体系

本章的社会效应指标体系包括城乡居民收入比、城镇化率两项指标，如表 3-6 所示。这两项指标对衡阳市农民创业就业和社会效应起到支撑和辅助的作用。

表 3-6　衡阳市 12 县（市、区）社会效应表

地区	城乡居民收入比	城镇化率/%
珠晖区	1.74	91.27
雁峰区	1.68	96.15
石鼓区	1.77	93.38
蒸湘区	1.73	91.39
南岳区	1.94	69.00

续表

地区	城乡居民收入比	城镇化率/%
衡阳县	1.92	42.10
衡南县	1.58	39.16
衡山县	1.59	38.33
衡东县	1.66	38.31
祁东县	1.89	41.16
耒阳市	1.69	49.97
常宁市	1.86	48.10

第三节　衡阳市 12 县（市、区）农村产业融合发展影响力指标 TOPSIS 法输出值

按照通用的算法，对 14 个指标赋予相同权重。把城乡居民收入比指标设置为低优指标。在一般情况下，低优指标通常是指那些测度值越小越好的指标，反过来，高优指标就是指那些测量数值越大越好的指标。在本章研究中的 TOPSIS 评价法运算规律都遵守这一原则。在本章的这一部分中主要就 5 个动力因子的 TOPSIS 评价指标值进行分析，尤其是对接近最优值 C_i 的值着重进行分析，然后对各个县（市、区）的指标排名情况进行分析，进而得出有关结论。

一、农业产业链延伸发挥动力因子分析

表 3-7　农业产业链延伸发挥指标 TOPSIS 法输出值

地区	第一产业产值占 GDP 比例	乡村非农从业人口比例	农业产值占农林牧渔总值比重
珠晖区	0.002 3	0.007 3	0.010 6
雁峰区	0.000 7	0.009 3	0.008 8
石鼓区	0.001 6	0.008 9	0.008 1
蒸湘区	0.001 3	0.009 7	0.001 0
南岳区	0.005 5	0.007 5	0.007 0

续表

地区	第一产业产值占 GDP 比例	乡村非农从业人口比例	农业产值占农林牧渔总值比重
衡阳县	0.011 8	0.007 2	0.006 0
衡南县	0.012 3	0.006 0	0.006 0
衡山县	0.011 2	0.007 5	0.005 6
衡东县	0.009 0	0.005 8	0.006 4
祁东县	0.013 5	0.007 4	0.006 9
耒阳市	0.008 7	0.005 0	0.006 2
常宁市	0.009 4	0.005 5	0.005 8
最优向量	0.013 5	0.009 7	0.010 6
最劣向量	0.000 7	0.005 0	0.005 7

表 3-8 农业产业链延伸因子效用最优接近度

地区	D^+	D^-	统计量 C_i	名次
珠晖区	0.011 4	0.005 7	0.903 4	9
雁峰区	0.013 0	0.005 3	0.897 8	12
石鼓区	0.012 2	0.004 7	0.900 4	10
蒸湘区	0.012 3	0.006 3	0.900 2	11
南岳区	0.009 1	0.005 6	0.913 0	8
衡阳县	0.005 6	0.011 2	0.930 4	2
衡南县	0.006 1	0.011 5	0.927 9	4
衡山县	0.005 9	0.010 8	0.928 8	3
衡东县	0.007 3	0.008 4	0.921 4	5
祁东县	0.004 4	0.013 1	0.938 2	1
耒阳市	0.008 1	0.008 0	0.917 3	7
常宁市	0.007 5	0.008 8	0.920 2	6

通过表 3-7 和表 3-8 可知，农业产业链延伸发挥指标排名前两位的分别为祁东和衡阳，排名倒数后两位的为蒸湘和雁峰。通过表 3-8 还可以发现，各县（市、区）之间的农业产业链延伸水平因子具有较大的差异，例如：第一名祁东的 C_i 值为 0.94，排名第二的衡阳 C_i 值是 0.93，而最后一名石鼓的 C_i 值为 0.90。通过观察其他县（市、区）可以发现，它们的 C_i 值主要集中在 0.9 左右，祁东虽然排在第二，但其农业产业链延伸优势并不明显。

因此，衡阳市各县（市、区）应该着力发展乡村二、三产业，推动农业产业融合的发展。

二、农业多功能性发挥动力因子分析

表 3-9　农业多功能性发挥指标 TOPSIS 法输出值

地区	工业从业人员占乡村从业人员比例	建筑业从业人员占乡村从业人员比例
珠晖区	0.005 0	0.007 4
雁峰区	0.014 5	0.004 5
石鼓区	0.007 3	0.009 4
蒸湘区	0.011 8	0.010 7
南岳区	0.006 7	0.009 9
衡阳县	0.006 1	0.006 0
衡南县	0.004 3	0.007 6
衡山县	0.006 2	0.006 3
衡东县	0.003 5	0.006 8
祁东县	0.007 2	0.006 7
耒阳市	0.005 3	0.002 5
常宁市	0.003 2	0.003 0
最优向量	0.014 5	0.010 7
最劣向量	0.003 2	0.002 5

表 3-10　农业多功能性因子效用最优接近度

地区	D^+	D^-	统计量 C_i	名次
珠晖区	0.010 0	0.005 2	0.909 0	8
雁峰区	0.006 2	0.011 5	0.927 0	2
石鼓区	0.007 3	0.008 0	0.921 3	3
蒸湘区	0.002 7	0.011 9	0.950 7	1
南岳区	0.007 9	0.008 1	0.918 5	4
衡阳县	0.009 7	0.004 5	0.910 5	7
衡南县	0.010 5	0.005 4	0.906 9	9
衡山县	0.009 4	0.004 8	0.911 6	6
衡东县	0.011 7	0.004 3	0.902 9	10

续表

地区	D^+	D^-	统计量 C_i	名次
祁东县	0.008 3	0.005 8	0.916 5	5
耒阳市	0.012 3	0.002 1	0.900 2	11
常宁市	0.013 7	0.000 5	0.895 3	12

通过表 3-9 和表 3-10 可知，农业多功能性发挥指标排名前两名的县（市、区）为蒸湘和雁峰，倒数两名的为耒阳和常宁，其余的县（市、区）都基本处于一个中间的位置上。可以发现，那些排名相对靠前的县（市、区），主要集中于高校较多和经济相对较好的县（市、区）以及信息化底蕴深厚的县（市、区）。排名第一的蒸湘的 C_i 值为 0.95，排名第二的雁峰的 C_i 值为 0.93，最后一名的常宁 C_i 值为 0.89。这说明蒸湘区因为经济发达，在科教方面具有明显的优势，同时该区向来就有着厚重的信息化底蕴。

三、农业服务业融合发展因子分析

表 3-11　农业服务业融合发展指标 TOPSIS 法输出值

地区	交通运输、仓储及邮政从业人员占乡村从业人员比例	信息传输、计算机服务和软件从业人员占乡村从业人员比例	批发零售从业人员占乡村从业人员比例	住宿和餐饮从业人员占乡村从业人员比例
珠晖区	0.006 5	0.004 3	0.006 1	0.007 7
雁峰区	0.009 4	0.006 4	0.007 6	0.009 2
石鼓区	0.012 1	0.008 6	0.008 2	0.007 8
蒸湘区	0.015 0	0.026 3	0.009 9	0.014 9
南岳区	0.004 5	0.002 8	0.016 3	0.006 0
衡阳县	0.004 8	0.006 4	0.004 3	0.003 3
衡南县	0.004 7	0.004 4	0.004 5	0.001 9
衡山县	0.006 2	0.004 6	0.005 8	0.008 6
衡东县	0.004 2	0.007 7	0.005 4	0.004 9
祁东县	0.004 4	0.005 4	0.005 8	0.006 1
耒阳市	0.002 6	0	0.001 6	0.000 9
常宁市	0.002 8	0.000 3	0.001 4	0.001 6
最优向量	0.015 1	0.026 3	0.016 3	0.014 9
最劣向量	0.002 6	0	0.001 4	0.000 9

表 3-12　农业服务业融合发展因子效用最优接近度

地区	D^+	D^-	统计量 C_i	名次
珠晖区	0.026 8	0.010 0	0.859 3	6
雁峰区	0.023 2	0.014 0	0.867 9	3
石鼓区	0.021 0	0.016 1	0.873 5	2
蒸湘区	0.006 5	0.033 4	0.925 6	1
南岳区	0.027 3	0.016 2	0.858 3	8
衡阳县	0.028 0	0.007 7	0.856 7	9
衡南县	0.030 0	0.005 9	0.852 5	10
衡山县	0.026 4	0.010 7	0.860 1	5
衡东县	0.026 1	0.009 7	0.860 9	4
祁东县	0.027 2	0.008 9	0.858 5	7
耒阳市	0.035 5	0.000 2	0.841 5	12
常宁市	0.035 1	0.000 8	0.842 3	11

通过表 3-11 和表 3-12 可知，排名处于前位的分别是蒸湘、石鼓、雁峰、衡东和衡山，处于后位的是衡南、常宁和耒阳，其余的处于中游水平。排名第一的蒸湘区 C_i 值是 0.93，优势突出，居农业服务业融合发展动力因子榜首，其他都在 0.9 以下。蒸湘区是一个高校和科研机构分布较多的地区，而且也是衡阳市政府机关所在地，人力资本富足。

四、经济效应因子分析

表 3-13　经济效应指标 TOPSIS 法输出值

地区	农村居民人均纯收入	人均农林牧渔服务业产值
珠晖区	0.006 5	0.004 9
雁峰区	0.006 5	0.006 4
石鼓区	0.006 5	0.003 0
蒸湘区	0.006 5	0.004 2
南岳区	0.006 5	0.006 2
衡阳县	0.005 5	0.006 5
衡南县	0.006 5	0.006 1
衡山县	0.006 5	0.005 3
衡东县	0.006 2	0.007 0

续表

地区	农村居民人均纯收入	人均农林牧渔服务业产值
祁东县	0.004 4	0.005 8
耒阳市	0.006 3	0.006 4
常宁市	0.005 2	0.005 1
最优向量	0.006 5	0.006 5
最劣向量	0.004 4	0.003 0

表 3-14 经济效应因子效用最优接近度

地区	D^+	D^-	统计量 C_i	名次
珠晖区	0.001 6	0.002 8	0.961 9	8
雁峰区	0.000 1	0.004 0	0.990 3	1
石鼓区	0.003 5	0.002 1	0.944 2	12
蒸湘区	0.002 3	0.002 4	0.954 5	11
南岳区	0.000 3	0.003 8	0.983 7	3
衡阳县	0.001 0	0.003 7	0.969 3	6
衡南县	0.000 4	0.003 7	0.980 5	4
衡山县	0.001 2	0.003 1	0.966 5	7
衡东县	0.000 6	0.004 4	0.976 3	5
祁东县	0.002 2	0.002 8	0.955 2	10
耒阳市	0.000 2	0.003 9	0.986 9	2
常宁市	0.001 9	0.002 2	0.958 4	9

通过表 3-13 和表 3-14 可知，经济效应指标排名处于前位的是雁峰、耒阳、南岳、衡南，处于后位的是祁东、蒸湘、石鼓，其余的处于中游水平。雁峰区的 C_i 值为 0.99，石鼓区的 C_i 值为 0.94，可以看出雁峰、祁东的经济效应优势明显。在工业比较发达的县（市、区）经济效应条件相对完善。实际上，那些第二产业相对集中的县（市、区），它们的经济效应指标排名相对靠前，说明工业发达的地区对农业产业链延伸的影响效应比较明显。因此，衡阳市要出台加快农民工返乡创业的政策，通过二三产业带动第一产业发展。

五、社会效应因子分析

表 3-15 社会效应指标 TOPSIS 法输出值

地区	城乡居民收入比	城镇化率
珠晖区	0.005 6	0.008 3

续表

地区	城乡居民收入比	城镇化率
雁峰区	0.005 4	0.008 7
石鼓区	0.005 6	0.008 5
蒸湘区	0.005 5	0.008 3
南岳区	0.006 2	0.006 3
衡阳县	0.006 1	0.003 8
衡南县	0.005 0	0.003 6
衡山县	0.005 1	0.003 5
衡东县	0.005 3	0.003 5
祁东县	0.006 0	0.003 7
耒阳市	0.005 4	0.004 5
常宁市	0.005 9	0.004 4
最优向量	0.006 2	0.008 7
最劣向量	0.005 0	0.003 5

表 3-16　社会效应因子效用最优接近度

地区	D^+	D^-	统计量 C_i	名次
珠晖区	0.000 8	0.004 8	0.972 9	2
雁峰区	0.000 8	0.005 3	0.972 0	4
石鼓区	0.000 6	0.005 0	0.976 2	1
蒸湘区	0.000 8	0.004 8	0.972 6	3
南岳区	0.002 5	0.003 0	0.952 7	5
衡阳县	0.004 9	0.001 1	0.934 6	8
衡南县	0.005 30	0.000 08	0.932 16	10
衡山县	0.005 36	0.000 03	0.931 76	12
衡东县	0.005 32	0.000 26	0.932 00	11
祁东县	0.005 0	0.001 0	0.934 0	9
耒阳市	0.004 3	0.001 1	0.938 7	6
常宁市	0.004 4	0.001 3	0.938 0	7

通过表 3-15 和表 3-16 可知，社会效应指标排名处于前位的是石鼓、珠晖、蒸湘，处于后位的是衡南、衡东、衡山，其余县（市、区）处于中游水平。城镇化促进了多种经营的发展，也在一定的程度上影响着农民工就业和创业的发展。

第四节 衡阳市12县（市、区）农村产业融合发展动力因子活跃程度评价及成因分析

结合表3-17对衡阳市12个县（市、区）的排名和C_i值的对比，得出了衡阳市的农村产业融合发展竞争能力的等级和影响衡阳市农村产业融合发展的主要动力因子，为衡阳市农村产业融合的进一步发展指明前进的方向。

表3-17 衡阳市农村产业融合发展各影响因子C_i值排名

	农业产业链延伸发展因子		农业多功能性发挥因子		农业服务业融合发展因子		经济效应因子		社会效应因子		综合	
地区	C_i	排名	C_i	排名	C_i	排名	C_i	排名	C_i	排名	C_i	排名
珠晖区	0.903 4	9	0.909 0	8	0.859 3	6	0.961 9	8	0.972 9	2	0.921 3	5
雁峰区	0.897 8	12	0.927 0	2	0.867 9	3	0.990 3	1	0.972 0	4	0.931 0	2
石鼓区	0.900 4	10	0.921 3	3	0.873 5	2	0.944 2	12	0.976 2	1	0.923 1	4
蒸湘区	0.900 2	11	0.950 7	1	0.925 61	1	0.954 5	11	0.972 6	3	0.940 7	1
南岳区	0.913 0	8	0.918 5	4	0.858 3	8	0.983 7	3	0.952 7	5	0.925 2	3
衡阳县	0.930 4	2	0.910 5	7	0.856 7	9	0.969 3	6	0.934 6	8	0.920 3	7
衡南县	0.927 9	4	0.906 9	9	0.852 5	10	0.980 5	4	0.932 16	10	0.920 0	8
衡山县	0.928 8	3	0.911 6	6	0.860 1	5	0.966 5	7	0.931 76	12	0.919 8	9
衡东县	0.921 4	5	0.902 9	10	0.860 9	4	0.976 3	5	0.932 00	11	0.918 7	10
祁东县	0.938 2	1	0.916 5	5	0.858 5	7	0.955 2	10	0.934 0	9	0.920 5	6
耒阳市	0.917 3	7	0.900 2	11	0.841 5	12	0.986 9	2	0.938 7	6	0.916 9	11
常宁市	0.920 2	6	0.895 3	12	0.842 3	11	0.958 4	9	0.938 0	7	0.910 8	12

与此同时，为了能够更为清楚地反映出衡阳市各县（市、区）农村产业融合与各个影响因子之间的关系，本章通过对衡阳市各动力因子活跃程度的剖析，进一步分析影响衡阳市12个县（市、区）的产业融合的主要原因。

（1）区域差距明显，急需优化农村产业结构

近几年来，虽然衡阳市农村产业融合不断深化，但是农村产业融合的区域差距明显，排在前5位的都是衡阳市的郊区，蒸湘区C_i综合值为0.940 7，市郊区农业产业融合度高，主要得益于第三产业的繁荣，尤其得益于物流快递业的发展、金融服务质量和计算机服务水平发展。衡山县、耒阳市和常宁市等县（市）传统农业比重较高，科技、教育和人

力资源等自身的结构层次偏低，依然达不到现代农业的发展要求，存在着明显的后劲不足情况，因此农村产业融合发展急需优化农村产业结构[6]。

（2）农产品加工的发展不足，重点提升农业多功能性发挥水平

就目前衡阳市农村产业融合的发展水平来看，常宁市和耒阳市同衡阳市其他县（市、区）比较，差距最明显的就是农业多功能性发挥，排第 1 位的蒸湘区 C_i 值达 0.95，常宁市和耒阳市分别只有 0.89 和 0.9。其中重要原因是常宁市和耒阳市农产品加工的发展相对滞后，农村的多种经营不足，相当于对农村产业融合的“拉动力”不足，农产品加工企业规模小，自然也就导致了农村产业融合的发展能力不足，制约了衡阳市农林牧渔服务业增加值占农业增加值比重的提升，从而不能建立起健全的融合关系。这也从侧面反映出这些地方的农业发展还不符合现代农业的专业化发展要求，因此，要加快衡阳农产品加工的发展，改善农业多功能性发展不足的问题，提升衡阳市的农业产业化组织水平[7]。

（3）农业服务业融合发展水平不高，要加快农村第三产业的发展

就目前衡阳市农业服务业融合的发展水平来看，耒阳市和常宁市明显落后于衡阳市其他县（市、区）。排第 1 位的蒸湘区 C_i 值达 0.93，耒阳市和常市宁都只有 0.84。主要原因是休闲农业投资不足的问题，而且农业旅游、观光、采摘等收入的来源也比较单一，使得这些地方的农业产业横向拓展的程度和水平有限，在休闲农业的整体结构上，有待进一步优化。新兴的生态休闲农业服务业比重低，农村第三产业开发程度水平不高，因此影响了农业第三产业的发展和农村社会化服务产业的成长速度，亟待地方政府能够逐渐提升农业服务业发展水平，放松投融资管理，吸引更多资本注入衡阳农村产业融合的市场中。

（4）农产品加工业结构偏低，制约经济效应水平的提升

衡阳地方工业与农村产业融合发展有着相互制约、相互影响的关系，随着劳动密集型工业的不断发展，制约并影响着农业产业链的纵向延伸，农产品加工业也一直停留在低结构、小规模的发展平衡中。想要打破这种平衡，必须要从农业产业化组织的创新和农产品加工水平的提升两方面做文章。其中，体制障碍是主要问题，从政府层面上来说的，受过去计划经济观念的影响，地方政府对于农村产业融合发展的管理体制意识不够清晰，现有的农业管理组织结构设置不够科学，盲目重视传统产业，忽略了对现代农业的建设，导致产权不够清晰，管理不够到位。在农村产业融合发展的国家政策改革方面，现有的税收体制落后，也阻碍了农村产业融合发展的快速发展，特别是在农产品物流交通运输中，存在着重复收费的乱象，不能很好地促进现代农产品加工外包产业需求的不断扩大，个别单位服务外包意识薄弱。

（5）市场管理落后和科技创新不足也是阻碍产业融合发展的重要因素

衡阳市的农村产业融合发展长期处在一种无序的市场竞争状态，非常容易出现逆向性选择，尤其是地方民营企业的自律性比较差，诚信机制缺乏，很多企业都不遵守社会诚信，无形之中增加了市场交易成本，阻碍了市场发育的成熟速度。农村产业融合发展的动

力和源泉在于对创新人才的培养，因此，忽视对新型农业经营者的培养，也是阻碍产业融合发展的重要因素。特别是农产品加工企业中创新性高素质人才缺乏，而地方政府又不积极地为衡阳农产品加工企业同高校之间的创新人才合作培养牵线搭桥，没有加大产学研合作教学力度，这也导致了高校培养出来的学生动手操作能力不强。

第五节　提升衡阳市农村一二三产业融合发展水平的路径选择

一、健全政策服务体系，保障农村一二三产业融合发展

农村一二三产业融合发展离不开政府政策支持，要做好统筹规划、构建服务平台、营造良好的政策环境、扩大公共基础设施建设、提供良好的公共服务。无论选择哪种合并模式，农村一二三产业融合都应当考虑各个利益主体、各项目标以及不同合并模式的影响要素，政策制定者必须以全局观思想进行统筹规划，其最主要的一项因素在于决策应当包含科学性、前沿性以及可执行性等要素。政策体系的建设应当逐步包含人才培养、财税信贷、公共基础设施建设等诸多要素。市场作用应当放置在首位，国家相关政策应起辅助作用，最终使其能自营自立，从而保障衡阳农村三产融合能持续性发展。支持衡阳农村配套设施建设、鼓励衡阳农村农林牧渔的加工产业与服务行业的发展，令衡阳农村产业链结构趋于合理化，引领县（市、区）的服务行业延伸至农村，从而带动衡阳农村地区服务行业的发展，降低衡阳农村第一产业占比，优化衡阳农村产业结构，促进农村产业的升级，为衡阳农村一二三产业的融合发展提供重要保障。

二、培育三产融合多经营主体，构建衡阳农村三产融合经营模式

衡阳不同农村地区一二三产业的融合经营模式不同，其经营主体也不同。首先作为共享利益主体之一的农民，应当提升文化水平、专业素养，培养出一批高文化、高素养、懂得三产融合的新时代农民。其次，促进家庭农场与农业合作社这种形式的经营主体的发展，促进管理严格化、生产规范化和经营产业化，积极培育出优秀的专业大户、示范农场与示范社。提升农业经营主体的市场竞争水平。再次，引进与培育一批涉农龙头企业，使龙头企业与农户相互合作。同时政府应当注意各地方龙头企业与地方农村合作社之间的关系，各地区现代农业的协调发展是衡阳整个地区现代农业发展的保障。最后，构建农业产

业集群，促进生产、加工、销售各环节产业的联合，在保障各产业联合发展的同时支持当地龙头企业，建设示范生产和加工基地。鼓励和引导具有一定实力和规模的龙头企业整合品牌、资本、产业链等资源，形成产业集群。保持各类经营主体之间密切稳定的对接关系，为农民带来农村产业融合效益[8]。

三、激活多种要素，促进农业产业的融合发展

衡阳农村一二三产业的融合发展离不开人才、土地、资金、技术、项目等基础要素。激活这些要素是衡阳农村三产融合发展的基础条件[9]。产业融合最重要的一项便是土地流转，而要激活土地要素就要将覆盖整个衡阳农村地区的土地经营权流转市场进行完善。首先，应当建立覆盖衡阳整个农村地区的土地流转服务平台，为各类经营主体提供优质的服务。关于资本要素，应当拓宽融资渠道，为农业产业融合提供资本便利。政府应当适当增加与农业产业融合相关的资金补贴，例如，为融合新产业、新业态和新技术等农业企业提供资金支持。在农业产业融合发展项目的借贷方面，可简化办理手续，为产业融合经营主体提供低息贷款或是无息贷款。针对技术方面，构建高效的科学技术成果转移体系，通过建设科学技术转移平台，将相关的科学技术引入农业产业之中去。此外，人才要素在衡阳农村产业融合中起着决定性作用。因此，应加强农业科技人才、农业创新人才、农业推广人才和农业服务人才的培养，建立以人为本的人才奖励制度。优化衡阳农村地区人才就业结构，使得农产品加工业、农产品推广以及农产品服务行业有新鲜血液注入，合理配置农村劳动力，促进衡阳农村产业融合的发展。

四、发展新业态作为衡阳农村产业融合的有效载体

将新业态作为衡阳农村融合发展的有效载体。首先，要以农产品加工深度和农业产业链为基础加快农业产业集群建设。以技术创新为核心动力，促进农产品加工业发展，提高农产品附加值。通过农业产业集群这一新业态，推动衡阳农村地区产业融合发展。其次，充分发挥衡阳农村地区的自然资源。如衡阳农村地区的产业特色，人文景观和历史意义，选择农业产业多功能融合模式。充分挖掘利用农业生产以外的农业其他功能，发展农业新业态，发展农活体验、休闲观光旅行、农家乐等。最后，应促进衡阳农村地区电商行业的发展。将互联网同农业发展相互联系起来，加强农业个体、农村合作社、家庭农场等与电商平台的合作，打造衡阳农村产业融合新业态。

总之，从衡阳市 12 个县（市、区）的 C_i 综合值来看，衡山县、耒阳市和常宁市的发展水平落后于珠晖区、雁峰区、蒸湘区以及衡阳市平均融合发展水平，但是农业产业链延伸发展和社会效应这两项指标居全市中上水平。同时，也说明了像农业产业链延伸发展、

农业多功能性发挥、市场开放程度以及城乡一体化发展水平，都还有很大的上升发展空间。总体来说，衡阳市农业融合发展的整体水平不高，需要进一步加大地方招商引资体系的力度，扩宽融资渠道，吸引更多的外资企业来投资农业生产性和生活性服务产品，完善区域交通物流体系，助推衡阳农村新业态的更深层次发展。

参考文献

[1] 衡阳市统计局. 衡阳市2018年国民经济和社会发展统计公报 [EB/OL]. [2019-04-04]. http://tjj.hunan.gov.cn/tjfx/tjgb/szgb/hys/201904/t20190404_5307324.html.

[2] 徐春红. 长江经济带11省市旅游产业竞争力评价及融合发展研究 [J]. 商业经济研究，2015，(8)：135-138

[3] 年四锋. 基于TOPSIS法的区域旅游发展动力机制研究 [D]. 合肥：安徽大学，2018.

[4] 赖晓璐，潘荣光. 铁岭市农村一二三产业融合模式及发展对策 [J]. 辽宁农业科学，2018，(4)：47-49.

[5] 蒋淑玲. 湖南农村一二三产业融合发展的影响因素及发展对策研究 [J]. 经济师，2019，(8)：31-32.

[6] 李爱军，王成文. 安徽省农村一二三产业融合度测算及影响因素分析 [J]. 宿州学院学报，2018，33 (7)：1-7.

[7] 岳璐琪，曹大宇. 江西省现代农业发展水平测算及提升路径研究 [J]. 天津农业科学，2018，(7)：15-19，25.

[8] 李芸，陈俊红，陈慈. 农业产业融合评价指标体系研究及对北京市的应用 [J]. 科技管理研究，2017，(4)：55-63.

[9] 曹巍，陈政，张亨溢. 基于SWOT分析法的衡阳市农民工返乡创业政策体系优化策略研究 [J]. 襄阳职业技术学院学报，2020，(2)：88-91.

第四章　基于 AHP 模型的衡阳生态茶园景观质量评价体系及模型构建研究

我国的茶文化有着极其悠久的历史，作为生产茶叶的大国，我国的茶文化底蕴十分浓厚，茶叶资源丰富，在生态茶园旅游上有着独特的人文优势及自然优势。近年来，“乡村振兴”战略的不断推进，使得生态茶园也得到了迅猛的发展，国内对生态茶园规划设计及景观设计研究较多，如王慧[1]从景观形象、环境生态及环境心理三大方面对生态茶园规划设计做了解析。陈炫[2]、王彦伟[3]、林久光[4]对不同地方的生态茶园作了规划设计和景观设计方面的研究。员旭彤[5]从景观规划设计的各个要素出发，进行全面的挖掘，同时对茶园规划设计和茶文化结合的方法进行深入的探讨。覃思[6]、肖茜文[7]等以茶文化应用为研究主题，在此基础上探讨了生态茶园景观规划设计的方法。杨璐璐[8]、郑昱[9]、张宁[10]、王磊[11]、韩婷婷[12]等通过研究，阐述了生态茶园以及茶文化等相关的概念，并针对设计生态茶园景观与茶文化之间的传承与渗透关系进行了研究分析。但其主要是围绕生态茶园景观规划设计的原则与方法来展开研究的，而从构建茶园景观质量评价指标体系进行探索的并不多。例如，董建文[13]针对类型不同的生态茶园，借助于 SBE 法分析评价了这些茶园的景观美景度，同时还论述了生态化处理技术、构建处理茶园纹理技术以及生态茶园选址方法等。李荣林[14]则借助于层次分析法，对与生态茶园景观相关的评价指标体系进行了合理的构建，并通过一系列的分析指出：从权重上来看，人文景观小于自然景观；从重要程度上来看，园林植物景观小于茶树景观。除此之外，盛千凌等[15]借助 AHP 法构建了茶园景观评价体系，并以 AHP 相关的模糊综合评价模型为基础，站在客观的角度上评价了江苏和浙江的茶文化观光园。与此相关的研究大都借助了评价模型，对有关指标进行筛选和运用，并从不同角度对评价景观质量进行了评价。但由于所选模型本身对于指标间相关性强或弱的甄别功能欠缺，加之所选择的评价指标又过于简单，使得运用评价模型景观质量的实践有效性不明显。而衡阳是产茶大市，茶叶资源丰富，十分有利于发展茶园观光旅游业。但衡阳生态茶园发展又面临着景观单调、文化底蕴不足、体验项目缺乏创新、产业失调、服务设施有待完善等问题。所以，本章在对以上因素综合考量后，以衡阳市 5 处茶园景观为主体，以 AHP-TOPSIS-POE 综合模型为支撑，围绕景观质量评价来构建生态茶园景观评价指标体系，尝试评价衡阳生态茶园景观质量，并进一步完善现行的景观质量评价体系，规范生态茶园景观的质量标准，以此指导衡阳生态茶园景观质量评价实践活动的开展和实施，使生态茶园的旅游服务能够满足游客的需求，助推生态茶园景观质量的提高。

第一节　基于 AHP 模型建立生态茶园景观质量评价体系

一、研究方法与评价模型构建

由于生态茶园景观具有科学性和艺术性特征，其景观质量评价指标体系需要兼顾二者的双重特性，评价体系中的主观判断指标量化分析存在一定的困难。

1. AHP 法

在定量分析一些非定量事物时，最常用的方法为 AHP 法，同时这种方法也是一种通过量化的方式对人们的主观判断进行表达的有效途径。它从系统学的角度来考虑复杂事物的多目标决策，决策思维过程中构建层次结构评价指标体系，优化量化评价标准，对各评价指标对决策目标的贡献度进行量化表达，经过数学运算确定各评价指标对评价对象的重要性权重值，为正确决策提供依据[16]。评价景观质量的过程中，不同指标占比存在明显差异，在 AHP 法辅助下，即可确定出合理的指标权重。通过这种方法，可借助不同指标之间的偏差程度对信息熵进行计算，用来核算指标熵，在熵权支撑下，对不同指标占比进行明确。此种方式能够将隐性数据信息直观地展现出来，对指标的认知更明确，掌握更加全面的指标信息。熵权与指标熵之间呈反相关，即指标熵越小，熵权越大，该指标越重要；反之亦然。

2. TOPSIS 模型

TOPSIS 法指的是逼近理想解的排序法，在这种方法中，首先需要结合理想目标和评价对象之间的接近程度对其进行顺序排列，从而分析评价对象的优势和劣势。这种方法是一种可以针对多目标决策进行评价分析的方法[17]。在建模时，此模型对 TOPSIS 排序方式进行了运用，此方法过于理想化，在多属性分析中经常会用到。在系统工程内，此决策技术的运用频次相当高，对受评对象进行优劣顺序进行排列的时候，通常以受评对象和评价指标间的距离为依据，借助于最优/最劣的解、目标偏离水平的计算，对景观质量进行评价，能够将景区目前提升景观质量客观状况全面地展现出来。

3. POE 模型

为了检验评价体系是否具有合理性和准确性，降低干扰因素和计算误差对评价结果的影响，采用状况评价（POE）法对被评价的衡阳生态茶园景观质量评价的对象展开问卷调查，经过统计以后即可获得景观质量满意度。

二、基于 AHP-TOPSIS-POE 组合模型重新界定景观质量评价概念

评价衡阳生态茶园景观质量涉及了多个指标，评价指标综合性相对较强。在对评价指标进行设置并筛选时，应该以创新景观质量评价活动的现实特征为依据，合理地设置指标，不让评价结果受到不良的影响。此外，受评人员的认知能力、习惯偏好和知识储备等，对其指标得分产生了极大的影响，从而影响评价结果的客观、公正性。当前阶段，指标占比差异在很多研究中都得到了考虑，然而指标占比的确定通常都是以专家的主观意愿为依据，客观性不强。尽管有的方法考虑到了客观权重，但计算方法太过复杂，难以理解，BP 神经网络虽具备极强的代表性，但运用范围相当有限。AHP 法对权重的获取，需要基于原始数据，才能确保最终结果具有一定的客观性。与此同时，横向和纵向对比能够在 TOPSIS 模型中轻松实现，从计算方式上来看也相对简单，其有着较为广阔的运用范围。本章首先在基于 AHP 法确定指标权重的基础上利用 TOPSIS 方法完成生态茶园景观质量评价排序，采用 POE 法对使用状况评价，希望此项工作能为生态茶园的景观质量评价体系的建立提供有效依据[18]。

第二节　指标的选取与计算步骤

一、指标选取

评价指标选取的科学性和准确性直接决定评价结果。评价指标的选取应兼顾四个方面：一是全面考虑影响生态茶园景观的因素，选取一些极具代表性和典型性的评价指标，即可体现出真实状况。二是评价指标数据应直接反映生态茶园景观特征，并且数据在收集

和处理中应简便、可行。若为定量指标，则看是否可度量，若为定性指标，则评价模糊度量能否实现。游客、当地居民、政府职能部门和行业组织等均为直接参与评价景观质量的主体，人工景观要素里的交通系统景观、配套设施景观、小品景观、建筑景观以及自然景观要素里的水体景观、植物景观等都属于其题中之义。人文景观作为茶文化及地域文化景观也是茶园景观的重要构成要素，也对景观质量影响至深。三是评价指标体系应具有层次结构，上级评价指标包括下级评价指标，上级评价指标在一定程度上会受到下级评价指标的影响，上级评价指标可以直接对下级评价指标起到一定的支配作用。四是评价指标应任务清晰、目标明确，避免重复与误差。

按照层次分析法（AHP）原理可以对评价指标体系进行合理的划分，使其被划分为以下三个不同的层次：目标层作为第一层次，其指的是与生态茶园景观相关的总的质量评价目标；准则层作为第二层次，其主要包括六大准则，即文化体验项目、广场及园路景观、设施景观、小品及建筑景观、水体景观、植物景观；指标层作为第三层次，其主要包括宣传导向设施、科学文化内涵、茶田外观、环卫设施、茶树品种多样性、植物景观整体协调度、水环境质量、水体面积、水体优美度、景观吸引度、景观艺术性、景点通达性、铺装、茶事体验活动、茶艺表演、茶历史遗迹与文化展示、茶饮食与特色饮食、特色民俗工艺与茶工艺品、特色节庆与歌舞表演等 23 个评价指标。本章在对国内外和景观质量评价有关的研究进行搜集整理的基础上，对各评价要素进行分类归纳，按照层次关系构建最终确定衡阳观光茶园景观质量评价模型（如图 4-1 所示），包括一级指标有 6 个，二级指标有23 个。

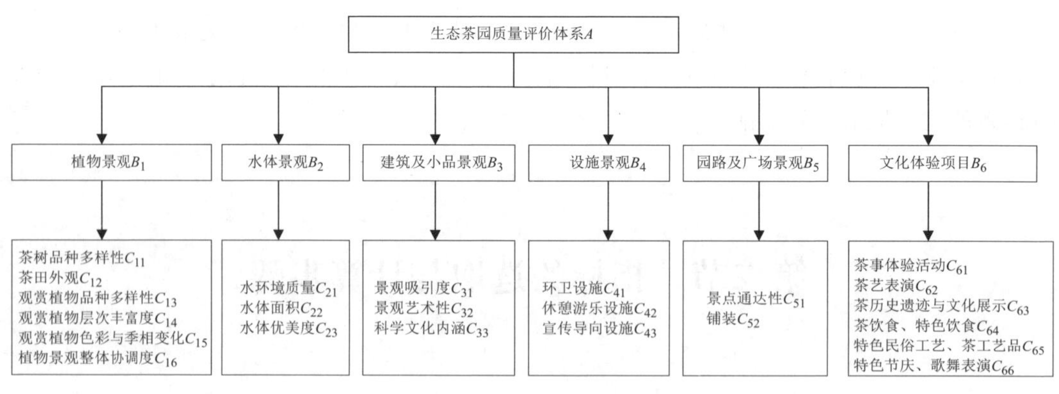

图 4-1 衡阳观光茶园景观质量评价模型图

二、AHP-TOPSIS 组合模型构建的步骤

在本章中，借助 AHP 法对影响因子所对应的权重进行确定，并且利用 TOPSIS 法确

定排序。在对AHP-TOPSIS组合进行建模时，所需要遵循的步骤包括：

（1）挑选出 n 个符合条件的评价对象，p 个评价指标，最终获得的原始数据矩阵为：

$$\boldsymbol{X}=\begin{bmatrix} x_{11} & x_{12} & \cdots & x_{1p} \\ x_{21} & x_{22} & \cdots & x_{2p} \\ \cdots & \cdots & \cdots & \cdots \\ x_{n1} & x_{n2} & \cdots & x_{np} \end{bmatrix}_{n\times p}$$

（2）对原始数据归一化，得到

$$\boldsymbol{G}=\begin{bmatrix} g_{11} & g_{12} & \cdots & g_{1p} \\ g_{21} & g_{22} & \cdots & g_{2p} \\ \cdots & \cdots & \cdots & \cdots \\ g_{n1} & g_{n2} & \cdots & g_{np} \end{bmatrix}_{n\times p}$$

其中：$g_{ij}=\dfrac{x_{ij}}{\sum\limits_{k=1}^{n}x_{kj}}, i=1,2,\cdots,n; j=1,2,\cdots,p$

（3）构成加权的规范矩阵 $\boldsymbol{Z}$

$$\boldsymbol{Z}=\begin{bmatrix} z_{11} & z_{12} & \cdots & z_{1p} \\ z_{21} & z_{22} & \cdots & z_{2p} \\ \cdots & \cdots & \cdots & \cdots \\ z_{n1} & z_{n2} & \cdots & z_{np} \end{bmatrix}_{n\times p}$$

其中：$z_{ij}=g_{ij}\times\omega_{ij}, i=1,2,\cdots,n; j=1,2,\cdots,p; \omega_j$ 为第 j 个指标的权重。

（4）为各参评对象排序

通过正理想解来表示最优解，其与指标最小值所构成的集合相对应；负理想解代表的是最劣解，其与指标最大值所构成的集合相对应。所有指标的最劣值和最优值构成了最劣值向量 Z^- 与最优值向量 Z^+。计算公式如下：

$$\boldsymbol{Z}^+=(z_1{}^+,z_2{}^+,\cdots,z_p{}^+);\boldsymbol{Z}^-=(z_1{}^-,z_2{}^-,\cdots,z_p{}^-)$$

其中：$z_j^+=(z_{1j}{}^+,z_{2j}{}^+,\cdots,z_{pj}{}^+), j=1,2,\cdots,p; z_j^-=(z_{1j}{}^-,z_{2j}{}^-,\cdots,z_{pj}{}^-), j=1,2,\cdots,p$

（5）如果正理想解和各个参评对象间的距离等于 D_i^+，负理想解和各个参评对象间的距离等于 D_i^-。即可对最劣值和最优值与不同评价单元间的距离进行计算。计算公式如下：

$$D_i^+=\sqrt{\sum_{j=1}^{p}(z_{ij}-z_j^+)^2}, D_i^-=\sqrt{\sum_{j=1}^{p}(z_{ij}-z_j^-)^2}$$

（6）对最优值与各个评价单元之间的相对接近程度进行计算

$$C_i=\frac{D_i^-}{D_i^++D_i^-}, i=1,2,\cdots,n$$

（7）在排序时根据相对接近度数进行，C_i 越大代表第 i 个评价单元与最优水平之间的差距越小。

较大的贴近度意味着此参评对象和理想解拥有极高的贴近度，即非常贴近理想解。就此而言，贴近度高低能够对不同参评对象进行优劣排序。

第三节　实证研究

一、评价对象的选择

衡阳市位于江南丘陵，向以“湖广熟，天下足”而出名。衡阳市作为一个盛产茶叶的城市，茶叶不但是该市的传统产业之一，也是符合绿色发展方向的朝阳产业，更是衡阳市广大丘陵、山区农民增收致富的民生产业。衡阳市委、市政府历来重视并支持其发展。衡阳市于2013年打响了“建设茶叶强市”的口号，为了使该目标得以实现，衡阳市政府还相继出台了扶持茶叶发展的文件，并对发展规划“千亿茶产业”以及与此相关的扶持措施进行了明确。就近年来的情况来看，衡阳市在茶产业上取得了一定的进展，茶叶出口、茶叶产量、茶园面积也实现了全面增长，茶产业达到了713亿元的综合产值，并且近十年来的财政税收、企业效率以及茶农收入均得到了显著的提升。本章从衡阳市生态茶园中选取衡南宝盖绿彤有机茶园、常宁塔山鳌头有机茶园、常宁兴华狮园有机茶园、南岳华盖茶场、耒阳江头生态农庄5个具有代表性的生态茶园为例进行评价分析。

从生态茶园现实情况出发，由12名风景园林相关专业的专家学者确定表4-1评价指标的数值，[0，1]为数值确定依据，取小数点后两位。在算术平均法的支撑下，对5处生态茶园的不同指标初始值进行整理核算，得到衡阳5处生态茶园景观质量评价指标数值（表4-1）。

表4-1　衡阳5处生态茶园景观质量评价指标数值

指标	衡南宝盖绿彤有机茶园	常宁塔山鳌头有机茶园	常宁兴华狮园有机茶园	南岳华盖茶场	耒阳江头生态农庄
C_{11}	0.15	0.70	0.70	0.70	0.65
C_{12}	0.50	0.80	0.90	0.80	0.65
C_{13}	0.30	0.75	0.55	0.75	0.60
C_{14}	0.20	0.70	0.50	0.75	0.50

续表

指标	衡南宝盖绿彤有机茶园	常宁塔山鳌头有机茶园	常宁兴华狮园有机茶园	南岳华盖茶场	耒阳江头生态农庄
C_{15}	0.20	0.65	0.50	0.70	0.45
C_{16}	0.70	0.75	0.50	0.70	0.50
C_{21}	0.85	0.70	0.45	0.65	0.45
C_{22}	0.70	0.65	0.45	0.45	0.30
C_{23}	0.45	0.70	0.35	0.40	0.35
C_{31}	0.40	0.70	0.50	0.45	0.30
C_{32}	0.30	0.70	0.45	0.45	0.25
C_{33}	0.90	0.70	0.45	0.50	0.20
C_{41}	0.35	0.70	0.50	0.50	0.25
C_{42}	0.85	0.60	0.40	0.45	0.25
C_{43}	0.45	0.60	0.40	0.55	0.25
C_{51}	0.90	0.65	0.65	0.50	0.50
C_{52}	0.45	0.65	0.50	0.45	0.25
C_{61}	0.35	0.70	0.40	0.70	0.20
C_{62}	0.10	0.75	0.40	0.75	0.20
C_{63}	0.25	0.80	0.45	0.65	0.20
C_{64}	0.10	0.75	0.45	0.50	0.25
C_{65}	0.15	0.75	0.40	0.55	0.20
C_{66}	0.15	0.60	0.45	0.75	0.20

二、AHP法确定指标权重

权重是由湖南工学院、衡阳师范学院、南华大学等的12位专业的园林规划设计者按照重要性程度针对23项不同的指标进行逐一比较后确定的。经验证，其与一致性检验相关的要求也相符，相关参数如表4-2所示。

表 4-2　评价指标权重

目标层	项目层	权重	指标层	权重	对总目标的权重
生态茶园景观质量评价 A	植物景观 B_1	0.267 1	茶树品种多样性 C_{11}	0.067 8	0.018 1
			茶田外观 C_{12}	0.264 5	0.070 7
			观赏植物品种多样性 C_{13}	0.140 7	0.037 6
			观赏植物层次丰富度 C_{14}	0.079 8	0.021 3
			观赏植物色彩与季相变化 C_{15}	0.097 6	0.026 1
			植物景观整体协调度 C_{16}	0.349 5	0.093 4
	水体景观 B_2	0.166 0	水环境质量 C_{21}	0.535 9	0.089 0
			水体面积 C_{22}	0.313 4	0.519 8
			水体优美度 C_{23}	0.150 7	0.025 0
	建筑及小品景观 B_3	0.105 7	景观吸引度 C_{31}	0.315 7	0.033 4
			景观艺术性 C_{32}	0.151 8	0.016 0
			科学文化内涵 C_{33}	0.532 5	0.056 3
	设施景观 B_4	0.061 5	环卫设施 C_{41}	0.260 0	0.015 6
			休憩游乐设施 C_{42}	0.790 0	0.048 6
			宣传导向设施 C_{43}	0.050 0	0.003 1
	园路及广场景观 B_5	0.038 7	景点通达性 C_{51}	0.830 0	0.032 1
			铺装 C_{52}	0.170 0	0.006 6
	文化体验项目 B_6	0.361 0	茶事体验活动（采茶、制茶、品茶、鉴茶）C_{61}	0.360 4	0.130 1
			茶艺表演 C_{62}	0.193 6	0.069 9
			茶历史遗迹与文化展示 C_{63}	0.140 6	0.050 8
			茶饮食、特色饮食 C_{64}	0.193 6	0.069 9
			特色民俗工艺、茶工艺品 C_{65}	0.038 5	0.013 9
			特色节庆、歌舞表演 C_{66}	0.075 2	0.027 15

三、TOPSIS 加权排序

针对矩阵展开规划处理，并借助于层次分析法对指标权重进行确定，并对加权矩阵进行合理的构建。同时，借助于表 4-2 和标准化矩阵 $\boldsymbol{R}$ 获得评价指标权重，从而进一步求出加权值 C，相关参数如表 4-3 所示。

表 4-3　衡阳市 5 处生态茶园景观评价指标加权值

代号	衡南宝盖绿彤有机茶园	常宁塔山鳌头有机茶园	常宁兴华狮园有机茶园	南岳华盖茶场	耒阳江头生态农庄
C_{11}	0.002 7	0.012 7	0.012 7	0.012 7	0.011 8
C_{12}	0.035 4	0.056 6	0.063 6	0.056 6	0.046 0
C_{13}	0.011 3	0.028 2	0.020 7	0.028 2	0.022 6
C_{14}	0.004 3	0.014 9	0.010 7	0.016 0	0.010 7
C_{15}	0.005 2	0.017 0	0.013 1	0.018 3	0.011 8
C_{16}	0.065 4	0.070 1	0.046 7	0.065 4	0.046 7
C_{21}	0.075 7	0.062 3	0.040 1	0.057 9	0.040 1
C_{22}	0.363 9	0.337 9	0.233 9	0.233 9	0.155 4
C_{23}	0.011 3	0.017 5	0.008 8	0.010 0	0.008 8
C_{31}	0.013 4	0.023 4	0.016 7	0.015 0	0.010 0
C_{32}	0.004 8	0.011 2	0.007 2	0.007 2	0.004 0
C_{33}	0.050 7	0.039 4	0.025 4	0.028 2	0.011 3
C_{41}	0.005 5	0.010 9	0.007 8	0.007 8	0.003 9
C_{42}	0.041 3	0.029 2	0.019 4	0.021 9	0.012 2
C_{43}	0.001 4	0.001 9	0.001 2	0.001 7	0.000 8
C_{51}	0.028 9	0.020 9	0.020 9	0.016 1	0.016 1
C_{52}	0.003 0	0.004 3	0.003 3	0.003 0	0.001 7
C_{61}	0.045 5	0.091 1	0.052 1	0.091 1	0.026 0
C_{62}	0.007 0	0.052 4	0.028 0	0.052 4	0.014 0
C_{63}	0.012 7	0.040 7	0.022 9	0.033 0	0.010 2
C_{64}	0.007 0	0.052 4	0.031 5	0.035 0	0.017 5
C_{65}	0.002 1	0.010 4	0.005 6	0.007 7	0.002 8
C_{66}	0.004 1	0.016 3	0.012 2	0.020 4	0.005 4

结合公式对负理想解、正理想解进行计算，针对负理想解、正理想解与 5 个被评价对象之间的差异进行确定。详情可参见表 4-4。

表 4-4　衡阳市 5 处生态茶园景观质量和正/负理想解的差异

	衡南宝盖绿彤有机茶园	常宁塔山鳌头有机茶园	常宁兴华狮园有机茶园	南岳华盖茶场	耒阳江头生态农庄
D_i^+	1.616 5	1.443 2	0.999 8	0.974 1	0.663 1
D_i^-	0.386 6	0.379 0	0.262 4	0.283 0	0.180 1

计算 5 处生态茶园景观质量与理想解的贴近度：

$$d_1=0.1930,\ d_2=0.2080,\ d_3=0.2079,\ d_4=0.2251,\ d_5=0.2136$$

排序为 $d_4>d_5>d_2>d_3>d_1$。

在综合评价 5 处生态茶园后发现，南岳华盖茶场拥有最佳的景观质量评价品质，衡南宝盖绿彤有机茶园拥有较差的景观质量评价品质。

四、POE 法调查验证

为验证评价体系的准确性和合理性，降低干扰因素和计算误差对评价结果的影响，针对 5 个使用生态茶园的对象借助状况评价（POE）法对其开展问卷调查，并对问卷结果进行统计，从而获得景观质量满意度。

调查问卷依据被调查者基本情况和生态茶园景观质量满意度评价体系（表 4-5）两部分完成设计，利用李克特（Likert）五级量表对满意度调查中的具体选项进行设计，并将其分别设置为 5 个不同的类别：极满意、满意、一般、不满意、极不满意，在评价期间需要结合不同评价要素的重要性为其赋值 1～5。受访者需要针对不同指标，对其满意度进行打分，对各评价要素得分求和后的算术平均值即为该评价要素的满意度得分，上级指标满意度等于下级指标满意度的总和平均数。

表 4-5 生态茶园景观质量满意度指标体系

总体目标	评价层面	评价要素
生态茶园景观质量满意度	植物景观满意度	景观典型性
		景观多样性
		群落多样性
	水体景观满意度	景观多样性
		景观变化性
		景观珍稀性
	建筑及小品景观满意度	景观利用性
		景观科学性
		整体艺术性
	设施景观满意度	环境卫生设施
		休憩游乐设施
		导向指示设施

续表

<table>
<tr><th>总体目标</th><th>评价层面</th><th>评价要素</th></tr>
<tr><td rowspan="6">生态茶园景观质量满意度</td><td rowspan="3">园路及广场景观满意度</td><td>位置合理性</td></tr>
<tr><td>尺度合理性</td></tr>
<tr><td>空间安全感</td></tr>
<tr><td rowspan="3">文化体验项目满意度</td><td>功能多样性</td></tr>
<tr><td>文化丰富性</td></tr>
<tr><td>项目参与性</td></tr>
</table>

为了避免评价中存在误差，对衡阳市内的生态茶园里5个接受调查的对象展开了问卷调查，从而对评价体系进行验证，确保其具有一定的合理性。经统计，共发放420份问卷，收回385份有效问卷。受访对象包括四个年龄段：少年（小于18岁）、青年（18～40岁）、中年（40～65岁）、老年（大于60岁）。在受访对象中，文化程度在初中及以下的人数共有121人，占受访对象中的比例约31.43%；文化程度在高中的人数共有156人，占受访对象中的比例约40.52%；文化程度在大专及以上的人数共有108人，占受访对象中的比例约25.71%。调查对象满意度得分为4～5时，表示使用者极满意；满意度得分为3～4时，表示使用者满意；满意度得分为3时，表示使用者感觉一般；满意度得分为2～3时，表示使用者不满意；满意度得分为1～2时，表示使用者极不满意。通过计算得出的衡阳市生态茶园景观满意度排序（表4-5）与AHP-TOPSIS组合评价模型计算得出的衡阳市生态茶园景观质量评价排序相符。在计算了满意度以后，即可对评价体系的合理性和可行性进行验证（表4-6）。

表4-6　衡阳市生态茶园景观满意度调查结果

评价对象	极满意	满意	一般	不满意	极不满意	满意度/%
南岳华盖茶场	229	67	27	44	23	76.88
衡南宝盖绿彤有机茶园	204	56	46	37	42	67.53
常宁塔山鳌头有机茶园	218	61	46	37	25	72.47
常宁兴华狮园有机茶园	202	63	50	33	18	68.83
耒阳江头生态农庄	227	59	29	42	31	74.29

第四节 结论及建议

AHP-TOPSIS-POE组合模型实现了定性指标与定量指标相结合的综合评判，利用AHP法确定评判指标的合理权重，降低了评价者的主观性，有效解决了由于评价指标易受到多种因素的影响而导致难以对权重进行分配的问题；TOPSIS法使得多目标决策过程中所面临的排序问题得到了有效解决，从而防止由于人为主观因素或者单因素决策导致结果具有一定的片面性，确保做出科学、合理、全面的判断。经分析比较得出：使用状况评价法（POE）得出的衡阳市生态茶园景观满意度排序与AHP-TOPSIS组合模型对衡阳市生态茶园景观质量评价排序一致，验证了AHP-TOPSIS组合模型评价结果的准确度。

生态茶园景观质量评价是一个综合分析评判的过程，评价指标所具有的特征包括多属性、多目标，在评价时还需要综合考虑景观认知所具有的主观性以及景观客观性这两方面的特征[19]。在本章中，基于AHP-TOPSIS-POE组合模型，选取衡阳市具有代表性的5个生态茶园景观为研究对象，在景观质量评价指标体系构建及指标筛选方面进行了探索：（1）建立切实可行的调查与评价体系是科学、准确的生态茶园景观质量评价的保障基础；（2）首次在国内率先运用AHP-TOPSIS- POE组合模型的方法构建生态茶园景观质量评价指标体系，对影响生态茶园景观质量的相关因素进行了分析，旨在为后续的景观规划提供一定的参考依据；（3）开展后续研究的时候，借助于问卷调研方式，深刻探究指标信度和效度，帮助有机茶园对景观质量评价进行规范，让景观质量评价变得更加有效。

参考文献

［1］王慧．观光茶园规划设计研究［D］．杨凌：西北农林科技大学，2010．

［2］陈炫．福建休闲观光茶园景设计研究［D］．福州：福建农林大学，2014．

［3］王彦伟．浙江休闲观光茶园规划设计研究［D］．杭州：浙江农林大学，2015．

［4］林久光．武夷山休闲旅游观光茶园的规划设计［J］．福建茶叶，2018，（1）：75-76．

［5］臯旭彤．观光茶园规划设计中茶文化的应用研究［D］．杨凌：西北农林科技大学，2010．

［6］覃思，巫柳兰．桂林七仙峰观光茶园规划设计中禅茶文化的应用研究［J］．赤峰学院学报（自然科学版），2015，31（12）：45-46．

［7］肖茜文．地域文化在生态观光茶园规划设计中的运用［J］．福建茶叶，2016，（4）：151-152．

［8］杨璐璐．猫于茶文化的观光茶园景观规划设计研究［J］．设计，2017，（5）：

152-153.

[9] 郑兄. 浅析观光茶园的主体设计思路 [J]. 福建茶叶，2016，(8)：114-115.

[10] 张个. 观光茶园景观设计原则与设计方法研究 [J]. 福建茶叶，2017，(5)：94-95.

[11] 石磊. 站于茶文化主体的观光茶园景观规划原则与方法探析 [M]. 福建茶叶，2018，(2)：140-141.

[12] 韩婷婷. 广西苍梧县观光茶园景观规划研究 [D]. 南宁：广西大学，2019.

[13] 茁逑文，兰思任，林洁等. 生态茶园景观美景度评价体系研究 [J]. 中南林业科技大学学报，2009，29 (3)：142-145.

[14] 李荣林，李薇薇，彭英等. 生态观光茶园景观评价体系研究 [J]. 江西农业学报，2011，23 (3)：49-52.

[15] 盛千凌，林夏珍，马进等. 基于 AHP-模糊综合评价法的茶文化观光园景观评价 [J]. 中国园艺文摘，2015，(7)：108-111.

[16] 冯磊，胡希军，赵洁，等. 居住区景观环境适宜性评价体系研究 [J]. 西北林学院学报，2008，23 (1)：190-194.

[17] 乔丽芳，齐安国，张毅川. 基于 AHP-TOPSIS 组合模型的植物园景观方案优选 [J]. 西北林学院学报，2012，27 (4)：238-241.

[18] 冯磊，赵洁. 基于 AHP-TOPSIS 组合模型的城市公园景观质量评价研究 [J]. 山东农业大学学报（自然科学版)，2018，49 (5)：777-781.

[19] 乔丽芳，齐安国，张毅川. 基于 AHP-TOPSIS 组合模型的植物园景观方案优选 [J]. 西北林学院学报，2012，27 (4)：238-241.

第三部分

融合发展模式研究

第五章　农业内部交叉融合模式：基于经济高质量发展战略的衡阳市茶叶产业发展战略

茶叶是中国特有的一种纯天然高级饮料。中国也是最早发现和利用茶的国家，自古有“神农尝百草”的传说，东汉《桐君录》载南方有“茗，至苦涩，取为屑茶饮，亦可通夜不眠，煮盐人但资此饮。”当今世界上第一部关于茶叶的专业著作是我国唐代作者陆羽所编撰的《茶经》，该书中提道：“茶之为饮，发乎神农氏，闻于鲁周公……滂时浸俗，盛于周朝。”茶叶作为药用，始见《神农本草经》，神农“日遇七十二毒，得茶而解之”。我国著名医学家李时珍先生的著作《本草纲目》中也提到茶有着提神的作用，认为：“茶苦而寒，最能降火，又兼解酒食之毒，使人神思矍爽，不昏不睡。”到 17 世纪，茶叶作为商品经茶马古道运销海内外，并与咖啡、可乐一起被封为世界 3 大饮料。湖南是全国茶叶第五大产区。为了进一步加快茶叶产业的发展，湖南省政府利用其在茶叶种植方面的独特优势，充分结合当地实际情况，确立了将近千亿元级别的茶叶产业链的具体发展目标。衡阳市以此目标为导向，加大茶叶产业投入，计划到 2025 年将茶叶产业变成市值百亿元以上的当地支柱产业[1]。但衡阳茶市叶产业发展中还存在明显短板和不足。因此，深入探讨衡阳市茶叶产业发展中存在的症结，并制定针对性策略，解决当前当地产业发展的困难。

第一节　衡阳市茶叶产业发展SWOT分析

一、发展优势

1. 涌现出一批知名品牌

衡阳市茶业协会牵头打造了“南岳茶”这块市级茶叶区域公用品牌，申报“南岳云雾茶”为国家农产品地理标志，并以“南岳茶”为母品牌，衍生出“岳来客”“九龙塔”“塔山云芽”“海坚江头”“寿岳”“烟霞”“京湘”“水木芙蓉”等一系列富有地方特色的茶叶品牌和著名商标[2]。2019年，湖南省召开了第十一届湖南茶业博览会，并通过各方评比优选出117个“茶祖神农”杯名优茶金奖，而衡阳上榜了28家，占全省的23.93%（表5-1），“南岳云雾”茶获评湖南“十大名茶”，湖南省南岳云雾茶业有限公司杨炳坤获评2019湖南“十大杰出制茶工匠”，常宁市谷佳茶业开发有限责任公司的塔鼎红和常宁市福塔农业科技开发有限公司的蛮湘红获评2019年“湖南红茶十大企业产品品牌”，6家茶企已成为被授权使用“湖南红茶”的企业名单。

表5-1　2019年衡阳市获第十一届湖南茶业博览会“茶祖神农杯”名优茶金奖名单

单位名称	茶叶品名
绿茶金奖名单	
湖南辉广生态农业综合开发有限公司	“岳来客”牌皇金叶茶
常宁市九龙茶业有限公司	“九龙塔”牌塔山山岚茶
衡阳县浙湘种植专业合作社	“玉麟乡韵”牌玉麟金芽
湖南天塘湖生态茶叶有限责任公司	“仙人奇”牌塔山山岚绿茶
常宁市瑶园生态农业科技发展有限公司	“瑶尖”牌瑶园绿茶
湖南长健农业发展有限责任公司	“南岳御叶”牌中黄一号
常宁市兴华农业开发有限公司	“塔山云芽”牌绿茶
常宁市天堂山云雾茶开发有限公司	“白鹤仁宗”牌塔山山岚绿茶
衡南县绿叶茶业有限公司	“绿彤”牌银剑绿茶
常宁市敖头茶叶专业合作社	“敖头”牌塔山山岚绿茶
耒阳市江头生态农业开发有限公司	“海坚江头”牌江头贡茶
湖南省南岳云雾茶业有限公司	“岳云”牌云尖绿茶

续表

单位名称	茶叶品名
红茶金奖名单	
衡阳市南岳区西岭有机茶业有限公司	“杉湾”牌功夫红
湖南天塘湖生态茶叶有限责任公司	“仙人奇”牌塔山山岚红茶
常宁市九龙茶业有限公司	“九龙塔”牌塔山山岚红茶
常宁市瑶园生态农业科技发展有限公司	“瑶尖”牌瑶园红茶
常宁市天堂山云雾茶开发有限公司	“白鹤仁宗”牌塔山山岚红茶
湖南省南岳云雾茶业有限公司	“岳云”牌祝融红
湖南省常宁市塔山农贸有限责任公司	“公主”牌塔山山岚红茶
常宁市兴华农业开发有限公司	“塔山云芽”牌红茶
衡阳市南岳怡绿有机茶开发有限公司	“寿岳”牌南岳云雾红茶
常宁市谷佳茶业开发有限责任公司	“塔鼎红”牌塔山山岚茶
常宁市福塔农业科技开发有限公司	“蛮湘红”牌塔山山岚红茶
衡阳市宝盖绿康生态农业科技发展有限公司	“宝盖”牌福红 7 号有机红茶
特种茶金奖名单	
衡阳市天品花汇茶业有限公司	“高峦”牌茉莉金毫
衡阳市天品花汇茶业有限公司	“高峦”牌茉莉毛尖

2. 产业规模不断扩大

衡阳市现有茶园面积 13.55 万亩（一亩约为 666.7 平方米），茶叶专业合作社 50 多家；全市范围内一共有省级商标 5 个，名牌产品 3 个；湖南省政府将南岳区、衡山县、常宁市三个地区作为全省优势区域建设重点县进行重点培养。其中南岳区和衡山县因茶产业发展突出而荣登湖南省地方优质产业发展名录，“南岳云雾茶”作为湖南十大名茶之一而畅销海外[3]。为了将财政资金的常规功能和隐藏功能都充分发挥出来，通过对企业建设标准茶园给予补贴，充分激发企业建设茶园、发展茶叶加工的积极性。2019 年，衡阳市新增茶园面积 1.55 万亩，改造老茶园 1.2 万亩。如衡山辉广皇茶产业园新建茶园3 000 多亩，常宁谷佳茶叶产业改造茶园整地 5 300 亩。耒阳水木芙蓉、南岳云雾等 8 家茶企开展了新产品研发工作。

3. 优质种苗培育技术不断升级

衡阳始终按照“品质立足、科学兴业”的策略组织产业发展，通过建设标准化基地和进行技术革新获得更加高效的产能，并通过与绿色理念相结合使产业得到更好的发展，在进行成本低廉化控制的同时提升茶叶的质量，降低茶叶生产链的成本。截至目前，衡阳市有机茶叶认证面积为 1 320 公顷，其中常宁市为 820 公顷、衡山县为 200 公顷、衡南宝盖茶场为 72 公顷，无性系良种种植面积占 57%。湖南辉广生态农业开发公司在生态建设理念指导下开辟了近 140 公顷的生态茶园，通过茶草相间、茶果相间、茶植相间的生态搭配和科学管理开创了茶产业发展新模式，受到了国家和湖南省的重视以及认同，获得了包括中国绿色食品认证在内多项认证，目前正处于有机茶认证的认证申请阶段。江头生态农业开发有限公司积极进行老旧茶园改扩建项目和茶叶病虫害生态防治工程，不仅通过了有机茶认证，而且已经连续两年换证成功[4]。

4. 生产基地初具规模

衡阳全市范围内进行茶园新建时都是严格按照有机生态标准进行建设的。以南岳、常宁塔山为代表的多个茶叶生产基地已经拿到了欧美等国颁发的有机认证书。目前，全市茶叶种植面积 8 000 公顷，已建成 666.7 公顷以上标准茶园 18 个、3 333.3 公顷以上 6 个，其中有机茶园面积近 4 000 公顷。常宁市的有机生态茶园总面积已经超过 300 公顷，园区所有的种植作业和病虫防治均使用生态工具和人工作业。位于衡阳的辉广生态农业开发公司也在积极开展专业生态茶园建设，现已建成的近 140 公顷生态茶园主要用于专业茶种培育。为加强现有茶园改造转化，目前已经有 13 家约 1 300 公顷茶园在常宁市茶业生产合作组织的规划指导下正在进行统一改造，通过种植配套花卉和观赏绿植来提升茶园生态水平，当前改造任务已经超过 900 公顷。衡南县宝盖有机茶场在改造完成后已经实现了绿色防治病虫害。江头生态农业开发有限公司积极进行老旧茶园改扩建项目和茶叶病虫害生态防治工程，不仅通过了有机茶认证，而且已经连续两年换证成功。

二、发展劣势

1. 生产规模不大

衡阳市虽然是湖南传统的茶叶主产区之一，但近年发展滞后。2016 年，湖南全省茶园面积 13.87 万公顷，平均每个县（区、市）的茶园面积 1 137 公顷；而衡阳全市仅有茶园面积 0.48 万公顷，只占全省的 3.45%，平均每个县（区、市）的茶园面积 400 公顷。安仁、古丈、沅陵、桂东、长沙、石门、桃源、桃江、保靖、平江等全省茶园 10 强县（区、市）的茶园面积分别达到 2.69 万公顷、0.89 万公顷、0.73 万公顷、0.72 万公顷、0.62 万公顷、0.60 万公顷、0.59 万公顷、0.48 万公顷、0.45 万公顷、0.41 万公顷。衡阳全市总的种植面积仅接近全省排名第八的桃江县。按人均茶园面积排序，2017 年和 2018 年衡阳市排名全省第 12、13 位（表 5-2），远远低于全省平均值。衡阳市出产的“南岳云雾茶”作为湖南十大名茶之一虽畅销海外，但从茶园面积而言，衡阳市不仅没有一个县进入前10，即使种植面积最大的常宁市也只有0.21万公顷，仅及全省排名第10的平江县一半规模。大部分茶园都面临着品种杂、新种少、树龄较大、管理低效、加工粗糙、产量下降的问题，几个地方茶业支柱企业所拥有的培育基地总面积不足700公顷，产业化基地面积有限，这也是对当地茶叶相关产业造成不良影响的最重要原因之一[5]。

表5-2　湖南省2015—2017年各市州茶园面积统计

	2016年				2017年			
	茶园面积/千公顷	人口/万人	均值/（公顷/万人）	排名	茶园面积/千公顷	人口/万人	均值/（公顷/万人）	排名
长沙市	13.72	764.52	17.9	8	13.24	798.81	16.6	8
株洲市	2.82	401.63	7.0	11	2.93	402.15	7.3	11
湘潭市	2.84	283.78	10	10	4.29	285.24	15	9
衡阳市	4.76	728.59	6.5	12	3.72	720.53	5.2	13
邵阳市	4.43	732.15	6.1	13	4.94	737.54	6.7	12
岳阳市	15.47	586.11	26.4	4	15.82	573.33	27.6	7
常德市	14.45	584.44	24.7	5	17.68	584.48	30.2	6
张家界市	4.65	152.91	30.4	3	4.87	153.16	31.8	5
益阳市	29.28	443.25	66.1	2	31.37	439.20	71.4	1
郴州市	10.35	471.11	22.0	6	13.93	437.16	31.9	4
永州市	2.07	546.52	3.8	14	2.42	547.97	4.4	14
怀化市	9.65	492.00	19.6	7	16.54	496.00	33.3	3
娄底市	6.40	389.41	16.4	9	5.79	391.76	14.8	10
湘西州	17.83	263.60	67.6	1	18.80	263.82	71.3	2
全省	138.72	5822.02	23.8		155.82	6860.15	22.7	

表5-3　湖南省2014—2018年各市（州）茶叶产量统计

	2014年			2015年			2016年			2017年			2018年		
	总产量/吨	人均值/千克	排名	总产量/吨	人均值/千克	排名	总产量/吨	人均值/千克	排名	总产量/吨	人均值/千克	排名	总产量/吨	人均值/千克	排名
长沙市	31 273	4.277	2	32 553	4.38	2	32 498	4.251	2	33 357	4.176	2	36 677	4.498	2
株洲市	2 267	0.572	10	2 333	0.583	11	2 398	0.597	12	2 184	0.543	12	2 413	0.6	12
湘潭市	1 940	0.69	9	1 948	0.69	10	1 960	0.691	11	1 723	0.604	11	1 730	0.604	11
衡阳市	2 657	0.364	13	2 740	0.373	14	2 807	0.394	14	2 421	0.336	14	3 868	0.534	13
邵阳市	4 316	0.525	12	5 179	0.713	9	5 253	0.717	10	5 324	0.722	10	5 533	0.751	10
岳阳市	17 816	3.18	3	18 121	3.119	3	18 718	3.194	3	15 122	2.638	4	15 294	2.638	4
常德市	15 742	2.7	4	15 802	2.704	4	16 353	2.798	4	24 066	4.118	3	25 984	4.459	3

续表

	2014年			2015年			2016年			2017年			2018年		
	总产量/吨	人均值/千克	排名	总产量/吨	人均值/千克	排名	总产量/吨	人均值/千克	排名	总产量/吨	人均值/千克	排名	总产量/吨	人均值/千克	排名
张家界市	2 422	1.594	6	2 583	1.695	6	3 077	2.012	5	3 082	2.012	5	3 452	2.245	5
益阳市	63 908	14.553	1	74 266	16.84	1	77 948	17.586	1	82 221	18.721	1	88 371	20.022	1
郴州市	5 803	1.235	7	6 606	1.397	7	6 947	1.475	7	7 753	1.773	6	8 006	1.687	8
永州市	2 109	0.361	14	2 300	0.424	13	2 353	0.424	13	2 405	0.439	13	2 514	0.461	14
怀化市	2 575	0.529	11	2 679	0.547	12	4 661	0.947	9	7 795	1.572	7	9 060	1.819	7
娄底市	6 920	1.796	5	7 411	1.914	5	7 549	1.939	6	5 690	1.452	9	5 899	1.5	9
湘西州	2 066	0.788	8	2 683	1.018	8	3 377	1.281	8	3 993	1.514	8	5 886	2.222	6
全省	161 813	2.402	/	175 704	2.59	/	186 024	3.195	/	197 133	2.874	/	214 687	3.112	/

2. 投入不足，产值效益偏低，茶农生产积极性不高

衡阳市茶园主要分布在常宁、衡南、耒阳、衡山、衡东、祁东、南岳7个县（区、市）。其中，常宁、衡南、耒阳3县（区、市）又占全市总面积的82.35%。这种分布的不均匀性，使茶叶产业难以成型。加上地方财政对茶业生产的忽视，使绝大多数茶园面临资金窘迫。许多上级制定的茶业优惠政策难以落到实处，产值效益偏低，茶农生产积极性不高[6]。虽然有数百家地市级企业正在从事茶业或与茶业相关的事业，但是真正能够称得上龙头企业的不足50家，且由于地方政府不够重视，使得资金支持力度不足，企业参与的积极性不高，同时也缺少带头企业。

3. 管理理念落实，良种推广不利

近年来，衡阳加快了良种培育速度，大量良种被成功培育出来。但是受种植理念和推广技术限制，绝大多数茶农对这些新品种并不认可。有些良种虽有幸被试种，但是由于缺乏足够的管理知识和专业技术，新种的成活率并不高，所带来的收益增值有限，令茶农大失所望。而且由于缺乏技术，在种植过程中所有的种植作业均需要靠人工完成。人工成本负担加重，严重压缩了效益空间。除少数规模性企业外，绝大多数茶农在进行茶叶加工时缺乏技术指导，造成了加工效率的低下，加工质量有待提高。愿意从事茶业加工的青年才俊极为有限，中老年茶农成为茶叶生产加工主力军，使产业很难走向高端。

4. 低端产品数量庞大，产品品牌知名度不高

在第十一届湖南茶业博览会“茶祖神农”杯名优茶评选中，衡阳市参平企业虽然数量

较多，上榜28家，占了全省的1/4，但是知名度都较小，没有在全省和全国叫得响的知名品牌。最主要的原因是质量没有上去，缺乏科技支撑。衡阳虽然出品的茶叶品牌很多，但是能叫得响的没有几个；且由于缺乏技术支撑，茶叶加工所产生的利润十分有限；落后的发展理念，使地方茶叶生产很难形成市场。经过研究，要想将茶叶产品品牌做大做好，最先需要注意的就是茶叶产品培育技术的获取。只有选择最适合当地自然条件的品种，品质才可能在全省最好，优质的茶叶永远不愁销路。企业联盟尚未形成，不同茶企业的培育、种植、收购技术标准各不相同。目前，礼品茶成为高档茶销售的唯一渠道，严重限制了高档茶叶的销路。

三、发展机遇

1. 省政府支持力度不断加大

湖南省第十一次党代会提出，要将精细农业作为地区优质特色农副业进行培养和发育。同时通过对精细农业的关注和引导改善农业供给的结构，加强本地农业综合竞争力，增加湖南特色的农产品市场综合竞争实力，提升农林产业发展质量效益，加快现代农业发展步伐。近几年来，湖南省级政府对于茶叶产业的重视程度越来越高，通过不断地举行相关会议，出台了不少政策。如2013年和2014年的专项文件都明确要求湖南省完成千亿茶产业的打造，将茶产业作为省重点产业进行培养。

2. 产业发展思路不断创新

以衡阳市为代表的地市级管理机构不断开创思维，制定出“提产、保质、创新”的茶业发展理念，尝试以茶业发展为抓手，促进农村发展，助力经济脱贫，茶业地位因此得到大幅度提升，为茶业的长远发展开辟了广阔空间。2019年，衡阳市政府针对目前衡阳市茶业发展状况提出了多项指导意见，并出台了专项文件，按照五年为一期，制定了茶业发展规划，对阶段发展目标进行了详细说明，力争至2019年底全市茶叶种植面积达到1.7万公顷，扶持4个亿元级龙头企业，产业总产值达到60亿元；2025年全市茶叶种植面积达到3.4万公顷，形成10亿元级龙头企业，产业总产值突破百亿大关。通过老旧茶园改造和合并来增加茶园面积，推动产业规范化发展。

3. 产业发展空间不断扩大

产业空间是产业发展的前提，茶业产业有希望成为新农村发展的指导产业。衡阳将茶业发展状况列为重要的政绩考核对象。农业农村部门也加大了对茶业的技术扶持力度，通过优先培育来保障茶业发展的种苗，免费提供技术推广；利用退耕还林来发展茶叶种植的提议已经获得国家林业部门认可，现已进入了政策制定阶段；茶业产业发展所具有的水土保持功效已经得到社会各界认可，并成为国家相关管理部门重点规划的水土保持项目之一；农业农村部等多部门均提高了对茶叶产业发展的扶持力度；各地市级管理机构加大了对农机补助的检查管理力度；科技推广部就茶业种植关键技术出台了专项指导，为地方茶业发展攻克技术难关进行了定点扶持；工商、贸易、旅游等多部门为茶业营销开辟了绿色通道；各级税务部门加大了对茶业发展的税收扶持力度；市场监察、技术监督等部门加大了对茶业产业重要环节的质量监察力度，对各种在违法边缘试探的行为坚决不予以容忍；以银行为代表的金融机构为茶叶生产加工提供一站式服务；以保险企业为代表的市场担保机构正尝试将茶业生产纳入业务范围，以缓解产业发展中所面临的风险压力；地方基层管理部门应大力推动土地流转，帮助茶叶发展提供合适的土地，保证其平稳发展。

4. 茶叶品牌效应不断扩大

衡阳市现有茶叶加工生产企业不足 20 家，省、市级龙头企业共有 7 家，南岳云雾茶已经成为湖南省十大名茶之一；南岳云雾茶、衡南“绿彤”、常宁“铜钟岭”等品牌已经拿到了欧美等国的有机认证书；以“寿岳”为代表的 3 家企业已经通过了湖南省著名商标认证。以茶楼为代表的茶饮品休闲游乐场所不断增多，为中外游客接触茶文化、品味茶精髓提供了良好的空间。以丹茗居茶艺馆为代表的多个老茶馆获得了百年茶馆称号。

四、面临的挑战

1. 缺乏企业联盟，竞争优势不足

衡阳市内的茶叶生产加工企业缺乏大局意识和联盟思想，缺乏科学的合作机制与沟通渠道，无法通过兼收并蓄来扩大产业发展，仅几个地方品牌有一定的知名度，其势单力孤，竞争力不强，达不到合作共赢的局面，使得企业品牌做大做强缺乏一定的规模支撑。目前，尽管有 40 多个加工企业，但品牌多而不精，品牌被（认）定为“中国驰名商标”“全国名优特产品”和“中国名牌”的农产品少之又少，整体影响力不高，更缺乏“叫得响”“走得远”“立得住”的驰名商标，导致好茶叶卖不出好价钱。与此同时，茶叶公共品牌建设落后，未形成产业规模效应和公共品牌合力，冲淡了衡阳市茶叶产业应有的潜在优势。

2. 同类产品数量庞大，相对而言市场选择较多，竞争激烈

在全市的生态茶园建设方面，虽然衡阳市政府对其重视程度有所提升，支持力度增加，但是其建设完成度相对较低，全市建设的高端茶叶培育基地较少，面积较小。同时产业链不

完善，高端茶叶的隐藏价值难以得到完全释放，收益不高。加工环节，缺少带头企业，参与企业的综合竞争实力普遍较弱，产业链不完善、创新能力较弱等问题正在制约着茶叶产业的发展。目前，衡阳虽然拓展了绿茶、红茶、黑茶、黄茶、乌龙茶和花茶等茶产品的加工与研发，改变了绿茶的行业垄断状态。特别是当前全市已经存在近 20 家企业对红茶进行专门研究开发，组成了相关的专家团队，将衡阳的茶叶改变成了红绿相间的状态，但是对于其他茶种，如黑茶、乌龙茶和花茶依然是衡阳茶业的“短腿”。13 个黑茶金奖、4 个黄茶金奖、7 个白茶金奖，这 24 个金奖中衡阳市没有一家入选，说明同类产品数量庞大已经成为衡阳市茶叶产业无法取得更进一步发展的主要原因。在营销中，衡阳虽然有包括 5 家省级龙头产业在内的 24 家龙头企业，但大部分茶叶初制厂销售渠道单一，只有 2 家拥有自营出口权，与省内安化黑茶、君山毛尖茶、吉首黄金茶相比，缺乏特色优势。

3. 自然灾害，虽防难治

衡阳地处江南丘陵，温润多雨的气候条件和松软肥沃的土质为茶树生长提供了充沛资源。但是受地形地势和局部小气候影响，使衡阳市的茶叶种植极易受到早春霜冻、夏季热害、冬季冻害和病虫害等自然灾害的影响，给衡阳市茶叶生长造成严重的危害。近 20 年以来，衡阳市茶叶生产几乎每年都遭受自然灾害影响，自然灾害已经成为制约衡阳市茶产业持续发展的最大阻碍。但是由于地形地势和局地小气候在短时间内难以改变，因此在短时间内无法完全消除上述不利因素，加上相关技术匮乏，给高档茶生产加工造成了一定阻碍[7]。

4. 实现茶业综合产值过百亿元的目标任重道远

湖南省于 2013 年组织茶叶相关会议并明确茶叶产业发展的宏观目标，根据“建设茶叶强省，打造千亿产业”的产业规划，至 2020 年，全省茶叶总价值达到 1000 亿人民币以上。衡阳市明晰湖南省茶叶产业发展目标，并结合自身实际制定了当地 2018—2023 年茶叶产业的相关发展布局规划，并专门出台文件，提出到 2023 年茶园面积要突破 50 万亩，达到产值过百亿的目标，实现后发赶超。但衡阳市近两年新建茶园仅 3.55 万亩，到 2019 年底全市的茶园面积仅 13.55 万亩。按照近两年年均增加 2 万亩计，要实现茶园面积 50 万亩的目标，尚需 18 年。即使按规划中的 50 万亩计算，目前茶园的茶青收入每亩大约 5 500 元，其中春茶卖鲜叶每亩收入近 4 000 元，如果管护得好，夏茶、秋茶的采摘这一块茶农也有近 1 500 元收入，因此，每亩茶园茶青的收入大概 5 500 元。以此为依据推算，单茶农茶青的收入价值就有 27.5 亿元人民币之多。对茶叶进行进一步加工的企业向茶农收购茶叶，经过企业内部的粗加工、精加工、深加工环节，可使茶叶价值翻倍，即第二产业的增加值不会少于 26.5 亿元。当然随着茶园观光、茶旅游、茶馆休闲的发展，茶叶附加产业的第三产业价值会更高，即茶旅游等服务业的产值应该可以达到 30 亿。这三项相加可达 83 亿元。如果要达到 100 亿元，其余的 17 亿元就得依靠茶馆和茶叶专卖店去突破了。当前，湖南省全部茶叶专卖店平均每年收入为150万元，而平均每家茶馆的收入为200万元。按照全省的平均营业额进行测算，5年之后，衡阳市茶叶专卖店要达到500家，销售总额才可达7.5亿元；全市规模以上的茶馆要达到500家，销售总额才可达10亿元。显然，实现全市茶业综合产值过百亿元的目标任重道远。

第二节　衡阳市茶叶产业高质量发展战略实施策略组合分析

衡阳作为农业大市，正在“创新、协调、绿色、开放、共享”新发展理念指引下，加大农业发展的支持力度和农民收入水平增加的扶持力度，保证农业的质量以及环境能够实现和平发展。衡阳具有优越的自然环境，大部分地区位于农作物种植黄金带上，自然光照充足，具备培育、生产优质茶叶的自然条件，且茶叶种植与加工业历史悠久，是提供优质茶叶产品供给的最佳选地之一。茶叶产业具有经济、社会、生态效益，是一项富民产业，能够带动农户脱贫增收。其作为衡阳农业一大新业态，产业发展潜力巨大，迫切需要在高质量发展的指引下，塑造“衡阳茶叶”这块金字招牌。通过上述的SWOT分析（图5-1）并结合衡阳市茶叶旺市战略发展组合结构图（图5-2），可以得出衡阳市的茶叶产业具有产业优势，我们要抓住机遇，充分发挥优势，摆脱困境，扩大茶叶产业优势。

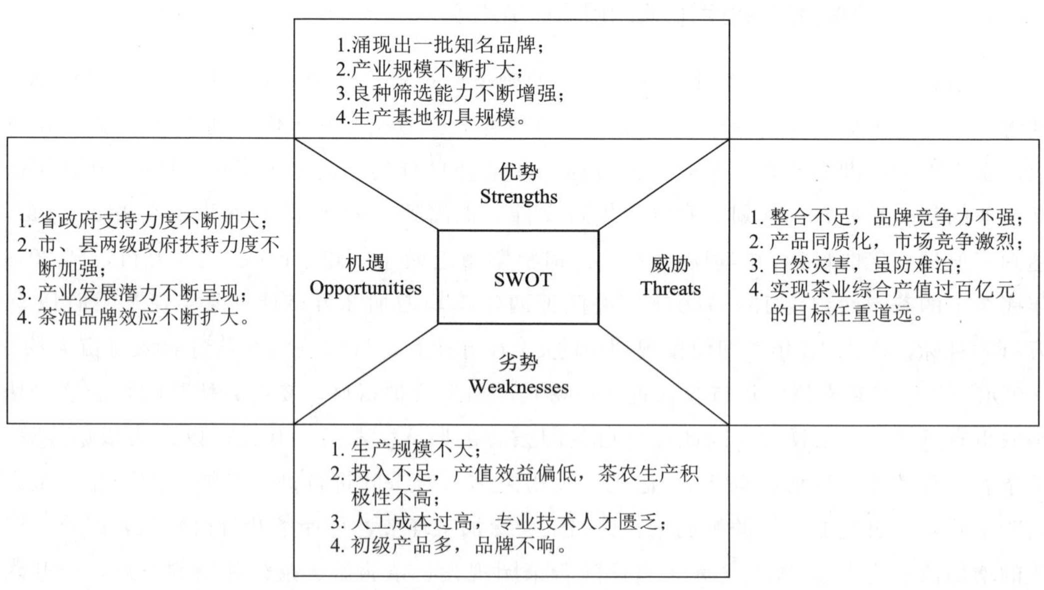

图5-1　衡阳市茶叶强市战略实施的SWOT矩阵分析图

<table>
<tr><th colspan="2" rowspan="2">策略组合</th><th colspan="2">内部因素</th></tr>
<tr><th>优势</th><th>劣势</th></tr>
<tr><td rowspan="4">外部因素</td><td rowspan="2">机遇</td><td>SO 策略：深挖文化，精心培育</td><td>WO 策略：借势营销，做响品牌</td></tr>
<tr><td>加强基础设施建设，做大周边市场；
加强茶叶林地管理，提高经济效益；
建设现代林业，强化茶叶要素建设。</td><td>成立收购、烘干中间体，提高茶籽质量；
紧抓政策机遇，推广标准化，延伸产业链条；
举办大型节会，提高知名度。</td></tr>
<tr><td rowspan="2">威胁</td><td>ST 策略：做强优势，打造精品</td><td>WT 策略：产业集群，区域合作</td></tr>
<tr><td>做好做强优势品牌，加强宣传力度；
规范林业流转机制，协助企业、合作社发展；
强化两型开发模式，设计低碳茶叶产品</td><td>改善产业链条，提高附加值；
加强产业协作，促进产业多元融合；
加强科技支持，注重人才培养。</td></tr>
</table>

图 5-2　衡阳市茶叶强市战略实施策略组合分析图

1. 优化平台驱动，完善市场体系建设，提高茶叶产销竞争力

充分利用“互联网＋”、大数据等新技术，大力打造茶叶产业数字平台，在积极改扩建雁城茶叶批发市场同时，分别在石鼓区、开云镇、蔡子池等地新建茶叶批发市场，在全市、县兴建茶叶批发二级市场。与北京、广州、长沙等主要的高档茶消费城市联合举办茶叶展销博览会，通过产业交流促进衡阳茶业发展；积极进行合作平台搭建，通过连锁经营和合作经营的方式来打开衡阳茶叶销售的全国通道。构建“龙头＋先进”的海外发展模式，在龙头企业的带动下和先进企业的参与中加快衡阳茶业走出去步伐，加大海内外走出去和基地的建设力度，增加资金投入，加大和各类电商的合作力度。

2. 优化政策驱动，做强茶叶产业支撑力

建议市政府加大投入力度，增加对市内茶叶产业的扶持力度。具体操作是：第一，增加茶叶种植面积，同时明确国家精准扶贫政策，致力将茶叶种植的相关项目纳入精准扶贫工作范围，发挥榜样作用，加大相关基础设施建设力度，充分发挥地域优势，结合当地实际，明确茶叶种类种植适宜条件，将合适的茶叶种植于合适的地区。以南岳山附近为例，由于当地天然条件好，需要政府介入，鼓励当地居民进行茶叶种植。第二，运用多样化手段进行资金筹集。联合扶贫、农业、林业、发改委等各类支农资金和信贷资金，捆绑使用，重点支持衡阳市茶叶产业发展。经相关研究发现，当地每年新种植面积和地产改造林分别达到 10 万、15 万亩以上，能够为当地茶叶产业带来最大化收益。动员全市范围内各个相关部门对茶叶产业进行相关投资，通过多部门的联动，共同推动茶叶产业的发展。不仅如此，在联动政府投资的同时鼓励民间资本的参与，形成更巨大的能量。第三，充分依

靠各类林业科研院所的科技力量，大力开展茶叶科技攻关，将茶苗培育的技术难关交由专业组织研究攻克，包括加工手法、新产品开发等方面。研究发现，市政府若能够将市农业林业局、市农科院、湖南环境生物学院和衡阳师范学院等科研单位院校作为衡阳市茶叶产业发展的后援单位联合起来，为开发茶叶资源，做优做强茶叶产业，提供强有力的科技支撑。要在衡南宝盖等地进行良性茶苗培养，保证每年茶苗产量超过 3 000 万株，以庞大的数量满足发展的需求。第四，加大省内茶叶标准园的建设力度。按照省级以及市级规定，在南岳岳林乡等地进行茶叶标准园建设，充分发挥带头作用，力求完成标准的茶叶标准园建设。第五，重点扶持省内专门加工茶叶的企业。将南岳云雾茶作为湖南省省内茶叶加工产业的巨头进行培养，使其发展成为行业龙头，加上对相关规模以上企业加大基础设施建设力度，保证相关产业的稳定发展。

3. 深入了解衡茶，加大对衡茶文化的宣传力度和广度，从而增加衡茶的受众

衡茶文化是一种历经时间检验的深远的文化传承，具有很强的文化意义。将发扬和宣传衡茶文化纳入衡阳地区文化产业发展中，可以帮助衡阳茶、禅、寿文化的融合。通过开展文化交流会、举行茶文化相关活动等方式发挥衡阳自身优势，并组织全国性的茶博会及研讨会。利用各种媒体广泛宣传茶叶的保健功能和茶文化的内涵，传播茶文化，普及茶知识，拉动茶消费。市及各县（市、区）机关、单位、宾馆酒店把南岳云雾茶列入指定接待用茶，各茶楼主导消费南岳云雾茶。将茶叶行业作为当地旅游业的中心进行培养，积极支持南岳区发展旅游观光茶园和茶艺馆建设。南岳区财政拿出专项资金，支持专卖店建设，并且按一定标准和期限给予旅游团队补助，连续 2～3 年，以引领衡阳市茶叶产业发展。

4. 强化品牌驱动，扩大南岳云雾茶区域公共品牌影响力

建议市、县两级政府有关部门大力支持衡阳实施茶叶品牌创建战略，积极打造“南岳云雾茶”统一品牌，提高“南岳云雾茶”品牌的影响力、号召力。加快“南岳云雾茶”“常宁塔山”“江头贡茶”的地理标志商标注册和地理标志保护申报等品牌创建工作，鼓励企业联合创作、共同推进联合品牌打造，最大限度发挥品牌市场效益，实现茶叶产品效益最大化，切实增加农民茶叶收入。努力打造体现地方特色的知名品牌，通过打响品牌名称来增加品牌的市场综合竞争实力。将南岳云雾茶打造成衡阳地区的知名品牌，提升企业品质，同时为衡阳增光。保证游客到衡阳能够体会到茶乡的归属感，听到茶歌，吃到茶饮料，欣赏茶文化，带走南岳云雾茶。以这样的方式帮助地方经济发展，从而为全省经济发展做贡献。

第三节　加快茶叶产业高质量发展需要“四轮齐驱”

衡阳市茶叶产业要实现高质量发展，必须做到政府、茶企、茶农和科技“四轮驱动”。政府要为茶企提供服务、做强品牌，企业要去掉库存、开拓市场，茶农要保证品质、提升效益，从而实现“扩面、提质、创品”的茶叶产业发展思路，促进衡阳市茶产业高质量的发展。

1. 政府加强服务，强化品牌驱动，培植龙头企业，实现茶产业高质量发展

党的十九大报告指出，我国经济已经从高速向高质量发展转变。近年来，衡阳与全国同步驶入茶叶产业由“数量追赶”转向“质量追赶”新常态。新形势下，将茶叶作为一个重要发展产业进行发展已经是大势所趋。而要完成茶叶产业的平稳发展需求，就需要以政府为牵头人。具体方法是：第一，加强政府的管控作用。政府应成立相关的领导小组，将茶叶行业和旅游业作为研究重心，进行统一领导，联合各方力量，形成共同助力，从而帮助品牌进行推广。第二，加大对相关产业发展的资金政策支持力度，建立专项基金，充分吸收投资，资金专项专用。以资金推动金融创新，探索金融产品的发展方向。第三，帮助或培育带头企业。明确一定的标准，对当地茶企业进行分级，了解重点和非重点企业，对重点企业进行重点培养，给予重点照顾。引导茶农和当地企业进行合作，通过股份制、合作社等多样化的手段，帮助企业取得更好的发展，积极鼓励企业上市，鼓励相关企业进行抱团发展。第四，建立健全相关的服务机制，加强茶产业人才队伍建设，通过政府手段为相关企业提供相应的技术援助。加强对市场的监管，加大对市场乱象的打击力度，完成茶青交易市场的建设，增加茶农进行交易的便捷程度。吸收外部先进经验，明确自身优势进行定点发展。第五，加大宣传力度。市级和县级都开展宣传活动，利用当地媒体在全国大中城市设立营销组织等营销形式来提升品牌的知名度、美誉度，继续做优南岳区多年持续开展的“湖南（衡阳）中华茶祖节南岳祭茶大典活动”和衡阳晚报每周四发行的《衡州茶韵》专刊，推进茶产业发展。

2. 优化平台驱动，助推茶企自我发力，大力培植龙头骨干企业，增强市场竞争能力

一是充分利用“互联网+”、大数据等新技术，大力打造茶叶产业数字平台，强化科技支撑，将全市茶叶产品市场信息纳入平台中；积极组建智力支撑服务平台，培育一批服务和参与国家“乡村振兴”战略的衡阳茶叶企业；积极引导茶叶企业协同合作、抱团发展，创新销售思路，拓宽销售渠道，尤其是要借力互联网电子商务、外贸平台，扩大茶叶产品的销路。二是多渠道筹集资金。积极争取国家级、省级的资金支持，吸引国内外企

业、资金到衡阳建基地、兴龙头，帮助开拓直接融资道路的宽度，从而完成金融瓶颈突破。三是加强对精加工以及深加工行业的关注度。发挥本地优势，完成特色产业产品的研发，引进先进加工技术，完成产业链价值体系的建设和延伸。四是加大对品牌的打造力度。追求以质量取胜，注册商标，提高茶叶产品的竞争力。五是深化出口驱动，不断延伸产业链，提高茶叶企业市场开拓力。积极构建“航母＋战舰”竞争模式，依托市内茶叶龙头企业，加强产业链出口道路的建设；积极通过各方力量的融合帮助海外园区的建设，鼓励各类电商平台推介衡阳茶叶产品。要切实加强营销队伍建设，与时代接轨，通过现代化的营销手段，加强对相关产品的营销力度，开拓国外市场，扩宽国内市场。

3. 加强行业齐抓共管，化解茶产品同质化难题

一是打造南岳云雾茶品牌。衡阳植茶历史悠久，五岳名山唯南岳产茶，文化底蕴深厚，为保证当地衡阳茶能够取得更好的发展，应当增加衡阳茶的种植面积，通过对先进加工技术的引进，加大对衡阳茶的加工力度，重点打造当地茶叶品牌，以南岳云雾茶为重点的品牌名进行品牌宣传，同时完成相关品牌的注册事项。二是不逃避责任，完成对相关产业发展的责任担当。在全市范围内，市茶业协会是当地的茶叶产业管理部门，要为茶界同仁架设一座桥梁和纽带，做好政府和茶企协调服务，明确行业协会职能和责任，加大对当地茶叶行业的指导和管理。对 2015 年以后获得有机茶认证（面积 20 公顷以上）的茶企、成功注册地理证明商标的行业组织、在一段时间完成对国家地理标志保护产品的获取、第一次取得中国名牌产品等称号的茶企，分别给予奖励。三是确立主体，统一标准。市茶叶协会在种植环节上要加强农药监管，严禁高毒残农药在茶园的使用。在加工环节上，要制定“南岳云雾茶”实物样标准，并指导企业按照标准生产。在流通环节上，对茶青、茶叶产品的检查力度要加大，同时对相关不合格产品的打击力度要加大。积极推进茶叶基地标准建设和企业食品生产许可的认证，提高茶叶生产技术水平，从基地种植、工厂加工到销售各个环节设定质量规范，指导茶农、工人严格按标准规范去发展茶叶生产，衡阳市级以上龙头企业和示范合作社要率先开展茶叶质量安全可追溯体系建设。四是重视品牌形象工程建设，完成标志建设。通过对南岳云雾茶相关宣传、产品等各方面标准的制定，对该品牌的各个产品注册不同商标进行营销活动。五是增加宣传力度，传播茶文化，普及茶知识。发挥行业管理优势，积极开展茶叶品牌推介活动，加强茶企培训，对茶馆茶行实行星级管理。与此同时，可以进行相关的茶叶文化推广活动，将茶文化纳入衡阳的文化产业保护事宜中，并对茶、禅、寿文化进行有机融合发展。要持续认真举办好“斗茶赛”，完善相关比赛机制，通过合理的评选，选出具有代表性的企业，从而完成对茶农、茶企追求高品质理念的灌输。

4. 实施科技兴茶战略，全面提升茶叶“种、研、销”水平

一是进一步扩大茶叶的高产种植规模，推动茶叶产业的一二三产业融合发展。要发挥茶叶龙头企业的引领作用，引领茶叶种植增点扩面、集中连片、抱团发展。鼓励因地制宜地开展茶旅复合经营。一二三产业融合发展对于提升茶园的综合生产能力有着较大的支撑作用。通过茶叶经营庄园化，促进茶、文、旅、科、教等产业融合发展，促进产业效益最大化。二是改造低产茶树，加大科技投入，不断开发高产茶树，并大力推广良种，促进产品提质增效。三是精细管理。对茶叶产业的各环节要严格把关，从育苗、种苗、培育等方面严格把控，彻底改变当前粗放式的发展模式。四是强化市场推广。建议大力发展茶叶大健康产业，从政府层面持续加大茶叶产品的宣传与推广力度，逐步改进国民食用油消费理念。五是加大科技投入，重点培育高产茶叶以及延长加工工艺。建议市人民政府协调市农业农村局、市农科院、湖南环境生物学院和衡阳师范学院等科研单位院校作为衡阳市茶叶产业发展的后援单位，为衡阳市的茶油产业的发展提供了强大的科技支持。

参考文献

[1] 武孝军. 衡阳2025年茶业综合产值或超百亿 [N]. 衡阳日报，2016-2-19 (3).

[2] 尹幸芳，胡云光，谭成军. 衡阳市茶叶产业品牌化发展的建议 [J]. 茶叶通讯，2017，44 (1)：60-63.

[3] 王珊，周佳玉. 南岳云雾，五岳独秀 [N]. 湖南日报，2019-8-28 (4).

[4] 蒋睿智，尹幸芳，朱智超. 衡阳市建设与发展生态、有机茶园的思考 [J]. 茶叶通讯，2018，45 (2)：60-62.

[5] 王际香. 衡阳市茶叶产业发展之思考 [J]. 茶叶通讯，2014，(3)：48-50.

[6] 汪维. 关于衡阳市茶叶产业发展的情况调查 [J]. 衡阳通讯，2012，(8)：32-35.

[7] 尹幸芳. 衡阳市振兴茶叶产业的对策 [J]. 茶叶通讯，2013，40 (2)：45-46.

第六章　农业产业链延伸型融合：田园综合体“三位一体”融合模式构建与实现路径研究

我国是一个农业大国，但随着社会经济的发展和产业结构的复杂化，劳动力结构调整落后于产业结构调整，因此农业的发展一直处于弱势。为改变这一现状，国家积极发挥市场机制的作用，大力推进农业改革，由此催生了多种多样的农业新模式。自 2014 年起，“中央一号”文件就已多次提到农业现代化建设，而在往后几年中，农村一二三产业融合趋势日趋增强，由此产生了“农业＋文旅＋新型社区”的田园综合体发展模式[1]。

第一节　田园综合体基本内涵

田园综合体是一种集现代农业、休闲旅游、田园社区于一体的特色小镇型农村综合发展模式，是在城乡一体化格局下，顺应农村供给侧结构性改革、新型产业发展、农村产权制度改革、实现我国农村现代化、新型城镇化、社会经济全面发展的可持续模式。田园综合体本质上是以农业产业为基础，农村农业生产、生活、生态共生发展的全新模型，集一二三产业深度融合发展的新思路，建设中以农业合作社为建设主体，结合旅游业、工业、创意产业、文化产业等多个产业形成的复合型多功能区域经济复合体。田园综合体具有以下特点：

1. 农业产业是田园综合体建设的基础产业

在确保农业用地、农村用地和农业生产基础坚定不移的前提下，以农耕文明为魂，牢牢把握生态农业的主题，发展生态效益高的农业，促进农业转型升级。旅游业是田园综合体的主导产业，是田园综合体的客源和资金来源，是激发基础产业的发展潜力[2]。

2. 产业功能集聚

田园综合体是集田园生产、田园生活、田园生态于一体的乡村共生发展共同体。它包括农业生产集聚区、农业休闲集聚区、农业居住区和综合服务区。田园综合体内部产业高度集中，各产业功能整合，促进内部可持续发展[3]。

3. 多元价值追求

田园综合体在实现产业价值方面，既追求农业产业价值促进农村经济发展，又重视实现田园环境的生态价值，营造田园牧歌质朴的生活方式和现代高效生活，休闲基础设施等。实现多元价值，促进田园综合体农业、旅游业、工业等多产业的交叉融合，完成田园综合体从物质实体到精神文明，从产业培育到文化展示的价值提升[4]。

4. 发展时序性较强

整个田园综合体的建设呈现出明显的时间特征，这是一个以农业发展为基础的连续过程，逐步延伸到二、三产业，实现多功能良性循环，最终形成田园综合体独特的价值体系和品牌 IP[5]。

第二节　田园综合体“三位一体”融合模式构建

2017 年中央一号文件提出了农村综合体农业可持续发展模式，作为现代农村新兴产业的发展方向之一，田园综合体已成为新农村产业发展的亮点，也将成为未来休闲农业和乡村旅游发展的新方向。同年 5 月，财政部发布《关于开展田园综合体建设试点工作的通知》，要求在建设内容上重点关注田园综合体建设目标和功能定位，重点建设六大配套体系，即生产体系、产业体系、管理体系、生态系统、服务体系和运营体系。目前，田园综合体项目不再是一个单独的农业休闲体验项目，而是通过促进第一、第二和第三产业的整合，并结合了现代农业产业发展、生态环境建设和周边农村社区建设，融入田园综合体、现代农业工业园区和农业科技园区等大型农业园区，逐渐成为一种新型的现代农业。显然，“田园综合体”是在城镇化背景下以科技农业和当地农耕文化为基础，以休闲娱乐精神为载体规划的新型农业园区，集合休闲旅游、生态农业以及田园社区，集聚社会生产、商业行为和人的关联性活动等，形成相关主体和产业集结，促进“农业＋文旅＋地产”的乡村综合发展模式。

田园综合体在新农村改造、美丽乡村、特色小镇之后提出，其概念是国内外理论经验和实践在中国新形势下的全新定义，发展目标是创建新型“生态绿色田园生活”模式，建立新型城镇化示范区，推动城乡发展。2005 年，初步意义上的“田园综合体”在国内出现，在南京白马公园成功举办首届农业嘉年华活动后，国内开展了多种形式的农业休闲体验活动。不过早期的“田园综合体”本质上是一种农业休闲体验模式，形式是外国观光体验农业的模仿和创新。但目前的“田园综合体”在内容方面有了质的变化，即以农业科技为支撑，以农业创新为手段，通过融合农业经验、农业元素与创意文化，整合旅游、文化、餐饮、服务、物流和信息于一体，形成了区域农业发展的新业态。显然，田园综合体其实质是一二三产业的“三产融合”，文化旅游、房地产和农业互相渗透下的“三位一体”。田园综合体主要包括“农业、文化旅游、房地产”三个行业，即“现代农业生产型产业园（现代农业）”＋“休闲农业（文化旅游）”＋“社区（房地产）”（表 6-1）。创建田园综合体三大产业的主要出发点是先建立新型城镇化示范区（创造一个吸引力核心），为整个产业链的聚集提供一个点，并由点及面地促进整个地区的发展。而“田园综合体”的创建将大力推动田园综合体的建设，振兴旅游资源，引领区域农业农村的发展，最终成为区域农业品牌建设的重要组成部分。

表 6-1　田园综合体构建要素

要素	现代农业	文化旅游	房地产
内容	提升农业生产力，促进产业融合，提高农业现代化水平和综合效益，含“现代农业产业园”“休闲农业”“社区支持农业”三重含义	保持农村田园风光，打造符合生态的农业旅游＋度假产品，考虑功能、规模、空间配搭，丰富文化生活，多样业态规划，形成旅游度假目的地	按照村落肌理打造社区，既满足农、工、旅人群聚集居住需求，还满足公共配套和管理组织需要，营造新社区

第三节　田园综合体空间结构优化与产业延伸链模式设计

一、田园综合体空间结构优化

田园综合体包括农业（现代农业产业园）、文化旅游（休闲农业）、社区（房地产）三大板块。

1. 现代农业生产型产业园区：生产性主要功能部分

让参观者了解农业生产的全过程，充分参与农业活动、体验农业生产的乐趣，还可进行生态农业示范、农业科普教育示范、农业科技示范等项目。

2. 休闲农业聚集区

为满足顾客多样化需求而创造的综合产品体系，主要包括农家风情建筑（庄园别墅、小木屋、传统民居等）和乡村风情活动场（特色商业街、主题娱乐广场、钓鱼角）等。在休闲集聚区，游客可以进入农村特色生活空间，体验农村风趣活动，享受休闲农业带来的乐趣。文旅产业的构建要以自然生态型的旅游产品与度假村产品相结合，除了要考虑功能、规模和空间相结合外，还要增加丰富的文化生活内容，以多种业态规划打造旅游度假村目的地[6]。

3. 社区（地产）建设区

社区建设区包括主题景观区、居住区及配套服务网络。主题景观区是吸引人流、提高土地价值的关键场所。主要依托观赏农田、瓜果园、观赏苗木、花卉展示区、湿地风光区、水景区，让游人体验田园风光和现代农业的魅力。居民居住区是城镇化功能的主要体现，也是田园综合体向城镇化结构的重要支撑。通过产业融合和产业集聚，使人口相对集中居住，从而构建居住社区，构筑城镇化的核心基础。配套服务网是城镇化的功能支撑，主要服务于农业、休闲产业、金融、医疗、教育、商业等，我们称之为产业配套，这些服务业共同构建产、城融合的公共配套网络。

二、产业延伸链模式设计

与传统的工业园区不同，“田园情结”将更加强调深化农业链条，未来还将加入科技、健康、旅游、养老、创意、休闲、文化、展会、培训、检验、加工、电子商务、物流、金融等丰富的元素，具有非常大的想象空间。

2018 年“中央一号”文件强调完善新建设用地保障机制，按一定比例确定年度新建设用地规划指标，支持农村新产业新业态发展。允许以出资、合营等方式重点支持农村休闲旅游、养老等产业与农村三产融合发展。文件中也明确规定，改造这些村庄需要通过整理住宅用地，节约建设用地，严禁非法房地产开发和私人会所的建设。

因此，在田园综合体中要加强一二三产业的相互融通，通过各产业的相互渗透融合，有机结合休闲娱乐、养生休假、文化艺术、农业技术、农副产品、农耕活动等，扩展现代农业传统研发、生产、加工、销售产业链，使独特的传统农业和加工、食用农产品成为现代休闲产品的载体。

第四节　田园综合体农业、文化旅游、社区融合路径

事实上，农业、文化旅游和社区在田园综合体的融合中是一个过程。在这个过程中，不同的产业和不同的要素相互交融，使产业边界逐渐模糊，然后形成新产品和新业态，共享和扩大新市场，最终形成新的产业形式。基于价值链理论的田园综合体农业、文化旅游与社区的融合，不仅是农业与文化、旅游与房地产的简单相加，还是每个价值要素都要有不同的内涵，包括物质要素、生产要素和经营要素，也是产业发展动力下价值要素的相互选择和整合。农业、文化、旅游和田园综合体社区一体化的过程实际上是以促进价值为基础，借助组织管理力量（通常为田园综合体农业合作社、人才、合作组织、信息管理）、内外资本流动和先进技术，促进农业和文化、旅游、房地产资源、技术和其他价值要素的一体化，培育新型农业旅游产品和休闲形式，进一步促进市场一体化，构建田园综合体特色品牌，延伸产业价值。

一、资源融合路径

资源融合路径主要是指产业资源以独特的融合形式融入其他产业的融合过程。在农业与文化、旅游与房地产资源的融合过程中，主要表现为文化、旅游与房地产对农业资源的积极融合。如农业生产资料、农业生产行为、农业景观、农产品、农业技术，乃至无形农业文化等，通过文化旅游产业的前端设计规划和创新发展，形成具有独特体验价值的旅游资源和旅游产品。在资源融合引导下，农业与文化、旅游与房地产的融合，既延伸了农业价值链，又满足了游客多样化的旅游需求，保证了田园综合体整体价值的实现。

二、技术融合路径

技术融合路径是农业与文化，旅游与房地产行业技术互动与融合的路径和方法。主要是指在技术创新和管理创新的推动下，产业技术从一个产业向另一个产业的融合路径，进而促进新价值活动的实现。农业与文化、旅游技术的融合，是现代先进农业生产技术与旅游地理信息技术、文化信息管理技术的融合。事实上，农业生产技术的推广催生了大量具有文化旅游科普价值的农产品或技术观光产品，如农业生产技术的升级带动了农业良种培育、节水灌溉、灾害防治等，发挥了示范推广作用，提高了农村文化旅游的科普价值。农业遗传技术改变了农产品形态，生产出了丰富多彩、种类繁多的珍稀水果，满足了游客的旅游需求，培育出了特色旅游商品和纪念品。

三、市场融合路径

农业与文化、旅游业、地产业的市场融合路径，多为农业市场主动去融合文化、旅游业、地产业市场的路径。农业市场与文化、旅游业、地产业三者合一的特性导致它产生多个功能分区，在主题的呈现上复杂多样，可以通过不同的功能区域进行先进农业技术推广，建立交流展示创意农业休闲体验平台，以此来展现其特有的科技贡献率和科技集成度。例如，依据不同功能分区建设打造新农民教育培训平台、新农业企业实体孵化平台、创新创业和文化创意平台、行业整合和综合服务平台等，从而将其功能区作用扩大化。

总而言之，田园综合体是农业、文化旅游、房地产业融合的过程中，资源融合途径以旅游业融合农业资源为主，旅游业延长服务价值，促进农业休闲功能发挥，实现价值升级；技术融合是农业旅游技术的双向融合，是相辅相成的。市场融合是两者较高水平的融合途径，主要表现为农业主体性共享农业、文化旅游、房地产市场。

第五节　田园综合体农业、文化旅游、社区融合发展的思路和对策

一、进一步创新土地流转，打造综合产业链

田园综合体将成为农村产业转型的强大动力之一。一个完善的田园综合体，应该是农林牧渔、加工、运输、制造、餐饮、住宿、仓储、保鲜、旅游、地产多产融合。其中，产业链是保证田园综合发展的必要条件。田园综合体的核心以农业为主，其建设需要新产业转移开发，新产业既符合当地特色，又能带动就业。例如，近两年实施的“土地银行”方式实现了农村集体土地指标的自由流动、质押和融资。这对农户获得启动资金、自营个人旅游项目和专业企业获得土地开发大旅游项目具有现实意义。有条件的农村集体可以组成合作社，农民可以出资承包土地进行股权合作。这样就可以顺利推进土地集中经营、高效经营、规模化产业化经营，促进农城一体化发展[7]。

二、依托区域旅游资源，突出“田园一体化”特色，进一步推进一二三产业融合发展

农村的资源包括“风貌”“风物”“风俗”“风情”“风味”，都是田园综合体地区旅游资源开发的重要依托。田园综合体区域旅游资源开发的核心是文化体验、风貌更新、文化保护、风俗传承、风情酿造和风味弘扬。田园综合体的发展不是城中村改造，而是需要从无到有的建设，核心支持还是来自当地现有的独特可开发的区域旅游资源。保持乡村原始文化的传统和内涵，结合现代规划的设计手段，深入挖掘乡村资源，形成各自特色的文化旅游景观。田园综合体首先要重视农业产业自身的发展，同样要发挥农业的多功能性。田园综合体是一个多产业配套的集合体，要加强各种资源整合，实现“三产”（一二三产业）融合和“三生”（生产、生活、生态）协调发展。

三、加强“互联网”模式对田园综合体建设的融合创新，重新打造特色田园社区

田园综合体的核心是构建田园社区，通过构建新的田园社区增加金融、医疗、教育、商业、娱乐、通信等相关服务和设施，改善农村居住环境，开发新的农村度假村产业、养老产业和景观地产等。在数字经济时代，“互联网”模式的快速发展给当前的市场推广手段带来了巨大的变化。目前，“互联网”模式不仅可以实现对田园综合体建设的宣传，还可以从物流、电子商务等方面大力支持田园综合体建设。因此，推进田园综合体建设，积极利用“互联网”平台优势，提高农民对田园综合体建设的认识，激发农民参与意愿，从多个角度支持田园综合体建设，进一步刺激农村产业经济快速发展，缩小城乡差距[8]。

参考文献

[1] 张馨月，梁旺兵．文旅农融合背景下的田园综合体吸引核——新型“农业迪士尼”的构建［J］．现代农业 2019，(8)：14-16.

[2] 谢龙公，赵雪影．田园综合体农旅融合路径探析［J］．旅游纵览，2019（12 下）：172-173.

[3] 葛锦晶．乡村振兴背景下田园综合体模式创新探析［J］．合作经济与科技，2020，(1)：36-37.

[4] 赵旭东，逄鑫鑫，蔡柯柯，等．乡村振兴战略下田园综合体设计规划模式探讨——以山东省临沂市兰陵县山口村为例［J］．绿色科技，2019，(2)：161-165

[5] 殷利华，秦凡凡，万敏．“三生共赢”目标下田园综合体植景研究——以河南唐

河县“福星田园”为例［J］. 中国城市林业，2019，17（1）：63-67.

［6］许智丽，刘志高. 浙西坡地型田园综合体规划设计研究［J］. 现代园艺，2019，（2）：117-118.

［7］刘静君. 基于乡村旅游视角下“田园综合体”设计分析［J］. 现代园艺，2019，（1）：214.

［8］田园综合体：三产融合发挥产业链价值［J］. 产业地产，2018，（11）：60-61.

第七章　农业功能拓展型融合：常宁大三湘油茶生态示范园多功能农业生态旅游发展

乡村旅游可持续发展的本质是协调旅游与生态的关系，核心是做好景观的科学定位。内涵丰富的景观生态常常通过农村风俗和民俗文化吸引游客来体验，从而彰显传统乡村景观农业文化、地方文化和民俗文化的丰富底蕴。通过发展农业传统工艺、开展季节性的习俗和节日活动、民间歌曲和舞蹈以及其他旅游活动，可提高农村生态体验旅游文化内涵，这符合农村多功能景观生态建设的目标。

以农村多功能景观作为乡村旅游发展的基本前提，乡村旅游是乡村振兴永恒的主题，因此关注农村景观形象设计和农村文化形象塑造已成为乡村旅游发展中永远不变的主题。生态系统服务提供的多功能农业已经成为农村多功能景观建设的重要推动力。依法开展多功能农业基本结构设计已成为一种重要的多功能景观发展的原则。法国以发展特色农业为主，荷兰以种植鲜花为主，英国以传统乡村景观观赏为主。上述各国政府均通过法律法规系统保证特殊优势逐渐形成一个独特的旅游景点，从而吸引更多的游客体验乡村旅游活动[1]。

第一节　基本园情

近年来，常宁市积极响应国家“三产融合”“五化同步”等政策号召，层层推动，形成政府上下联动、部门齐抓共管的最大合力，大力推进油茶基地建设、创新经营模式、延伸产业链条，培育了以常宁大三湘油茶生态示范园等为代表的龙头企业的油茶企业，初步形成集种苗、基地、加工、科技、旅游和文化为一体的油茶产业体系。目前，常宁大三湘油茶生态示范园已经从多功能景观发展拓展到乡村旅游品牌建设、社区参与、农村可持续发展等，充分显示了常宁大三湘油茶生态示范园多功能农业已处国内领先水平。

常宁大三湘油茶生态示范园位于常宁市西岭镇北部，距衡阳市中心约85千米，距常宁市中心约20千米。区内有X074县道、常白公路及村道，距离通往常宁市中心的S320省道仅1千米。对外交通上，除高速公路外，常宁大三湘油茶生态示范园距京广高铁耒阳西站36千米，距京广高铁衡阳东站95千米，距衡阳南岳机场约70千米。

一、自然环境

1. 土壤

常宁大三湘油茶生态示范园园区地貌类型以岗地、山地、平原为主，土壤分为地带性土壤和非地带性土壤。地带性土壤以红壤为主，非地带性土壤主要有石灰土、紫色土等。

2. 水文

常宁大三湘油茶生态示范园园区十里沙江自西向东穿境而过，梅埠桥水库侧立西面。其中，水库群山环抱，空气清新，水域辽阔，水清可鉴，水库总库容3 005万立方米。水库大坝高约30米，雄伟壮观、巍然屹立。水库盛产鲫、鲤、草、鲢、鳙、桂鱼、鳊鱼和甲鱼等。

3. 气候

常宁大三湘油茶生态示范园属于亚热带季风气候，四季分明，雨量充沛，而且因塔山、大义山绵亘南部，中部低盆，有利空气滞留。春秋天气多变，夏季极为炎热，冬季冷凉微潮，偶有低温雨雪天气。

二、人口分布现状

常宁西岭镇辖31个村、1个居委会、246个村民小组，7 000多户、总人口3.3万。常宁大三湘油茶生态示范园辖西岭镇北部13个村，2014年末示范园园区总人口15 564人（表7-1）。

三、土地利用现状

常宁市土地面积2 046.6平方千米，宜农耕地面积37 910公顷，占总面积的18.52%；宜林面积91 950公顷，占总面积的44.1%。常宁大三湘油茶生态示范园所在西岭镇总面积18.6万亩，山林地约16万亩，占总面积的86%以上。示范园区位于西岭镇北部，区内以山林用地为主，总建设用地面积 228.56 公顷，仅占总用地面积的 4.81%。

表 7-1 2017 年末示范区人口分布、土地利用状况

村名	总人口数/人	总用地面积/公顷	建设用地面积/公顷
平安村	1 145	190.52	20.57
大排村	1 546	459.15	20.44
桥峰村	861	165.55	21.33
超英村	1 222	502.39	14.23
六图村	938	216.61	18.13
下安村	996	225.58	11.44
小松柏村	1 513	381.16	19.84
上安村	1 340	240.34	13.35
朝阳村	1 249	389.14	20.46
车荷村	1 707	1286.9	27.33
黄坪村	921	243.11	13.94
西塘村	1 022	274.02	11.63
下塘村	1 104	178.87	15.84
总计	15 564	4753.34	228.56

常宁油茶资源丰富，是湖南省重点林区县，也是全国油茶之乡、国家油茶示范林基地县（市）、湖南省茶油生产大市。目前，全市油茶林面积 81.4 万亩，年产茶油 5 000 吨，年产值 5 亿元。常宁以其最适宜种植油茶树的土壤、气候和环境确保了茶油品质的纯天然和原生态。2013 年，常宁被授予“国家油茶生物产业基地”，这是全国第一个油茶生物产业基地。2014 年，“常宁茶油”获批为国家地理标志保护产品，央视《走遍中国》栏目进行了专题报道。

基于良好的油茶发展环境和基础，常宁大三湘油茶生态示范园已新建成高产良种油茶 10 000 亩，部分已开始挂果，未来 2～4 年将进入丰果期。示范园规划新种高产示范油茶基地 5 万亩。以油茶产业为依托，企业还推动举办了“大三湘”油茶花节、幸福乡村大讲堂等活动，推动油茶产业与农耕文化、乡村旅游的深度融合发展。

第二节　大三湘油茶生态示范园多功能景观发展规划

一、总体思路

在国家促进美丽乡村建设和大力发展现代生态农业的政策驱动下，顺应三次产业融合发展趋势，依托常宁市良好的油茶产业发展基础和优质的生态资源，立足大三湘“心联网”模式下所独有的企业文化优势，突出生态绿色，依托名企名品，坚持以生态为基础、以文化为灵魂、以油茶特色优势产业为核心，通过油茶产业主线贯穿生态农业、养生文化与乡村建设的深度融合，以“四个新”“五大文明”“六次产业”融合为目标导向，努力建设集生态养生、民俗文化、美丽乡村、特色产业、乡村旅游为一体的生态文化产业园，助推美丽乡村建设。

二、发展定位

在建设美丽乡村的大背景之下，顺应生态农业和循环经济发展新趋势，发掘油茶产业的文化与健康元素；以油茶产业链的延伸为核心，创新企业与农户合作经营模式；以“心联网”搭建企业、会员、农户的利益共享机制，整合周边大义山、梅埠桥水库、六图古村落、十里沙江等自然人文资源，按照“生态为本、六产融合、创新共享”的发展理念，通过营造油茶生态文化体验环境，倡导宁静悠然的生活，打造集国际生态油茶农业示范基地、中华油茶养生文化体验中心和湘南美丽乡村建设典范等功能为一体的高端油茶生态文化产业园。

1. 国际生态油茶农业示范基地

顺应现代生态农业发展趋势，常宁大三湘油茶生态示范园将按照“绿色、科学、可持续”发展理念，既尊重自然规律，又突出特色，既注重经济效益，又兼顾生态环境，坚持“生态＋智慧”两大特色。以生态为基础，在全国率先打造“化肥使用零增长”生态农业示范区；以科技为支撑，重点加强对新品种、新技术创新研发，结合物联网、大数据先进技术平台，实现对油茶种植与加工的实时控制，切实提高油茶生产的科学管理，打造智慧农业科普示范体验地，形成以油茶产业为核心的国际生态农业示范基地。

2. 中华油茶养生文化体验中心

顺应现代都市生活对“健康养生”的追求，常宁大三湘油茶生态示范园将按照“健康饮食，动以养身，静以养心”的中华传统养生文化理念，以生态油茶农业为文撑，从最健康、最生态的农特产品中体会油茶健康饮食文化；从农事体验、民俗观光中深度感悟农耕文化；从灵秀山水风光中体验生态养生文化；从乡土风情中体会中华优秀传统文化。全面打造以健康养生体验、养生文化交流、养性（“孝”“义”）文化体验为主的高端生态“养生”文化体验中心。

3. 湘南美丽乡村建设典范

顺应农村发展和美丽乡村建设需要，示范区将按照“互动合作、共生共享”的发展理念，将园区开发与村镇建设有机融合，充分发挥油茶产业龙头带动作用，推动发展种植、养殖、林下经济、加工、乡村文化旅游等多元乡村经济业态，增强农户参与度，带动农民增收，活跃乡村经济，加快完善农村基础设施建设和公共服务配套。将景观打造与原始乡村风貌相结合，实现融景于村，融村于景，美化乡村风貌。将现代文明与传统文化相结合，强化文化元素支撑，打造城市文明下乡、乡土民俗风情重温的样板，全面构建湘南美丽乡村建设的典范[2]。

三、重点产业选择与培植

根据重点产业选择依据，示范区重点发展以油茶为主体的生态农业产业、养生文化和乡村旅游。

1. 生态农业

（1）茶产业。利用原生态油茶林基地，深入挖掘油茶林、油茶花的观光、体验价值，以及茶油产品的健康养生价值，突出油茶产业的生态特性，大力发展油茶产业，建成集观光、加工、体验于一体的生态油茶示范区。

（2）智慧农业。以现代农业科技为支撑，对现有农田、茶山进行改造，加强种子种苗设施化栽培、节水灌溉、无公害生产及农特产品精深加工等高新技术研究与开发，促进农业高效、优质发展，全面实现农业现代化。

（3）循环经济。依托生态油茶林和农田，重点发展林下作物种植、茶山养殖、桑基鱼塘等循环经济农业业态[3]。

2. 养生文化

（1）“养身”文化产业。依托原生态茶油和有机农特产品资源，重点发展健康饮食文化，具体包括健康养生产品销售、健康管理等产业业态，可规划设计打造油茶小镇，内设互动食街、乡土烹饪屋等项目，以宣扬与传承茶油健康饮食“养身”文化，提升油茶“养身”产品认知度。

（2）“养心”文化产业。依托大义山优越自然资源，以及示范区的油茶林、梅埠桥水库等自然生态资源和传统民俗风情，通过构建庄园、湿地公园、休闲驿站、“孝”“义”文化园等，重点发展休闲、养生、体验、观光等业态。

3. 乡村旅游

（1）农业观光。以十里沙江、生态农田为载体，种植花圃苗卉，发展生态农业。沿岸建设生态绿道，沿山建设台阶步道，让游客在观光漫步中享受田园风光。

（2）民俗体验。以乡土风情和六图古村落等特色资源为抓手，依托原生态茶油等农产品，建设以乡村民宿、农家乐等为载体的现代农业新业态，为游客提供极具参与性和亲历性活动平台，让游客在体验、参与中感受乡土风情，品味湘南特色。

四、空间布局规划

1. 布局构思

立足示范园总体定位和重点产业选择，以油茶产业为核心，整合示范园内的山水生态资源、文化资源、古村落、农特产业等要素，按照“一山一水、一园一古村”的空间布局理念，塑造有机分散的多组团复合型新农村综合发展模式，构建具有生态、文化与产业融合功能的田园综合体。常宁大三湘油茶生态示范园是融合产业基地、自然山水、田园风光、乡村风情等形态，集生态农业、油茶产业、文化体验、休闲旅游、健康养生、科技展示为一休的高端油茶生态文化产业园[4]。

（1）生态保护

立足还原生态系统，修复及优化生态环境和生态廊道，保护山水、林、湿地等重要自然资源，为油茶文化园提供有机延续的生态系统。

（2）文化共生

以油茶生态文化为核心，弘扬“孝”“义”文化等民族文化精粹，引入现代养生文化，并提炼当地民俗文化，多种文化共生共荣。

（3）空间提升

规划以对“山水、村落、生态”等旅游资源的深入分析为依据，因势利导，形成富有特色、便于管理、又有利于旅游活动开展的科学合理的空间功能布局。

（4）交通优化

以充分尊重并利用现状道路以及现状地形为原则，结合油茶生态文化产业园的定位以及现状产业布局，打造便利且充分满足交通需求的道路交通系统。

（5）景观塑造

将人文景观与自然景观有机融合，构建自然与人工有机融合、各景区高低错落的立体化生态景观系统，并通过控制重要景观节点与视觉通廊，打造丰富多彩的观景空间。

2. 优化空间结构

规划对场地空间进行系统梳理，将现状无序的村落、山水、田园肌理、产业基地演变为有序的良性空间格局，规划形成“一带、两心、三片区”的空间结构。

（1）一带：十里沙江乡土风情风景带

定位：以水为魂，串联沿河的山水美景及人文建筑，构筑油茶文化园的重要联络线，打造集旅游、度假、养生于一体的滨河人文景观带。

规划位置：十里沙江两侧的滨水用地。

规划建设内容：包括油茶小镇、有机花果园、月牙湖湿地公园三大重点项目，内设互动食街、五星农家乐、乡村民宿、“孝”文化园、欧式葡萄庄园、名贵花卉园、百果园、五彩溪谷、湿地展览馆、自行车道等子项目。

（2）两心：生态绿心、产业核心

——生态绿心

定位：充分利用“一山一水”中的山（大义山）水（梅埠桥水库）元素，以梅埠桥水库以及紧密围绕其形成的滨湖绿地构成整个生态文化产业园区的生态绿心，也是滨水养生、休闲观光的最佳生态涵养地。

规划位置范围：梅埠桥水库及环湖绿地，主要为超英村用地。

规划建设内容：包括“茶花山庄”“水艺广场”“大义山‘义’文化生态园”三大重点项目，附设自行车道、垂钓台、水边栈道等子项目。

——产业核心

定位：按照产、城、人融合发展理念，建设生态农业农产品精深加工产业园，与六图古村落形成“一园一古村”的空间格局，实现产业与文化、休闲、旅游的协调共生，打造集农特产品加工、创新研发、休闲服务等功能为一体的产业核心。

规划位置范围：位于下安村与平安村的交界处，主要为下安村的用地。

规划建设内容：包括油茶精深加工基地、特色农产品精深加工基地、创新研发基地、乐活部落、六图古迹休闲驿站五大重点项目。

（3）三片区：生态农业区

规划将油茶产业文化园分成三个片区，包含两个油茶产业区以及一个生态农业区。

定位：构建以现代油茶产业及有机农业、油茶山旅游为核心，生物技术和信息技术为支撑，承载生态农业观光、科普示范等功能的生态农业基地。

规划位置：示范区内的油茶种植基地以及下塘村、超英村、上安村、平安村、桥峰村、小松柏村的耕地。

规划建设内容：包括原生态油茶种植基地、生态农田两大重点项目，内设万级石阶、自行车道、有机稻田、桑基鱼塘、茶山有机鸡养殖场、林下作物种植基地等子项目。

3. 重点项目规划

（1）油茶小镇。位于十里沙江中部，包含两侧村落，面积约为 1 000 亩。主要功能定位是“民俗体验、亲子活动”。具体建设内容以当地山水资源及村落为载体，通过吃、品、住、玩、赏，重点开发互动食街、五星农家乐、乡村民宿等项目，全面展示湘南民俗风情，为游客提供乡土风情体验场所。

——互动食街。互动食街将原生态茶油、农特产品、文化与旅游融入其中。互动食街占地面积约为 10 666 平方米。互动食街以原生态为特色，以亲子互动体验为主题，设置原生态茶油烹饪体验区，为亲子游等游客提供乡土烹饪体验场所。并且与生态农业结合，共同推出体验厨房，让游客参与到乡村农事活动当中，在农家土灶上体验农家饭的美味、体验乡土烹饪的乐趣。设置生态农特产品加工销售区，游客可在该区购买到园区特色蔬果，如特色野果、无渣生姜、茶油系列产品等。设置美食文化广场，定期举办“茶油食品”“农家品赏”“茶油烹饪”名厨授艺等活动，传递健康饮食理念以及对茶油功效和油茶文化的宣传。

——五星农家乐。五星农家乐占地面积约为 3 000 亩，依傍十里沙江良好的生态景观环境，连接周边湖畔，集中连片开发农家特色美食、乡村度假养身、生态景观观光、乡村民俗文化等类型多样、建筑风貌各异、民俗风情突出的农家乐。农家乐按照五星级标准打造，严格把控特色美食生态健康标准，全方位、高标准满足游客的消费需求。

——乡村民宿。乡村民宿以修缮旧民居为原则，对原来的民居进行修缮与改造，打造具有当地民居特色、适应且亲近自然的湘南民居部落，为旅客提供体验乡村生活，感悟湘南风俗的极佳场所。

“孝”文化园。“孝”文化园建于油茶小镇平安村内，占地面积约为 23 115 平方米，主要设有乡村大讲堂、孝文化广场、孝文化长廊、跪羊图雕塑等项目，展示油茶小镇传承优秀传统文化的风貌。在文化园入口处设“大三湘——西岭孝文化园”景观石雕；在乡村大讲堂正厅挂设孔子像，室内设置“劝孝良言”“孝亲敬老歌”等宣传牌；宣传栏环湖而设，设置“孝经”“社会主义核心价值观”“新二十四孝”等宣传牌。

（2）有机花果园。位于中部、梅埠桥水库东岸、十里沙江两侧。占地面积约为 742.06 亩。主要功能定位是“农业观光、亲子平台、采摘体验”。为有效利用十里沙江观光带，在拓宽的河堤上建设百果园、花卉种植园及欧式葡萄庄园，打造集有机种植、观赏、采摘体验、科普示范、亲子游等功能于一体的花果园。

——百果园。百果园占地约 288 亩，园内设立百果示范种植、果摘体验、有机养料循环系统等项目，为游客提供品尝当地特色水果，采摘蔬果，重温儿时欢乐的极佳场所。在传统的采摘基础上，增加现代农业立体的种植方式，将传统地下植物利用无土栽培的方式立体化空中种植、墙面种植，形成四季不断采摘、白天夜晚全时采摘、地下作物空中采摘等。配合采摘内容，开展春季举办草莓节、夏季举办消暑节等采摘休闲活动，形成连续循环采摘链，达到四季花果飘香的效果。

——名贵花卉园。名贵花卉园占地约 450 亩，定位为名贵花卉的培育与观赏。园内建成室内培育与观赏大棚，种植本土名贵花卉的同时引进如美国紫薇、比利时杜鹃等多种国外名贵花卉，形成“四季花海”的形象定位。名贵花卉园主要包括“百花港”“景观花园”“荷花精品园”等子项目。

——欧式葡萄庄园。欧式葡萄庄园占地约 5 亩，庄园配套建筑物设计为仿欧式建筑。成片的葡萄园形成明显的季节特色，与百果园及名贵花卉园相结合，可每年定期举办花果会。依托十里沙江的四季花果带吸引一批亲子团游客，通过农务实践活动体验乡村生活。

（3）月牙湖湿地公园，包括小松柏村月牙湖及桥峰村地势低洼湿地。占地规模约为 235 亩。主要功能定位是“观光休闲、养生、科普”。围绕月牙湖营造以生态保护为主导，兼有湿地观光、休闲娱乐、物种及其栖息地保护等功能的湿地景观带。主要包括五彩溪谷、湿地展览馆、湿地观鸟区、生态浮岛、乡土风格木亭廊、水边木栈道等细分项目。

——五彩溪谷。五彩溪谷是不同风格的湿地净化群落。以月牙湖畔湿地景观为载体、以大地艺术展示为特色，集观光、科普教育、户外游乐和特色运动于一体的湿地溪谷。五彩溪谷内设置水边木栈道、湿地观鸟区、生态浮岛、乡土风格木亭廊等子项目。

（4）茶花山庄。位于梅埠桥水库北岸，占地规模约 153 亩。主要功能定位是养生、度假。茶花山庄设于大义山北麓，梅埠桥水库北岸，依山傍水，具有优美的园林环境。庄园以养生为主题，配设各类养生保健功能的活动设施，打造绿色、休闲、养生的极佳场所。庄园设计抓住“慢生活”与养生的需求，努力创造一种具有广泛兼容性、高度亲和性的优质空间环境。

（5）水艺广场。位于梅埠桥水库东岸，占地规模约 127 亩。主要功能定位是“休闲养生、观光体验”。水艺广场是示范区内最为开阔的观光、休闲与养生场所。水艺广场背靠茶山，面朝梅埠桥水库，是村民与游客休闲观光的主要聚集地。水艺广场内设水边木栈道、垂钓台等设施，提高游览观赏性。

（6）大义山“义”文化生态公园。位于大义山东麓，梅埠桥水库西岸，占地面积约为 38 亩，建筑面积约为 8 421 平方米。主要功能定位是“传统文化的科普与宣传、生态养生”。深入挖掘大义山的历史传说与优美自然资源，依托现有大义山国家森林公园的旅游规划，与大义山麓的大三湘油茶种植基地、茶花山庄、梅埠桥水库形成更加完整的旅游线路，让游客在湖畔垂钓、赏花品蜜、义山探幽中达到观赏、娱乐与历史文化回顾的深入体验。

（7）大三湘油茶精深加工基地。位于生态农业农产品精深加工产业园北部，占地约240亩，建筑面积约为35.77亩。主要功能定位是“生态农产品精深加工”。依托原生态油茶及大三湘茶油提炼技术，兼具研发、科普、体验、观光等功能为一体，建设大三湘油茶精深加工基地，重点包括油茶精深加工厂、综合办公大楼、油茶研发中心、油茶博物馆及服务中心等子项目。

——大三湘油茶精深加工厂。油茶自动化加工生产厂区建成油茶晾晒场和加工厂，加工生产厂取名为“重义坊”，包括加工车间、仓库、生产管理及办公用房、油茶冷榨、精炼及灌装生产线、提取茶皂素加工生产线等配套设施功能区。

——综合办公大楼。综合办公大楼主要为精深加工厂区的会议与办公配套，按功能要求主体设计为四部分：围墙门坊、照墙（墩）、会堂（惠义堂）、综合大楼（孝义楼）。

——油茶博物馆。油茶博物馆设于精深加工基地东侧的老茶林，以油茶种植加工历史、茶油药食价值科普、油茶产品与样本的展示为特色，构建油茶资源展示区、油茶产品与技术展示区和油茶文化长廊等功能区。

——研发中心。研发中心主要为大三湘油茶精深加工基地提供油茶新产品科研场所及油茶精深加工技术支撑。研发中心主要分为茶油产品实验室、油茶副产品创新研究室、油茶精深加工研究中心等功能区。

——服务中心。服务中心设于研发中心东南方向，为大三湘油茶精深加工基地提供基础设施管理，为大三湘会员提供咨询、后勤等服务。

（8）特色农产品精深加工基地。位于生态农业农产品精深加工产业园中部，占地约63.19亩。主要功能定位是“特色农产品加工”。依托当地生态农业，按现代化标准高规格建设特色农产品精深加工厂，主要实行经营权租赁模式，引入特色有机农产品加工企业，为当地无渣生姜等特色农产品提供精深加工场所。基地内可设置特色农产品展示展销区，为区内特色农产品精深加工企业提供产品展示展览场地，定期举办农特产品交易会，搭建特色农产品集中展示展销的综合平台，拓展农产品入市渠道。

（9）六图古迹休闲驿站。位于西岭镇六图村，产业以乡村旅游、民宿为主，主要功能定位是“观光、休闲、民宿”。六图村民俗园与产业园区员工部落、活动中心等区域相邻，通过古民居修缮与民宿改造，按照六图古迹建筑的原始风貌，融合现代休闲元素，在古村落内设置咖啡屋、乐吧、书屋、民俗工艺品作坊及民宿等休闲活动场所，为园区客户提供洽谈、交流平台，为游客打造一方集休闲、观光、住宿于一体的民俗文化体验乐土。

（10）原生态油茶种植基地。目前示范园已有新种油茶1万亩，规划将种植5万亩高产示范油茶，运用“公司＋基地＋农户”“合作社＋农户”等经营模式进行油茶种植与管理。主要功能定位是“油茶种植、茶山游览、循环经济示范”。油茶种植基地主要承载茶油生产原料供应及观光、旅游等功能。利用现代技术，对油茶基地进行科学化管理，以保障原料供应的生态、高质及高效。加快推动万级台阶、自行车道等配套设施建设，增强茶山观光的趣味性及景观塑造，深入挖掘油茶种植基地的生态价值。同时依托生态茶山，发展生态立体种养等循环经济。

——茶山有机鸡养殖。内设于油茶林，利用油茶林下昆虫多、杂草多和空间大的特点，在林下进行有机鸡放养或圈养[5]。

——林下作物种植。内设于油茶林，充分利用林荫下空气湿度大、氧气充足、光照强度低、昼夜温差小的小气候环境，在郁闭的林下发展食用菌生产，如种植茶树菇、双驰菇、鸡腿菇、黑木耳等。同时，也可利用西岭镇中药材发展的基础进行药材种植，在新造林和幼林期林下间种、套种中药植物，如太子参、半夏、板蓝根、天南星等[6]。

——万级石阶。结合种植基地的功能定位，步行游憩路线采取台阶式的布局。通过自由的步行道连接园区内各个景点，增强园区的连续性和玩乐性。为了营造怡人、宜行的步行环境，步行游憩路线沿路可按照每100～200米距离设置休息座椅，按500～750米服务半径（步行6～10分钟）设置步行休息亭、旅客综合服务站等设施。

——自行车道。自行车游憩线路顺应地势、结合种植基地功能布局和路网设置，在油茶种植各山头内采取环形线路的模式，同时在各种植山头之间也设置自行车游憩线路，增强自行车游憩路线的连续性。

（11）生态农田。位于十里沙江南侧，其中生态农田占地约2 900亩，桑基鱼塘占地约238亩。主要功能定位是“高标准农田科技示范区、循环经济示范基地”。生态农田以绿色有机发展为理念，在十里沙江南面的农田用地进行高标准农田改造，并开展有机农田种植示范。

——有机稻田。在十里沙江南侧有选择性地改造原有稻田，通过土壤改良、排灌系统与防虫害技术改进等措施，建设2 410亩高标准农田，并打造具有科普示范作用与经济效益的有机稻田490亩。

——桑基鱼塘。与周边有机种植基地相结合，积极探讨“蚕桑种养＋旅游体验”的发展模式，力争在促进农民增收致富的同时，打造立体示范特色旅游景观[7]。

五、开发模式

1. 总体思路

为充分发挥政府和市场主体各自优势，同时结合示范区发展实际，建议采取“政府＋企业＋农户”的开发模式，政府在示范区开发中重点发挥宏观引领和指导作用，主要负责落实企业土地流转及林权证办理、林权抵押政策落地等相关政策支持；积极引入相关金融机构，为企业提供信用支持；通过申请国家、省、市专项建设财政资金，加快推进示范区村落美丽乡村建设，重点完善区域内道路、市政服务配套等基础设施建设，为示范区开发运营提供一个安全、稳定的外部环境。大三湘作为示范区运营主体，全面负责示范区的开发建设和运营。利用大三湘良好的企业形象及与当地农户的合作基础，吸引当地农民参与油茶林维护和管理、农家乐、乡村旅馆营运等项目，带动当地农户就业增收，共同分享园区开发效益，激励他们以主人翁的身份自觉保护当地优美的自然环境和浓厚的民俗文化，增强参与热情，促进美丽乡村建设。

2. 模式选择

产业文化园是不同资源、不同产品、不同产业、不同文化的集聚，每个片区、每个项目都有自己的特点，这决定了单一的开发模式不可能覆盖整个区域。结合园区重点项目规划，建议主要采取以下四种开发模式。

（1）“公司制”模式

所谓“公司制”模式是指完全采取企业经营、公司所有的模式，政府和农户在具体开发过程中不参与其中。公司利用自身营销网络、品牌形象、客户资源、成熟制度等对该区域进行开发[8]。示范区的特色农产品精深加工厂可采用该种模式。

（2）“股份制”模式

“股份制”模式是指政府、企业、农户分别以入股的方式获取分红的开发模式，并通过这种方式深化农户参与机制。规划园区中的六图古迹休闲驿站、生态农业示范基地等项目可选择该种模式。居民可以房屋、土地、劳动力入股，企业以技术、资金等入股，共同参与项目的开发与管理。

（3）“农家乐”模式

在产业文化园内分布设置多个自然村落，以家庭或村落为单位，挖掘农家乐、民宿、特色农产品超市等多种发展模式。油茶小镇可采取该种模式。

（4）“现代农庄”模式

示范区可引用“现代农庄”模式，以现代农业和油茶产业为核心，重点开发茶花庄园、有机花果园、欧式葡萄庄园等项目，打造十里沙江农耕文化体验带。在将农民吸纳进园区，转化为“农庄”工人，增加农民收入的同时，提升农业产业经济效益，带动区域发展。

第三节 大三湘油茶生态示范园多功能景观发展策略

一、养生文化：养身与养生相结合

现代人消费观念正在发生改变，更加追求健康饮食与闲适的生活方式。随着现代科学技术的快速发展以及现代都市空间的日益扩张，人们在享受现代科学技术带来的便捷舒适的同时，也越来越感受到现代都市生活带来的压力，越来越多的人渴望放松心灵，感受自然。

示范区养生文化的发展，应注重“养身”与“养心”的结合。一方面可通过现代技术手段开发原香茶油及相关健康养生产品，为社会提供健康的“养身”高端产品与服务；另一方面可通过对养生产品设计、生产、加工体验，观赏采摘等活动，让都市人在体验参与中得到放松，感悟宁静，实现怡情“养心”，通过“身”与“心”的结合打造健康养生文化发展的一片乐土。

二、乡村旅游：原乡风情与主题塑造相结合

乡村旅游已成为旅游业的一个重要组成部分，以良好的原生态环境、传统农事体验等为载体，各地乡村旅游业都进入蓬勃发展期，各地政府也加大了对乡村旅游产业的重视和开发。当前，乡村旅游业发展也存在同质化、过度开发等问题。

示范区乡村旅游产业的发展，首先要依附于生态文化产业园的整体开发，因此，应注重油茶主题的塑造与湘南特色原乡风情传承的有机结合，重点开发梅埠桥水库、六图古村落、十里沙江等特色资源，依托油茶产业资源，结合市场需求，突出“养生”主题和建设方向，打造康体养生保健主题村落，引领示范区乡村旅游业的发展。

三、生态农业：生态化与数字化相结合

近年来，随着以生物技术和信息技术为主的新的农业技术革命蓬勃兴起，“数字农业”应运而生。数字农业是“信息高速公路”“数字地球”“知识经济”等全新概念在农业上的延伸，是国际农业科技发展的新动向，是农业信息技术发展的高级阶段。数字农业反映了农业现代化的大趋势，它将农业带入数字与信息时代。

示范区生态农业的发展，应顺应当下数字农业发展趋势，将生态化与数字化有机结

合，推动实现油茶育种；种植、加工与销售的全数字化管理，完善油茶产品的可追溯制度，保障生态农业的高效可持续发展。

参考文献

[1] 李传健．论农业多功能性的实现［J］．经济问题，2008，（6）：87-89，116．

[2] 湖南大三湘茶油股份有限公司，http：//www.dasanxiang.com/．

[3] 李夏．油茶根化学成分研究［D］．苏州：苏州大学，2014．

[4] 郭群娜．公益旅游项目开发与运营研究［D］．青岛：中国海洋大学，2014．

[5] 杨素慧．浅谈凉城县林下经济发展模式［J］．内蒙古林业，2014，（11）：12-13．

[6] 徐厚朴．关于完善伊春林区林场合并中的林下经济补偿法律问题研究［J］．太原城市职业技术学院学报，2012，（8）：80-81．

[7] 邓贺图．泗阳县熊码田园新村规划设计研究［D］．南京：南京农业大学，2012．

[8] 王凡．汉中市西乡樱桃沟乡村旅游综合体开发研究［D］．成都：成都理工大学，2014．

第四部分

融合发展新业态研究

第八章 智慧农家乐：衡阳市农家乐 O2O 模式发展的影响因素与发展对策研究

21 世纪是一个“互联网＋”“大数据”的时代，海量的信息被数据化。农家乐想要实现可持续发展，必须跟上时代的步伐，借助电子商务 O2O 模式实现转型。手机的普及、网络覆盖面的扩大，都为农家乐电子商务 O2O 模式的运用提供了前提条件。电子商务 O2O 模式作为继 B2B、B2C 等模式之后的新生产物，结合了前者的优势又有自己的创新之处。在互联网背景下，电商行业紧跟时代潮流得到很好的发展。很多农家乐看到这一利益点，打破传统线下的营销方式，逐渐转向线上的 O2O 的营销模式[1]。

衡阳市旅游资源丰富，多地适合发展农家乐。如蔡伦竹海、衡山县萱洲镇的生态观光区、常宁市塔山瑶族乡的民族民俗文化旅游等。但存在资源不到位，“农家乐”规模发展滞后，管理不到位，形式单一等问题。农家乐与电子商务 O2O 模式相结合，一定程度上解决了这些问题。机遇总是伴随着挑战，“农家乐”通过电子网络这一低廉快销的宣传平台，吸引了很多的潜在消费者，但同时也引发了很多问题：简单复制模式的“农家乐”无法满足消费者的求异心理，基础设施不齐全，网上宣传与实际体验不一致，消费诚信问题突出，网络平台建设不完善。通过对衡阳市农家乐电子商务 O2O 模式进行 SWOT 分析，找出其优劣势，引导衡阳市农家乐使用电子商务 O2O 模式，并提出解决以上问题的对策和建议。我们认为，制定衡阳市“农家乐电子商务 O2O”的发展原则和发展战略，要坚持三项原则，即高效体验消费、信息真实、支付安全原则；推进一项战略，即不断创新项目，走持续发展道路。这也是衡阳市“农家乐电子商务 O2O 模式”全面实施的理论基础。

农家乐电子商务 O2O 模式作为时代新生产物，发展还未成熟，对农家乐电子商务 O2O 模式的研究具有极为重要的理论意义和现实意义。从理论研究意义上来说，研究农家乐电子商务 O2O 模式可以帮助更多的人认识并运用这一模式；通过诊断这一模式存在的问题，进而找到问题解决的措施，发现它的优势加以利用，同时也有利于提升农家乐的知名度。显然要摆脱网络页面单一，无法吸引消费者眼球，宣传投入多，收益少的尴尬局面，深入加强对这一模式的研究无疑将对衡阳农家乐的壮大起到促进的作用，这也是“互联网＋”的又一成功体现，将会带动农业的发展，促进产业结构的转型，从而带动农村经济的发展。

第一节　农家乐电子商务 O2O 模式的概念及特征

一、国内“农家乐”旅游及电子商务 O2O 模式相关研究

国内对“农家乐”旅游的概念界定研究较多。浙江海洋大学的倪建满认为：“农家乐”是郊区或旅游景区的农民利用现有资源，如自家庭院、蔬菜园、果园、鱼塘等向游客开展的经营活动。河南大学的王莉认为：我国目前“农家乐”旅游是以农业观光旅游为主流，游客参与性专项旅游为辅助，以度假旅游为发展方向。张建华、陈冬晶指出：我国农家乐起步晚，现在虽然具有一定的规模，但形式、内容、意义、策划上还不够完善。将我国农家乐与国外农家乐进行比较，最终得出，我国农家乐需要依托民俗文化、创新旅游项目等方式实现农家乐的可持续发展。

同样，国内对“农家乐”旅游的模式研究也比较全面。2014 年，张波从消费者行为变化角度探讨了 O2O 模式的发展趋势，指出 O2O 的消费将会是参与体验社群模式。赵婷婷通过 SWOT 分析法指出了电子商务物流发展 O2O 模式的优劣势，认为电子商务 O2O 模式将会成为一种新的商战潮流，成为中国经济新的增长点。张轶在《农家乐旅游的 O2O 发展模式研究》一文中指出，“农家乐”发展已经进入瓶颈阶段，需要借助电子商务 O2O 营销模式实现可持续发展。杨振华、陈美、胡玛丽通过对“农家乐”发展现状的研究，指出“农家乐”必须要创新特色项目，满足游客的求异求新心理，通过现代电子信息平台进行营销十分重要。

二、农家乐电子商务 O2O 模式的概念及特征

关于农家乐的相关概念，上文已经做了很详细的介绍。大多学者认为，发生在非城市地区的郊区、农村地区，吃农家饭、干农家活、赏农家景、住农家屋的休闲活动即是农家乐。电子商务 O2O 模式是“线上对线下”的一种模式。农家乐电子商务 O2O 模式作为一种新兴的营销方式，是“互联网＋”的新尝试，主要利用电子商务 O2O 模式招揽客人到线下消费。由于农家乐起步晚，发展也是参差不齐，引起了政府及相关学者的重视。电子商务 O2O 模式作为互联网产业的新宠，也是备受关注，农家乐与电子商务 O2O 模式的结

合，势必能达到双赢的效果。

第二节　衡阳市农家乐电子商务发展现状

一、衡阳市农家乐网站使用状况调查问卷设计

农家乐和电子商务的发展督促农家乐不断完善自身的网站，有利于提高网站的普及率，进而增加使用率。为了解衡阳市发展农家乐电子商务O2O模式发展现状，2019年5月—6月，笔者对衡阳市农家乐的O2O电子商务市场营销情况进行了问卷调查。以衡阳市各种类型的农家乐为调查对象，对其现有的电子商务网站的信息进行系统的收集，主要有以下几个方面：市场对电子商务O2O模式的需求；消费者对农家乐电子商务O2O模式的感知；消费者对电子商务O2O模式功能的期望与意见。在设计调查问卷时，以单选和多选题为主，在此基础上，可以设计一个问答题，用来收集人们认为存在于农家乐电子商务O2O模式中的一系列问题，并给出相应的建议。

1. 农家乐电子商务O2O模式市场需求调查

在设计问卷的过程中，第一版块的内容应该围绕农家乐电子商务O2O市场需求展开具体的调查，旨在通过下面的一些变量，进一步了解游客是如何了解到农家乐的信息的，对网站中提供的服务项目体验感是什么样的。详情如表8-1所示。

表8-1　农家乐电子商务市场需求调查测量变量

维度	测量问项
农家乐电子商务O2O模式的市场需求	1. 您去体验农家乐之前，会通过网络了解农家乐的相关信息吗？ 2. 您一般会通过什么渠道了解农家乐的信息呢？ 3. 您平时通过哪种网站获取农家乐的活动？ 4. 您平时喜欢使用网站中哪些服务项目？ 5. 据您所知，衡阳市有哪些与农家乐有关的旅游网站？

2. 衡阳市农家乐电子商务O2O模式网站功能模块感知调查

在设计第二版块时，主要围绕衡阳市农家乐电子商务O2O模式网站各功能模块的感知，根据下面的一些变量，进一步掌握现阶段游客对网站所具备的功能是否满意，了解其不足之处。详情如表8-2所示。

表 8-2　湖南乡村旅游网站功能模块感知测量变量

维度	测量问项
网站各功能模块感知	1. 您觉得目前衡阳市农家乐电子商务 O2O 模式网站上相关信息的介绍是否符合您的切实需求？ 2. 在您看来，现阶段衡阳市农家乐网站所提供的服务是否能帮助到您？ 3. 您平时遇到问题时，在网站上进行投诉能得到有效解决吗？ 4. 您觉得衡阳市旅游局平时所提供的旅游信息是否符合您的旅游需求？ 5. 在您看来，衡阳市农家乐 O2O 模式的相关网站还存在哪些问题

3. 衡阳市农家乐电子商务 O2O 旅游网站功能模块期望调查

在设计第三版块时，主要围绕游客对衡阳市农家乐旅游网站各项功能模块的期望和建议，根据下面的一些变量，进一步掌握游客较为喜爱的网站形式，并听取有用的意见。详情如表 8-3 所示。

表 8-3　衡阳市农家乐网站功能模块期望测量变量

维度	测量问项
网站各功能模块期望	1. 您想借助农家乐网站得到什么样的旅游服务？ 2. 您觉得衡阳市现有的电子商务 O2O 网站需要如何改进？ 3. 在您看来，现阶段衡阳市农家乐旅游电商的发展过程中，哪些方面需要得到相关扶持？ 4. 在您看来，衡阳市农家乐电子商务 O2O 模式的发展，还需要如何改进，请您提出更多宝贵意见

二、衡阳市电子商务网站使用状况调查问卷结果分析

现阶段除了传统的纸质问卷调查，还可以通过微信、问卷星等方式进行资料的收集。本次调查，问卷共发放 180 份，实际收回 150 份，有效问卷 140 份。60％的人表示在出门前会先通过网络查询相关资料，53％的人表示是通过旅行社、亲朋好友的推荐；70％的人是通过旅行社或旅游饭店等相关旅游企业网站查询资料，60％的人是通过搜索引擎查询资料；被调查的人中，大部分人会通过网站提供的电话进行咨询；消费者表示农家乐网站介绍太过简单，没有详细介绍可以体验的项目，反馈也不能得到及时的回复。现阶段衡阳市农家乐网站网络页面单一，缺乏吸引力，缺乏真实性，希望可以完善商家店面的网络介绍，并对特色项目进行详细介绍，力求规范网络管理，进而联合高德地图、支付宝等软件，实现网络介绍的全覆盖[2]。

通过以上调查问卷的设计和对问卷调查结果的分析，可以看出，衡阳市要实现农家乐电子商务 O2O 模式的结合是具备市场条件的，但由于网络页面太过单一，缺乏特色，无

法吸引眼球；线上宣传与线下体验不一致，缺乏真实性；大多是进行线上预约功能，没有在线支付的功能模块；客人线下消费后，留言评论，没有得到及时的回复等问题比较突出。因此，目前农家乐电子商务O2O模式还没有给农家乐带来巨大的收益，还需不断地完善[3]。

第三节　影响O2O销售模式中消费者购买行为的主要因素

O2O作为现阶段新型的电商模式，其主要模式可以说是“线上拉客，线下消费”，旨在通过线上活动吸引消费者，并把他们引导到实体店进行消费。但在O2O销售模式中，存在一些因素会影响到游客是否产生消费行为。常见的有以下几点：

一、消费者个人因素

影响消费者消费行为的个人因素，一般包括其年龄、工作类型、薪资水平等多个方面。在O2O销售模式下，作为消费者自身需要对网络有一定的认知，不同年龄段的人群对网购的接受程度不同。对于年轻人而言，电子商务O2O模式比较容易上手，也符合当代年轻人购物的理念；而中老年人难以接受新鲜事物，停留在看得见，摸得着的传统的消费模式。导致电子商务O2O模式消费群体受限。另外，个人薪资水平在一定程度上制约着自身的消费水平。在这种情况下，薪资高的人群会选择较为高档的农家乐；反之，则会选择中低档的农家乐。实际上，很多农家乐的自身定位较低，但在网络销售中，比较受欢迎的是中档的农家乐[4]。

二、消费者的信任程度与风险感知

在消费过程中，因为某些不确定性因素，会造成消费者放弃购买产品。当前的社会生活过于复杂，消费者在购买某个产品时会考虑到多方因素，尤其是出现对产品不利的因素时，消费者就会重新考量这个产品的价值，是否值得购买。而网络平台为了吸引更多的商家入驻，降低入驻的考核标准，使得有些商家浑水摸鱼，虚假宣传、胡乱报价，欺骗消费者，造成实际体验与宣传不符，与价值不匹配等问题。而当前，政府部门还没有出台相关的监督、监察政策，消费者的财产和人身安全得不到保障，使得消费者不敢轻易下单购买[5]。

感知风险被拓展到营销学中，是由哈佛大学Bauer（1960年）提出，另一学者Taylor

(1974年）也认为消费者的购买行为会受到感知风险的影响。感知风险的存在会使消费者犹豫不决，其间产生的各种负面因素都会阻碍消费者的购买行为。而农家乐O2O电商模式是最近几年才提出来的，社会上实际运用的并不多，还处于探索阶段。使用O2O电商模式存在一定的风险，因为当代网络技术的欠发达，黑客横行，消费者的个人隐私安全存在隐患，同时网上的产品对于消费者来说属于虚拟的，不具有直观性，无法鉴定产品的质量。所以感知风险的心理在很大程度上制约着消费者的行为[6]。

三、线上平台搭建

O2O电商模式的特色就是为某一类产品搭建消费平台，尤其是当代互联网技术的快速发展，人们生活质量的提高，逐渐追求异域他国的产品，即会通过电商平台去了解产品信息，多家对比衡量，选择最适合自己的产品。O2O电商模式与传统的营销方式相比，更加迅速方便且直观。因此，当代农家乐企业要保证产品的安全健康、服务的专业贴心，那么，消费者就会优先选择。衡阳市线上平台设施搭建比较完善，2014年9月，衡阳市成立了电子商务协会，在4年多的时间里，积极开展各项活动，举办了衡阳市历史上第一次“互联网众创衡阳”高峰论坛，多次举办业内培训会，培养人才，扩大了电子商务的影响力，让更多的人认识并了解电子商务行业，为农家乐电子商务O2O模式打下了坚实的基础。但目前衡阳市线上平台搭建还存在诸多不足，特别是电子商务O2O模式平台关于农家乐的介绍比较单一、简单，没有列出特色的、有吸引力的项目，因此，无法吸引消费者的眼球，促进消费[7]。

四、品牌形象

农家乐经营者通过入驻电子商务O2O平台，把自家店铺的信息放入网站。网络具有宣传速度快、范围广的特征，从而可以被更多的游客知道，提升品牌的知名度。同时，还可以增加收益，降低宣传成本。在互联网时代，品牌形象不够好、知名度低的企业往往很难打动消费者。目前，衡阳市农家乐数量大，种类杂，质量低下，表面包装不够精美，销售方式传统，而真正拥有品牌的农家乐较少，目前只有茶山坳的赏花节、宝盖镇古居民楼、有机茶园、银杏公园；工联村的东方红广场、仿古长城；白石园村的油菜花基地等农家乐基本形成了品牌效应，但是高知名度的农家乐少之又少。

五、产品价格

在O2O电商模式下，网络流畅性和无线上网昂贵的费用是影响消费行为的重要因素。

虽然说现在很多农村地区已经连上了无线网络，但信号不强，支付中断时有发生，电子商务O2O模式被迫取消交易。农村地区，年轻人大多在外地打工，老人和小孩他们不懂得如何使用无线网络，加之上网费用昂贵，成为限制农家乐电子商务O2O模式的限制性因素[8]。

六、有形展示

O2O消费模式是线上和线下的结合，而线下商店关于农家乐产品的有形展示，可以直接刺激消费者的购买欲。线下影响消费者消费的因素有很多，比如：实体店的卫生环境、装饰布局、周围环境以及店内服务人员素质的高低等。

七、服务质量

当前的O2O电商销售模式，80％的消费者更希望能在实际商店中深切地感受产品的质量，网上谈及产品的优劣顾客看不到，因而产品质量的好坏是消费者是否愿意消费的前提。而店铺服务人员服务质量的高低也是促成消费的首要因素。网上沟通具有很多不可控因素，但是现实中，顾客会针对产品的质量及其他相关问题，向服务人员询问。农家乐作为现在的新型产品，服务人员要提高自己专业知识，才能去解答消费者的问题。因此，实体店必须将服务人员专业技能以及服务技能的培训落实下来。缺乏综合性人才是造成农家乐服务质量不高的重要原因。农家乐电子商务O2O模式要求既要懂得如何管理农家乐，又要知道电子商务O2O平台的管理。衡阳不乏农家乐的管理人才，也不缺乏电子商务的管理人才，但是符合两者要求的综合性人才比较缺乏。

第四节　衡阳市农家乐电子商务O2O模式的SWOT分析

一、衡阳市农家乐电子商务O2O模式发展的优势

衡阳市作为湖南省的人口第二大市，高铁和火车四通八达，交通便利。衡阳市市民生活水平较高，随着休闲时间的增多，周末、节假日农家乐旅游成为不错的选择。衡阳市地处湖南省的东南角，毗邻广东、江西、广西、湖北等多省，客源丰富，可通过电子商务O2O模式，吸引更多的游客。衡阳市旅游资源丰富，如茶山坳的赏花节、宝盖镇的古居

民楼、有机茶园、银杏公园，工联村的东方红广场、仿古长城；白石园村的油菜花基地等。衡阳市网络设施搭建比较完善，2014 年 9 月衡阳市成立了电子商务协会，在这 4 年多的时间里，积极开展各项活动，举办了衡阳市历史上第一次“互联网众创衡阳”高峰论坛，多次举办业内培训会，培养人才，扩大了电子商务的影响力，让更多的人认识并了解电子商务行业，为农家乐电子商务 O2O 模式打下坚实的基础。衡阳市为了响应中央政府的号召，大力支持农业的发展，建设新农村，努力实现全面建成小康社会的目标，为衡阳市农家乐的发展提供了政策支持。

二、衡阳市农家乐电子商务 O2O 模式发展的劣势

由于农家乐电子商务 O2O 模式是最近几年才提出来的，实际运用的并不多，还处于探索阶段，使用该模式存在一定的风险。

1. 店铺介绍简单、信息量少

电子商务 O2O 模式平台关于农家乐的介绍比较单一、简单，没有列出特色的有吸引力的项目，因此，无法吸引消费者的眼球，促进消费。大多都是地理位置的介绍和农家乐经营者的联系电话。而关于如何抵达，具体的体验项目有哪些等信息极少有提及。

2. 缺乏综合性人才

农家乐电子商务 O2O 模式要求既要懂得如何管理农家乐，又要了解电子商务 O2O 平台的管理型人才。国内不乏农家乐的管理人才，也不缺乏电子商务的管理人才，但是符合两者要求的综合性人才比较缺乏。

3. 没有明确的监督、监管政策

网络平台为了吸引更多的商家入驻，而降低入驻的考核标准，使得有些商家浑水摸鱼，虚假宣传、胡乱报价，欺骗消费者，造成实际体验与宣传不符，与价值不匹配等问题；政府部门没有制定相关的监督、监察政策，消费者财产和人身安全得不到保障，使得消费者不敢轻易下单购买。

三、衡阳市农家乐实行电子商务 O2O 宣传模式的机遇分析

1. 符合时代需求

21 世纪是一个“互联网+”“大数据”的时代，海量的信息被数据化，农家乐想要实

现可持续发展，必须跟上时代的步伐，借助电子商务 O2O 模式实现转型。手机的普及、网络覆盖面的扩大，都为农家乐电子商务 O2O 模式的运用提供了前提条件。电子商务 O2O 模式作为继 B2B、B2C 等模式之后的新生产物，结合了前者的优势，又有自己的创新之处。通过特殊的宣传模式，吸引顾客进行线上消费，与当代人购物方式契合。

2. 增加客源、提升品牌知名度

农家乐经营者通过入驻电子商务 O2O 平台，把自家店铺的信息放入网站。网络具有宣传速度快、范围广的特征，从而可以被更多的游客知道，可快速提升品牌的知名度，增加收益，降低宣传成本。

3. 符合政府政策需求

政府曾多次提出要建设社会主义新农村的理念，也出台了很多扶持农村建设的项目和政策，取得了大小不等的成果。衡阳市电子商务 O2O 模式的发展，有利于增加农民经济收入，提高就业率。衡阳市电子商务协会联合政府将会给予支持，培养人才，帮助农家乐的发展。

四、衡阳市农家乐电子商务 O2O 模式的挑战

1. 买卖双方的诚信问题以及黑客侵扰问题

由于电子商务 O2O 模式是一种线上消费、线下体验的模式，游客通过浏览网络页面进行线上消费。由于网络浏览的是虚拟的，看不到，摸不着，因此不免存在虚假宣传，欺骗消费者的行为。网络平台大多需要实名认证，如遭黑客袭击，很容易泄露客人信息，从而降低了线上支付的安全性。

2. 网络流畅性和无线上网昂贵的费用

虽然说现在很多农村地区已经连上了无线网络，但信号不强，支付中断时有发生，电子商务 O2O 模式被迫取消交易。农村地区，年轻人大多在外地打工，老人和小孩他们不懂得如何使用无线网络，加之无线上网费用昂贵，成为限制农家乐电子商务 O2O 模式的限制性因素。

3. 游客年龄层次问题

电子商务 O2O 模式年轻人比较容易上手，也符合当代年轻人购物的理念。而中老年人难以接受新鲜事物，还停留在看得见，摸得着的传统的消费模式中，导致电子商务 O2O

模式消费群体受限。而线下农家乐服务人员服务意识不强，游客体验不佳，导致其多为一次性消费，无法留住顾客，形成固定的消费群。

五、衡阳市农家乐电子商务O2O发展战略分析

1. 衡阳市农家乐电子商务O2O发展SWOT矩阵分析

表8-4 衡阳市农家乐电子商务O2O旅游发展SWOT矩阵分析

内部	优势S： 1. 客源丰富； 2. 旅游资源丰富； 3. 成立了电子商务协会； 4. 政策扶持	劣势W： 1. 店铺介绍简单、信息量少； 2. 缺乏综合性人才； 3. 没有明确的监督、监管政策
外部	机会O： 1. 符合时代需求； 2. 增加客源、提升品牌知名度； 3. 符合政府政策需求	威胁T： 1. 买卖双方诚信问题； 2. 农村网络稳定问题； 3. 电子商务消费者年龄层次问题

2. 衡阳市农家乐电子商务O2O发展战略矩阵分析

表8-5 衡阳市农家乐电子商务O2O旅游发展战略矩阵分析

SO战略： 1. 充分利用O2O平台促成消费； 2. 重视品牌的开发； 3. 积极响应政府政策	WO战略： 1. 丰富网络页面内容； 2. 缺乏综合性人才； 3. 没有明确的监督、监管政策
ST战略： 1. 政府建立法律法规保护消费者权益； 2. 加强农村基础设施的建立	WT战略： 1. 实现旅游体验化； 2. 个性化服务、注重售后服务

第五节 衡阳市加快实施农家乐O2O模式的发展建议

通过对影响消费者行为的相关因素进行剖析，可以看出，O2O电商消费模式下存在一些问题。基于这些问题提出了与之相对应的发展建议。

一、完善网络模块功能、丰富网络页面内容

通过网络可以让更多的人了解到农家乐，但由于网络页面单一，无法吸引眼球，无法促成消费。电子商务 O2O 平台可以重点介绍农家乐的特色项目，并结合 3D 影视特效让游客在线体验。还可以联合高德地图等定位软件，让游客可以实时定位。可以通过微信或支付宝支付，方便游客消费；创建聊天窗口，实时回复客人问题，对客人的评价，及时给予回复。营造真实的、安全的购物平台。

二、成立衡阳市农家乐电子商务 O2O 模式管理协会

协会是联合农家乐、电子商务平台、政府的纽带。协会的作用是把衡阳市的所有农家乐连接起来，帮助农家乐发展，提供培训、宣传，同时起到监督监管的作用。协会由政府主导，旅行社参与共同组成，具有法律效力。要求衡阳市的所有农家乐经营者要注册商标，成为协会会员。要参与例会和培训，形成有组织有纪律的经营模式。

三、创新农家乐游玩项目、注重“口碑”效应

有特色的游玩项目是农家乐的灵魂，可以留住顾客，形成口碑。如衡南县的衡山半山亭开设了很多的农家乐，但都只是简单的提供吃、住。衡山作为五岳之一，融合了佛、道、儒三教文化，可以开设佛、道、儒三教的茶话会，还可以开设让游客动手穿佛珠的手工艺课等。祁东县以千亩油菜花而闻名，“农家乐”应该抓住机会，除了油菜花田的观光活动，还可以开设有关油菜花的亲子活动，讲解油菜花的相关知识，还可以让游客参与油菜花的栽种活动，丰收后，可以向游客售卖由游客自己亲手栽种的菜油。这些有特色的活动都可以留住顾客。还要注重售后的跟踪服务，与游客保持联系，形成“口碑”效应。

四、加大政府的扶持力度

对衡阳市所有的农家乐进行盘点，按其规模、营业能力进行等级的划分，制定相应的扶持政策。这样既有利于农家乐经营者充分认识到自家店铺的现状，也可以通过和其他农家乐的对比，取长补短，完善自家店铺。更有利于政府制定相应的扶持政策。其次，政府还需建立相应的法律法规，对农家乐电子商务 O2O 模式进行监管，对违法行为加以严惩，维护消费者利益。使农家乐电子商务 O2O 模式有法可依，有法可遵，形成一个公平公正的商业圈。

总之，21 世纪是一个网络信息化时代，真正做到了“秀才不出门，便知天下事”。很多“农家乐”经营者抓住了这个机会，利用电子商务平台来宣传自家的店铺。百度搜索几大比较流行的平台有：携程、去哪儿网、美团、大众点评、驴妈妈、Booking.com 等。农家乐与电子商务 O2O 模式应运而生。可见农家乐与电子商务 O2O 模式相结合是大势所趋，紧跟时代的步伐，有利于“农家乐”的可持续发展。衡阳市农家乐数量众多，旅游资源丰富，2014 年成立了电子商务协会，其中祁东县的农产品电子商务模式取得了很大的成功，起到很好的带动作用。部分县还举办了电子商务培训活动，鼓励农民脱贫。但农家乐发展规模滞后，形式单一，网络营销诚信问题突出。显然，农家乐电子商务 O2O 模式作为一种新兴产物，仍处于“摸着石头过河”的探索阶段，有很多地方需要完善与改进。

参考文献

[1] 封俐君，郭瑶瑶. 农家乐电子商务 O2O 模式的发展现状及对策 [J]. 电子商务，2015，24 (3)：18-67.

[2] 张继宁，孙婷，刘洁等. 山西农产品 O2O 模式的现状及对策分析 [J]. 农业技术与装备，2019，(1)：36-37+40.

[3] 杨帆. 基于 O2O 模式的乡村旅游电子商务发展研究 [J]. 现代经济信息，2017，28 (2)：288-289.

[4] 章文，刘晓慧. O2O 销售模式影响消费者茶叶购买行为的主要因素分析 [J]. 消费经济，2019，(14)：98-99.

[5] 赵婷婷. 电子商务物流 O2O 模式 SWOT 分析 [J]. 沈阳农业大学学报（社会科学版），2015，19 (2)：145-148.

[6] 郭瑶瑶，封俐君. 农家乐旅游电子商务 O2O 模式发展研究 [J]. 学理论，2015，59 (2)：61-62.

[7] 池宁. 我国 O2O 电子商务模式应用实践及未来发展趋势 [J]. 商业时代，2014，(10)：11-12.

[8] 王鑫茹，薛佳欣，金飘颖等. 电商时代下基于 O2O 的传统便利店经营模式创新研究 [J]. 中国市场，2019，(14)：149-151.

[9] 彭文武，曹巍，田小丽. O2O 模式下影响农家乐营销模式发展的主要因素分析 [J]. 湖南工业职业技术学院学报，2020，(4)：149-151.

第九章 特色小镇：基于“CSM”模式的常宁市塔山乡瑶族文化旅游融合研究

景观设计是近年来兴起的一种全新的设计艺术，借助土地及土地上的物体，通过科学合理的安排创造舒适美好的生活工作环境，其内涵极其广泛，比如国土区域和大型城市设计，或者城镇村落设计、庭院和室内空间设计等，都属于景观设计的内容[1]。旅游景观通常有两个特征：一是能够吸引旅游者的可视物像；二是能够供旅游业开发利用。从类型上看，旅游景观种类多、密度大，在空间分布上存在一定联系，其旅游路线安排可以是线形，也可以是环形，还可以采取马蹄形，多个旅游景观网点相互搭配，共同组成最佳的旅游景观组合，能够更好地吸引游客的关注。旅游景观组合状况是旅游景观设计或者路线设计的主要依据[2]。景观是客观存在的，也是吸引游客的主要元素，如何利用客观存在的景观，在传承民族文化基础上实现对旅游产品的开发和应用，如何提高景观空间品质，对景观进行规划引导，是当前旅游景观开发所必须考虑的问题。基于此，本章将符号学理论、景观体验设计理论、环境承载力理论、意境学、地域文化及旅游情境规划等理论运用到塔山瑶族旅游景观规划设计中，运用“CSM”景观设计模式，试图为塔山瑶族乡文化旅游产品竞争力发展提出有针对性的策略和建议。

第一节 研究现状与“CSM”模式解析

针对地域文化和旅游产业，国外学术界分别从不同方面对此进行了研究，比如旅游景观、旅游管理机制、旅游开发过程中存在的问题等，多学科交叉研究是常用的研究方法，方法比较灵活，研究的针对性比较强[3]。刘易斯·芒福德20世纪60年代就明确提出，景观在塑造过程中很容易对环境造成破坏，所以，应该结合当地的地方特征、文化特色，利用当地材料和技术开展景观设计，才能避免对传统的破坏[4]。到了 20 世纪 80 年代，国外对文化与旅游的融合研究取得了丰富的成果[5]。特别是 21 世纪以来，Roberta[6]（2003）、Rene van der duim[7]（2007）、RalfBuckley[8]（2008）、William Cannon Hunter[9]（2010）等不少学者都特别强调地域文化在旅游发展过程中所面临的问题，并提出了旅游开发应与当地居民紧密合作，保护当地居民文化生活的多样性等相应的对策和建议。与此同时，麦坎内尔[10]（2008）、lonGelbman[11]（2010）、ArieStoffelen[12]（2015）、Mateusz Rogowski[13]（2016）、Luigi Mastronardi[14]（2017）等学者研究了旅游景观中文化景观的价值，并分析了景观塑造的作用，这有利于促进文化景观的健康发展，特别是对游客而言，旅游景观的符号意义已超过真实意义。Gkoltsiou[15]（2013）和 AlešRuda[16]（2016）等学者将 GIS 等技术用于旅游产品和旅游景观的分析和评价，并提出了用于指导旅游发展的景观指标框架。但很少有专门针对地域文化如何与"创造的旅游景观"相互融合进行研究的。

国内人文地理与旅游规划领域的学者都十分关注民族文化的旅游发展问题。庞英姿[17]（2008）、周永博[18]（2009）、赵红梅、李庆雷[19]（2011）等深入地分析了旅游景观文化结构方面的问题，他们认为，旅游景观文化有利于区域文化的传承与继承，有利于民族文化的有效发展。刘宏芳[20]（2014）、卢松[21]（2014）等从文化与空间交汇角度分析旅游景观与地方的关联机理，发现地域文化景观的传统演变过程正在被旅游彻底重塑。桂榕、吕宛青[22]（2013）、张欣、张仰芬[23]（2014）、聂伟[24]（2015）等认为，在民族文化利用和保护方面，民族文化主题公园起着重要作用，既有利于文化的传承，也有利于文化的保护和发展。但是，如果仍然延续着传统的文化开发和应用思维模式，不结合时代特征进行创新，就会直接影响到民族文化的保护与传承。所以在旅游景观研究当中，要充分考虑到游客的感受、情感需求，设计出高品质的旅游景观，这有利于提高旅游景观视觉效果。但上述研究大多针对的都是旅游本身，而对旅游景观设计还处于初步阶段，特别是旅游景观设计理论的研究甚少。相关成果有张述林（1992）[25]提出的旅游意境创造三引力（空间扩张力、实景与虚景融合力、意境接受力）。杨新军[26]（2000）在研究中指出，地方性研究和某种意境的创造，会直接影响到意境流的设计。彭一刚[27]（2004）提出了从人工建筑与自然环境叠合产生的意境美。魏小安[28]（2004）提出的情景规划相结合，认为给旅游者留下印象最为深刻的旅游元素就是文化传统，地方文化品质直接决定着旅游产品创意品位。陈雪[29]（2006）提出旅游景观设计的"3J"模式（环境、情景、意境），可以提高旅客的旅游质量。蔡琳颖等[30]（2017）基于岭南四大名园植物造景景观空间的"三境论"（即分为物境、情境、意境三种）。本章在总结前人景观设计与旅游规划理论的基础上，针对常宁塔山瑶族乡文化旅游发展的优势和问题，对民族文化旅游景观的规划设计和产品竞争力发展的策略与对策进行了研究。

伴随经济的发展和生活水平的提高，人们对外界环境的追求从以物质和量为中心转向精神愉悦和质的提升上。因此，如何将文化与地域的审美品质结合到旅游产业发展之中，关系到是否能够成就民族和区域特色。保护民族文化特色最有效的手段就是大力发展文化旅游业。利用该产业让民族文化特色能够得以传承，并不断实现创新，同时还能够带动区域经济的共同发展。但是，旅游业的快速发展加剧了旅游市场的竞争，外来文化凭借着自身的强势逐渐替代或者同化了部分文化特色，导致民族文化特色渐渐消失。因此只有寻找科学的活化方法，才能促进民族文化的发展与创新，比如把民族特色文化融入景观设计当中。

所谓“ECS”模式指景观生境（即生态环境，Environment）、物境（Context）、情景（Situation）等，该模式需要对景观进行详细分析，只有在充分了解的基础上才能够进行科学合理的情景规划。情景规划实质上是一种模型构建过程，结合景观的主题、空间、时间情景等所进行的一种规划，是旅游景观设计的重中之重。“ECS”模式是指在环境分析的基础上，进行情景分析及意境营造。该模式强调“因境类聚”的原则，把“生境”“物境”和“情景”融合为一。“生境”是要尊重植物的生态科学性，“物境”和“情景”指物质景观的诗情画意设计与非物质景观的符号化设计，“物境”和“情景”是以“生境”为基础的。“生境”的内涵即再现自然山水，正如陶渊明《归去来兮辞》中所说：“木欣欣以向荣，泉涓涓而始流”的自然美境界。“生境”分析主要是对景观的区位条件分析、资源与文化分析、市场分析、产品开发导向及旅游环境承载力分析。“生境”是产业发展的基本条件，但是景区规划设计更重要的是旅游景区“物境”营造和“情境”设计。笔者梳理和总结了有关旅游景观设计规划方面的理论，并对此进行了分类，把旅游景观设计分为两个类型。一个是物质景观诗情画意设计，另一个是非物质景观符号化设计，并从艺术的高度详细地分析了旅游景观设计方面的问题，以此提高景观的韵味。

第二节　景观规划设计项目概况与规划设计框架

一、项目概况

常宁市塔山瑶族乡位于湖南省衡阳市南部，处于国家 14 个连片特困地区的罗霄山脉腹心地带，是衡阳市唯一的少数民族自治乡，面积 87.51 平方千米，其中，耕地面积 6 162 亩，山林面积 10.3 万亩。塔山瑶族乡包括 13 个行政村，总人口 8 990 人，其中瑶族 4 349 人，占总人口的 48.9%，分布在 10 个村 20 个组。塔山瑶族乡属于南岭塔山低山区，全年平均温度在16.5℃，属于亚热带湿润季风区，这里的自然环境优美，是避暑旅游的胜地。当地不仅资源、物产丰富，还具有浓厚的瑶族传统地域文化——吊脚楼、长鼓舞、瑶家服饰、瑶族谈笑等。

二、规划设计框架

通过发展背景和国内外文献分析，选取常宁市塔山瑶族为旅游景观规划设计研究的主题。对符号学理论、景观体验设计理论、环境承载力理论、意境学、地域文化及旅游情境规划等概念首先进行了全面梳理和总结，然后选用“ECS”研究方法深入地分析了塔山瑶族传统文化符号，制定整体景观规划设计架构（图9-1），接下来从宏观、中观和微观三个层面探讨了景观规划设计方面的相关问题。此种设计理念能够从整体上开展景观规划设计，并在具体设计过程中遵循循序渐进原则，有步骤地开展各层次的规划设计。然后，分析总结出地域文化中可塑内容和优秀的因子，并将其融入旅游景观设计之中，塑造出具有鲜明地域文化特征的旅游景观。此种规划设计既有利于保护和创新传统文化，又能让游客获得更好的旅游体验[31]。

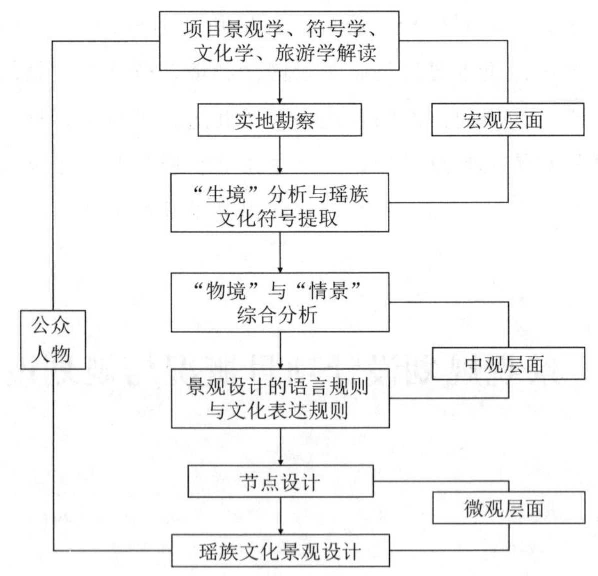

图9-1　塔山瑶族旅游景观规划设计框架图

第三节　基于“ECS”模式的塔山瑶族旅游景观规划与设计

一、“生境”分析与文化符号提取

本章的景观规划设计在勘查现场的基础上，运用多学科综合理论，全面对“生境”进行分析和瑶族文化进行解读，认为瑶族旅游景观的总体景观形象可概括为“四色西江织瑶韵、十里画廊映天堂”。四色西江即体现“生态、农耕、旅游、文化”四业融合共生。十里画廊展现了独特的瑶家原生风情和绿色生态的自然风光以及天堂山的自然美景。良好的生态环境，特色鲜明的瑶族传统风貌，不仅明确了瑶寨旅游的形象定位，同时也奠定了瑶族旅游的主导品牌和宏观的总发展定位，即应以天堂山风景区、大西江风景区、生态农业为主要板块，以瑶家风情为主要特色，以塔山山峰、林地、茶叶、药材、峡谷、溪涧、田园、畜牧等为载体，立足全域全民发展旅游，打造以生态观光、文化体验、山地休闲、瑶式养生、户外运动为主要功能的瑶家风情体验及生态养生旅游区。显然，瑶族旅游景观通过科学合理的设计，既能够充分表达当地地域文化特征，宣传形象，又能够进一步提升旅游景观的品质，赢得更多游客的青睐。

二、“物境”分析与“情景”设计

“物境”和“情景”是瑶族旅游景观的显著特征，对两者进行叠加分析，整合并提炼其要素。可以看出，当地景观空间布局可分为“一轴一基地三片区六组团”11 个单元，分别是整个瑶族旅游景观通过“物境”和“情景”叠加分析的结果。整合区域内的不同要素，并进行提炼，则整个空间布局可分为“一轴一基地三片区六组团”11 个单元，分别是“一轴”——弥塔公路旅游发展轴心；“一基地”——板角旅游综合服务基地；“三片区”——天堂山户外生态休闲养生区、大西江瑶寨风情休闲体验区、山地农业与乡村旅游示范区；“六组团”——鳌头茶主题休闲养生组团、下阳绿景牧场休闲组团、松塔康乐药园休闲组团、天堂山康体休闲组团、上阳吉祥水果休闲组团、茅坳竹韵山色休闲组团。上述 11 个单元各有各的特征，形象鲜明。可以根据其特征不同结合相关园林艺术设计方法、旅游规划设计法等，制定出分单元景观规划控制指引，然后对其景观规划要素进行全面梳理，包括景观特色、绿化、山体、水体、建筑风貌等，结合其要素开展规划与设计。每一个单元要制定出分图图则，并对各单元中观层面规划控制进行定量或定性分析，并制定出指引。景观规划控制指引实际上是景观设计的一种创新，有利于提高景观规划设计的针对性和可操作性[32]。

三、塔山瑶族旅游景观符号的设计与表达规则

塔山瑶族旅游景观符号可以分为两个类型（表 9-1），一是物质文化符号，比如村落、交通工具、建筑、生产工具、服饰和饮食等，是瑶族人民在多年生产生活过程中所形成的物质产品以及产品上所表现的文化。

（1）民居建筑。瑶民多依山而居，住房大多是以泥木结构为主的干栏式建筑，受到汉族住宅形式影响，门匾一般采用樟木、楠木等木料雕刻而成，能够取到良好的装饰效果。门匾的中心和四周分别雕刻文字和图案，有的是龙凤麒麟等动物图案，有的是山水花鸟图案，带有明显的地域特征[33]。

（2）瑶族服饰。山居文化特征在瑶族服饰中非常明显，衣裤和衣裙大多数都是短装，这与瑶族人民生存的环境相辅相成，轻便迅捷的服饰更有利于攀缘和行走。其衣裙季节变化不大，普遍短窄轻薄，讲究头饰，但对鞋帽等重视程度不足。瑶族服饰上处处可见五彩图案纹样，和当地的图腾崇拜有关。

（3）民族饮食。饮食是民族文化的重要组成内容。塔山瑶族饮食品种繁多，特色饮食集中体现在熏制食品方面，比如腊肉。瑶族人也喜欢吃当地特有的竹鼠、竹笋等。因山地湿气重，瑶族人喜欢喝家中自酿的玉米酒、红薯酒，酒中一般泡土药材，以预防风湿病。瑶族人还喜欢喝茶，塔山山岚茶是常宁特产之一，是塔山上特产的一种茶叶，它的特点是条索紧秀微曲，香气清香持久，汤色清澈绿净，白毫满披润绿，滋味醇厚爽口，叶底嫩绿明亮。塔山山岚茶属有机食品，早在宋代就被列为贡品。瑶乡茶苑以“塔山山岚茶”为特色依托，品茶养性，“住瑶寨、食瑶菜、品瑶茶”，当一回瑶民，终生难忘。

另一个是非物质文化遗产包括民间艺术、风俗节庆、语言习惯、传统手工艺品、美术音乐及乐器等。

（1）民间艺术。艺术奇葩《长鼓舞》、省非遗保护项目“瑶族谈笑”和只有大喇叭与打击乐的瑶族乐器，无不妙趣横生，别具一格。

（2）风俗节庆。盘王节是塔山文化艺术中的瑰宝。每年农历十月十六日在塔山举行的祭祀盘王节已成为全国盘王节祭祀最盛大的节日。瑶族盘王节、盘王歌以及长鼓舞，2006 年 5 月经国务院批准列入第一批国家级非物质文化遗产名录。

（3）婚俗。富有地方特色的“谈笑”为媒、满姑“坐嫁”、新娘“哭嫁”，以及颇流行

的“入赘婚”等瑶族婚俗风情成为当地的文化瑰宝。

表 9-1　塔山瑶族典型文化符号体系

符号类型	符号名称	符号能指	符号所指	符号旅游价值
物质文化符号	建筑符号	吊脚楼、斗墙屋、竹篱笆	农业定居	居住文化体验、景观符号
	服饰符号	以青、蓝、黑色为主，镶各色花边和花鸟图案，配头饰耳环	传统服饰	瑶族服饰文化、旅游商品
	器物符号	筒车、高粱刷及竹、藤、草、谷穗等器物	传统农业	强化山地农业特征、旅游商品
	茶符号	山岚茶、苦丁茶、茶油、茶糕点、茶浴	传统农业	茶文化、旅游商品
	饮食符号	竹筒当锅煮饭、火煨烧玉米红薯、苦槠豆腐、瓜箪酒、石板蛙、蕨菜、干笋、西江河鱼等	生态餐饮	饮食文化体验、旅游商品
非物质文化符号	艺术符号	《长鼓舞》、“瑶族谈笑”、瑶族大喇叭、瑶族打击乐器	传统艺术	艺术文化体验、娱乐活动
	宗教符号	崇尚盘王	万物有灵	宗教文化体验
	节庆符号	赶年、初五“送穷”、十月十六盘王节	特色民俗	传统民俗体验
	婚俗符号	“谈笑”为媒、满姑“坐嫁”、新娘“哭嫁”、满姑上门相亲、“入赘婚”	非物质文化遗产、民间艺术	节庆观赏、景观符号
	体育符号	打陀螺、长鼓舞、狮舞、龙舞、伞舞、刀舞	传统体育	体育活动、娱乐活动
	医药符号	瑶药（祛风、祛湿）、瑶浴（排毒、养生、美容）、画水咒语祛疾，神药两解	民间医药、乡土疗法	见证瑶族民间医药和乡土疗法的神奇
	工艺符号	楠竹（竹编、竹雕生活用品等）、雕刻（木雕）、瑶族饰物（金器、银器等）、挑花、织锦、染布、瑶族漆器	特色工艺	旅游体验、旅游商品、特色瑶族工艺

四、景观节点形态设计

瑶族旅游景观设计除了在宏观规划控制方面实施科学合理设计之外，在分单元控制设计方面具有显著特征，比如，从“弥塔公路旅游发展轴”中，就能够看到当地景观微观设计方面的特征。从11个相应单元中排列和筛选出典型特征，然后提炼出三类景观节点，具体包括：瑶家风貌聚落（传统民居）、瑶家风情聚落（西江漂流起漂点万木园）和风景名胜区节点（西江村游客服务中心），这三类代表了整个“瑶族旅游景观规划设计”上的所有景观节点，在旅游景观设计过程中总结出这三类景观节点的景观特色、建筑、道路、公共空间和绿化，然后开展形态控制，引导设计。这样能够从中观层面对所有的景观节点实施控制引导，提高其科学性和合理化程度，并在此基础上对整个景观规划设计开展控制引导。

1. 游客服务中心

在东江与西江交汇的西江村，选择村中空地建设游客中心。游客中心近期以3A级景区为建设标准，远期达到4A景区标准，内置触摸屏及录像放映场、贵宾室、休息间、饮水处、卫生间等，另设咨询台，为游客解答疑难问题，提供东江溯溪探险及西江漂流有关的各种资料、导游和咨询服务。在游客中心附近选择合适空地修建停车场，要求环保生态，可作为西江漂流及东江溯溪探险自驾游客、团队游客的车辆集中停放区。

2. 文化广场

在西江村空地建设瑶族风情表演广场，风格古朴简约，采用典型的瑶寨建筑风格，展现盛大的瑶族歌舞，如著名的《盘王歌》《盘王舞》等，为游客呈现一场瑶族盛宴。同时注意和游客的参与互动，如瑶族对歌、瑶族婚嫁等，活跃现场气氛，增加游客体验。

3. 传统民居

以经典瑶族吊脚楼为主体建筑，以古朴、精致为主题，以休闲化、体验化的方式，对民居进行改建。同时应按照传统瑶族建筑样式修建街巷，导入餐饮、住宿、购物等多样化的商业业态，为游客提供一个可品尝乡村美食、瑶族特色小吃、瑶族特色商品以及民俗主题住宿、娱乐休闲等瑶族民俗体验。

4. 西江漂流

游客中心距离西江漂流起漂点约1.5千米，有公路相连。采用具有民俗风韵的运载方式，如骑马、坐轿等，将游客从东江游客中心处送至西江漂流起漂点。既可以与东江游客中心共用基础设施，减少公共投入，又可以丰富游客体验，增加趣味性，体现漂流的民族风味。

5. 瑶家风情聚落

西江漂流起漂点万木园，自然环境优美，地势较为平坦，用地条件良好。对当地民居进行改造，统一建筑风格，通过乡村整治为游客提供餐饮、住宿服务。

图 9-2　塔山瑶族乡旅游发展总体规划

五、公众参与下的瑶族文化园景观设计——瑶族文化的传承与更新

抽象概念转化成具体设计的过程，称之为设计过程。设计过程实质上就是一个创造过程，不仅仅是元素的累积排列和转化[34]。因此，设计者在瑶族旅游文化景观项目（包括蒲竹村、西江村、东江村）的每一个设计环节中，首先要制定出严密的整体设计框架，然后结合多学科理论与知识进行设计，充分协调公众的不同见解，保持理性的思维加以审视，并适时进行合理的修正，使项目设计具有较强的现实指导意义和具体操作性。特别是在瑶族文化旅游项目设计过程中要充分考虑到公众需求。和其他景观设计不同，瑶族旅游景观规划设计项目跨度大、涉及的元素多，旅游参与主体是除了设计者和政府决策者之外，还包括居民、游客、旅游景区的使用者等。只有协调各方因素，才能提高景观设计的有效性。

随着经济全球化程度的不断加深，世界多元化发展已经成为一种普遍趋势，但乡土理念是多元文化的核心内容之一[35]。乡土文化不仅传承了地域文脉，而且还彰显了地域文化自尊、人文价值等，也迎合当前世界所倡导的绿色生态理念。乡土文化内涵极其广泛，农村聚落下的乡土文化是其典型特征之一。因此，“瑶文化风情体验＋生态休闲”是瑶族文化园景观设计的主题，深度把握景区山水、田园、峡谷等资源特色，挖掘整合瑶族传统民族文化，适度融合现代旅游发展新趋势、新模式、新业态，在生态保护以及瑶族文化保护的前提下，迎合大众对文化休闲体验、生态观光休闲、养生保健等旅游产品的需求，大力发展以瑶文化休闲为主，融合生态观光、养生保健、户外运动、乡村休闲为一体的西江瑶族风情休闲体验旅游。

1. 瑶族文化旅游景观规划项目的空间布局

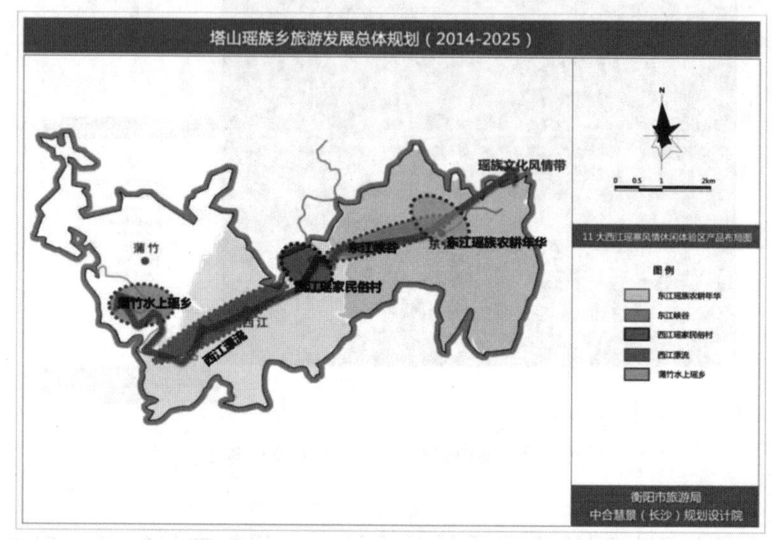

图 9-3　瑶族文化旅游景观规划项目的空间布局图

瑶族文化旅游景观规划项目的空间布局为一带五区。

——一带：瑶族文化风情带。以瑶族文化元素为特色，通过水纹、屏纹、路纹，形成一条原生态的建筑、村落、服饰、歌舞和节庆（祭祀）文化等瑶族文化高度集聚的空间走廊和功能联系纽带。瑶族旅游景观规划设计中的传统民居设计，我们提出了多种处理手法，包括整饰、改造和新建三种。并遵循以下两个原则，一是“修旧如旧”原则，其目的是为了恢复乡土建筑的原貌，此种原则适用于建筑单体原貌的恢复，也适用于建筑所处整体环境原貌的恢复，比如街道、庭院等。乡土建筑或周边环境原貌具有非常浓厚的历史感，还原历史真相，让游客能够设身处地地在历史空间场所中获得前所未有的美好体验，更能够提高游客对景观的关注度。利用现代建造技术最大程度上恢复景观原貌，能够对整个村镇或村落实施综合性保护。二是“修旧填新”原则，通过对建筑内部配套和外部附属设施的更新，能够让建筑更加符合现代生活要求。该原则实施的前提条件就是不能影响旅游活动的开展。

——五区：①西江瑶家民俗村（风情体验区）。以“瑶族文化＋特色民俗”为主题，支撑产品有瑶族文化博览园、瑶族风情街、瑶族艺术中心、西江天堂瑶家山庄；②东江瑶家农耕年华（乡村休闲区），以“农耕文化＋五彩竹韵”为主题，支撑产品有农耕体验、五彩竹韵、瑶家农俗；③西江漂流（运动休闲区），以“漂流＋骑行＋瑶家风光”为主题，支撑产品有漂流、骑行；④蒲竹水上瑶乡（生态休闲区），以“水上休闲＋渔耕文化”为主题，支撑产品有露营基地、蒲竹瑶家山庄；⑤东江峡谷（户外体验区），以“运动拓展＋科考教育”为主题，支撑产品有溯溪攀岩、科考教育、峡谷探险。

2. 资源优势与发展瓶颈

塔山瑶族乡的歌舞美食，民俗节庆，引人入胜，流连忘返，为游客提供视觉和味觉盛宴。但旅游景区开发尚处于初级阶段，旅游基础设施建设不健全，旅游体系尚未形成。特别是现代产业带来文化冲击，导致瑶族文化有被汉化的危险，瑶族民俗需要深层次挖掘。

塔山瑶族乡的景观优美，山高水秀，杉木竹海、峡谷资源、溪流瀑布并行，适合登山溯溪，户外健身，自然养生。但项目建设工程量大，旅游投入的资金、技术、智力要求高。

3. 解决对策

（1）深度旅游。原则：借鉴国内民俗体验旅游产品开发的优秀案例，实现旅游产品的创新；重点：“住瑶寨、食瑶菜、品瑶茶”，当一回瑶民，终生难忘。感受风景，探险娱乐的同时，以体验瑶民文化，了解其生活方式进行对景区潜移默化的塑造，形成对瑶民生活脉络的认知。

（2）经营文化。原则：以保护民俗文化为前提，在保护的基础上充分挖掘民俗旅游资源，适度开发，并坚持与保护相结合的原则，坚持可持续发展理念。重点：提炼瑶族文化，地方民俗，塑造核心文化旅游项目和旅游景观，配合其他旅游产品，让景区充满活力。

（3）标准化、主题化、品牌化。构建国家4A级景区标准，以瑶族民族文化、常宁民俗文化多元辅助，尽可能展现原汁原味的瑶乡风情主题，塑造省内旅游知名品牌。

（4）参与性、体验性。原则：文化体验旅游产品的开发离不开对于文化的深刻理解，因此应对本地瑶族文化及地方民俗文化进行深入挖掘，开发出参与性强、体验性深的旅游产品。重点：深度挖掘瑶族文化，开发瑶族体验项目和西江瑶寨。

参考文献

［1］罗一墩，肖洒，胡最等．文化景观基因理论对耒阳“江头贡茶文化园”的规划探索［J］．经济地理，2016，36（8）：202-208.

［2］李彦伶．旅游景观规划研究［D］．重庆：重庆师范大学，2013.

[3] 王树国. 地域文化活化视角下少数民族旅游景观设计研究——以达斡尔族为例 [D]. 北京：北京第二外国语学院，2019.

[4] 金经元. 刘易斯·芒福德——杰出的人本主义城市规划理论家 [J]. 城市规划，1996 (1)：44-48.

[5] 张淼. 基于批判性地域主义的风景园林设计方法研究 [D]. 北京：北京林业大学，2014.

[6] Roberta M D. Cultural rural touriam evidence from Canada [J]. Annals of Tourism Research，2003，30 (2)：307-322.

[7] Rene Van D D. Tourismscapes an actor-network perspective [J]. Annals of Tourism Research，2007，34 (4)：961-976.

[8] Ralf B，Claudia O. Cultural landscape in Mongolian tourism [J]. Annals of Tourism Research，2008，35 (1)：47-61.

[9] William C H. Rukai indigenous tourism：Representations，cultural identity and method [J]. Tourism Manage-ment，2010，3 (3)：1-14.

[10] Dean M C. 旅游者：休闲阶层新论 [M]. 广西师范大学出版社，2008.

[11] Alon G，Dallen J T. Bordercomplexity，tourism and international exclaves：A case study [J]. Annals of Tourism Research，2010，6 (2)：1-22.

[12] Arie S，Dominique V. An integrative geotourism approach：Bridging conflicts in tourism landscape research [J]. Tourism Geographies，2015，17 (4)：544-561.

[13] Mateusz R. The multi-sensory landscape as an inspiration in the creation of a tourism product [J]. Turyzm，2016，26 (2).

[14] Luigi M，Vincenzo G，Agostino G，et al. Methodological proposal about the role of landscape in the tourism development process in rural areas：The case of molise region (Italy) [J]. European Countryside，2017，9 (2).

[15] Gkoltsiou A，Terkenli T S，Koukoulas S. Landscape indicators for the evaluation of tourist landscape structure [J]. International Journal of Sustainable Development & World Ecology，2013，20 (5)：461-475.

[16] AlešRuda. Spatial decision support using data geo-visualization：The example of the conflict between landscape protection and tourism development [J]. Journal of Maps，2016，12 (5)：1-6.

[17] 庞英姿. 云南省民族文化旅游的可持续发展 [J]. 经济问题探索，2008，(10)：118-121.

[18] 周永博，沙润，沈敏. 评价与选择：旅游景观文化研究——基于无锡主题公园兴衰的思考 [J]. 经济地理，2009，29 (11)：1907-1912.

[19] 赵红梅，李庆雷. 旅游情境下的景观"制造"与地方认同 [J]. 广西民族大学学报（哲学社会科学版），2011，33（3）：14-20.

[20] 刘宏芳，明庆忠，鲁芬. 旅游地景与地方的关联机理初探——基于空间与文化的交汇视角 [J]. 人文地理，2014，29（5）：134-141.

[21] 卢松. 旅游对传统地域文化景观影响的研究进展及展望 [J]. 旅游科学，2014，28（6）：13-23.

[22] 桂榕，吕宛青. 符号表征与主客同位景观：民族文化旅游空间的一种后现代性——以"彝人古镇"为例 [J]. 旅游科学，2013，27（3）：37-49.

[23] 张欣，张迎芬. 民族文化旅游产业协调开发模式思考 [J]. 贵州民族研究，2014，35（4）：112-115.

[24] 聂玮. 风景旅游建筑及其规划设计研究 [D]. 重庆：西南交通大学，2015.

[25] 张述林. 论风景地理的学科特性 [J]. 地理学与国土研究，1992，(3)：31-34.

[26] 杨新军，牛栋，吴必虎. 旅游行为空间模式及其评价 [J]. 经济地理，2000，20（4）：105-108.

[27] 彭一刚. 建筑创作琐谈 [J]. 华中建筑，2004，(3)：3.

[28] 魏小安，魏诗华. 旅游情景规划与项目体验设计 [J]. 旅游学刊，2004，19（4）：38-44.

[29] 陈雪. 旅游景观设计中的"3J"模式研究——以重庆市彭水自治县鞍子苗寨旅游景观规划设计为例 [D]. 重庆：重庆师范大学，2006.

[30] 蔡琳颖，邱巧玲，程晓山. 论岭南四大名园植物造景的三境特征 [J]. 广东园林，2017，39（3）：40-44.

[31] 王秀兴. 重庆市石柱县旅游走廊景观规划设计 [J]. 山西建筑，2009，35（14）：6-8.

[32] 王秀兴. 旅游走廊景观规划设计研究——以重庆市石柱县"旅游环线"景观规划设计为例 [D]. 重庆：重庆大学，2009.

[33] 姚辉. 永州瑶族民居的建筑特色 [J]. 湖南科技学院学报，2014，35（4）：203-205.

[34] [荷] 卢本. 设计与分析 [M]. 林尹星，译. 天津：天津大学出版社，2003.

[35] 姚红梅. 关于"当代乡土"几点思考 [J]. 建筑学报，1999，(11)：47-48.

第十章　田园综合体：耒阳市江头贡茶农庄为生态休闲茶庄田园综合体模式

田园综合体这一新模式在一定区位优势和区位条件下，通过现代生产要素的有效汇集，实现了农业生产、居民生活、旅游发展、生态涵养等多种功能的有效组合，通过打造农业综合产业园，进一步提升了农业的多功能性。国务院于 2017 年 2 月 5 日首次对田园综合体做了定义，即以农村合作社为基础，鼓励农民积极参与农村建设，使建设成果更好地惠及农村群众。综合循环农业、创意农业和农事体验，采用多种模式（例如，农业综合发展和农村综合改革转移支付）的试点示范。从此之后，田园综合体建设在各个领域掀起了一波田园风，有力地推动了田园综合体的规划建设发展。但相对于我国火热的田园综合体实践，其规划建设与发展策略的研究却严重滞后，从而制约了田园综合体建设的纵深入发展，因此，迫切需要探讨田园综合体规划建设的基本理论，在规划田园综合体时采用新的方式方法，为农业农村协调发展进步奠定坚实的理论基础[1]。

第一节　田园综合体的“三生”发展模式

田园综合体的主题是集农产观光为一体，发展平台是田园所在地农村，参与主体是大量农村劳动力，可实现乡村产业融合、农田田园综合、城乡区域协同，发展战略是服务于商业、农业、景观、生产、社区以及解决农民就业问题。在整个田园综合体中，田园的生产生活是体系主体，与休闲区、观光区、生产生活区和服务区等诸多区域相互配合、协同发展，形成各区域协调发展的有机综合体[2]。

在建设和发展田园综合体时，应该注意以下事项：第一，要确保农民在发展过程中的主体地位，突出“三生”融合发展的主题。田园综合体的出发点是使农民充分参与、获利，要把产业生产、居民生活、生态环境有机结合起来，形成生产、生活、生态空间布局。第二，确保产业是发展的核心环节，注重发展的“三位一体”，融合互通。打造新型“农＋”区域经济群，将创新型农业生产、可持续农业发展、乡村农事体验有机结合，采取“三位一体”总布局。创新农业经济发展方式，为乡村发展提供更广阔的空间，创造更多的农村农业价值。第三，秉持宜居、宜游、宜业的“三宜”绿色乡村理念，在与环境和谐共生的基础上发展特色农业，注重对地方传统习俗、文化、名胜的维护，实现区域统筹式发展[3]。

显然，田园综合体发展的关键在于“综合”。采取集产业、功能、主体于一体的“三生”综合建设模式，这是田园综合体与以往乡村建设最大的区别[4]。

1．生产模式

在田园综合体中，农业生产是基础性环节，建设田园综合体时，不仅要突出田园生产粮食和农副产品这一基本功能，还要优先考虑综合体的生态效益，为游客提供一个绿色、循环、可持续的生产链，以达到放松心情、享受生活的目的，感受绿色发展的魅力。

2．生活模式

建设田园综合体的目的是加强城乡互融。城市居民在舒缓身心、享受生活的同时体验乡土文化，乡村人民在进行农业生产的同时，开发旅游业，近距离接触城市文化和生活理念，使城乡居民加大对彼此的了解，促进城乡协同发展。

3．生态模式

在田园综合体中，绿色发展是首要内容，在发展的同时强调生态保护的重要性，建设综合农业体验、产品加工、环境保护、休闲娱乐、科普教育等多层次的运营模式。在园内建设种植业和养殖业协同发展的联合农场，如有机农副产品区、家禽家畜养殖区、废料处理区、生态湿地和保护区等。

第二节　田园综合体建设空间布局和设计方案

人们生活水平的不断提高，使得公众需求逐渐转向休闲与娱乐，田园综合体的建设将会使得农业具有休闲的特质，生态田园的构建在乡村发展农业的基础上，注重乡村生态建设，改造乡村成为新的自然景观，为人们的休闲活动提供新的方式。这种生态农庄的核心是创意创造，是对传统生产型农业生产进行转型革新，并开发农业农村新的价值空间，将现代科学、传统农业以及文化艺术等有机结合，为乡村发展拓展新实践，优化农村有限资源配置。生态休闲农庄作为新兴农业发展模式，遵循“三生”建设理念，即生产、生活、生态综合考虑，将农业、商业以及服务业相结合，建设前瞻性农村新型实验经济，助力我国经济发展和城乡居民生活水平的提高。

生态休闲农庄的空间结构与设计内容需要做好以下三篇文章。

1. 现代农业板块

田园综合体建设在农业生产之上，是农业在新时代新背景下的扩展性发展，农业在其中居主体地位，农业的改造和升级是实现田园综合体的前提条件，为综合体提供不竭的前进动力和基础支撑。农村环境是田园综合体的环境背景，农业生产是田园综合体的产能基础，农家的生活方式是田园综合体的基础生活需求。因此，实现综合体建设的重点便在于对基础农业资源的整合及其创新应用。生态休闲农庄要将原来杂乱的、对环境不利的部分转型升级，将农业生产的各个方面进行整合设计，把单一匮乏的农业农村资源用在最合理、最有益的生产方式上。这就要求农庄设计师综合考虑环境、生产、生活三个方面，同时对当地的农业基本情况、文化传统、技术水平进行充分调查分析，用创新的眼光看待农业生产，打造信贷生态农业生产模式。以田园生活为目标核心，以生态农业为引领，打破传统思维模式的禁锢，合理利用当地农业特色资源导入现代农业产业链，进而更有针对性地对农庄进行科学合理的定位和匠心独运的开发。

2. 田园生态板块

田园综合体建设的中心问题是解决农庄生态问题，环境的好坏对生态休闲农庄的建设至关重要，关乎综合体的可持续发展问题，也是建设综合体的关键。田园综合体的规划设计要综合考虑环境中各种要素之间的关系，发展循环再生的生态农业经济，田、庄、山、水和谐共生才能使得农庄具有休闲功能。同时对农村建筑进行重新规划，保留名胜古迹建筑、特色建筑，并对其进行更新改造，在体现其历史价值的基础上增强其现代休闲功能，形成新旧建筑协调共存的新局面，提升当地文旅价值。此外，因地制宜，注重凸显当地农庄特色建设。建筑要充分考虑当地农民的现实需求，在此基础上赋予农庄现代休闲服务业的新功能，开设新兴服务业，例如：开设手工作坊、有机餐厅、创意农业参与活动等，提升顾客参与感和舒适度。

3. 文旅休闲板块

改善创新农庄生态休闲基础，开发和设计地方环境、文化和产业资源等，加强农事体验活动设计，营造一个环境优美、内涵丰富、生动多彩的文化休闲农庄。其中关键之处在于提高游客的动手参与感，让游客融入农业活动之中，融入自然，身心得到应有的放松和愉悦，真正实现生态休闲农庄的休闲功能，吸引更多的游客参与，产生良性循环。

第三节　田园综合体模式下耒阳江头贡茶农庄生态休闲茶园景观规划思路与方法应用

建设耒阳江头贡茶农庄田园综合体，应将尊重自然、顺应自然置于首位，选择合适的规划方法，建设特点鲜明、体系完善的乡村景观。

一、江头贡茶生态休闲农庄发展概况

江头贡茶生态休闲农庄位于耒阳市城区以东 15 千米、S320 省道以北 5 千米，属龙塘镇江头村，规划范围以龙下冲水库为中心的周边低山丘陵地，共计 3 508 亩。农庄属亚热带季风气候区，四季分明，年降水量 1 400 余毫米，地形形态属丘陵低山，植被覆盖率高。土壤以红土和黄褐色土为主，土质均匀，保水率较好。低丘之间建有龙下冲小型水库，呈倒置的人形，水库分叉伸入山丘各部，水面较大，水位比较稳定。农庄场地包含居民区、茶园、果林和池塘等几个主要部分，交错纵横，环境优美，结构完善，旅游价值较高，具有开发潜力。

江头贡茶生态休闲农庄以茶叶种植、加工和销售为主体，结合园区内的自然资源，围绕生态有机绿茶的发展方向，建设成为油茶、生猪、鸡禽、水产渔业和休闲旅游一体化的独资民营企业。目前，拥有员工 380 人，固定资产 6 700 万元，办公大楼 1 栋（1 200 平方米），标准化制茶厂 2 800 平方米，引进了自动化名优绿茶生产线。现在的茶园有 2 300 亩，采用公司、协会、农户的经营模式，免费提供技术，种苗扶持农户新设 6 000 亩，区内的水、电、道路基础设施完备。按生态有机茶园栽培所需，建有年产 5 000 头生猪的养殖场。生猪定点屠宰场、养鸡场和渔业养殖场等配套产业均已建成投产，公司在耒阳市区设茶叶经销总部兼茶楼，面积 1 680 平方米。

二、江头贡茶生态休闲农庄茶叶资源与旅游资源

丰富的旅游资源为发展旅游业奠定了良好的基础。江头村地理环境优越，胡家园和移台山仙人岩皆在其中，更有传说中的贡品御茶；文化底蕴深厚，包括紫云仙和观景楼等众多文化古迹；更有惹人注目的现代观光农业，种植了高山烟、低山柑和半山烟等诸多农副产品。江头村风景优美，气候宜人，奇山异水，天下独绝，让游客深入其中，流连忘返。江头村风景区是耒阳市建设的重点旅游区，它将漂游、观光和探险三者融为一体，满足游客的多种需求。江头茶因产于湖南省耒阳市原江头乡的江头、大石、东冲、乌冲、蚕子、畔塘等村而得名。因其独特口感，旧时曾作为贡茶，因此又被称为江头贡茶。中国自古以来就重视茶文化，但茶业的发展与当地的气候、地质等环境密切相关。江头村地理条件优越，土壤富含锌、硒等微量元素，地势属丘陵低山，适宜茶树种植。且有大面积森林，气候适宜，光雨量适宜茶树生长，长出的茶叶富含氨基酸等多种营养物质和多种矿物。江头贡茶的传说有多个版本，有的说在秦代时，江头茶就因其独特的口感，被朝廷选做贡茶，只供内廷使用；有的说江头茶是在唐代中叶被选做贡茶，此种观点在《耒阳市志》中可考；还有的说江头云雾茶是在宋朝时就被作为贡品上贡给朝廷使用的。与现在湖南的君山银针、黑茶、北港白毛尖和沩山白毛尖四大名茶相比，江头贡茶有着更悠久的历史，关于江头贡茶的传说、谚语等至今仍在口口相传，流传最广泛的是在向秦始皇进贡茶叶之前，江头胡家园本只有一棵槐树，进贡后此地就变成了一块风水宝地[5]。到目前为止，龙塘境内共种植了江头贡茶超过 3 000 亩，拥有 10 多座茶园，种植了“毕星早”“平云 11 号”“观音 6 号”和“福中大豪”等诸多名贵品种。现如今，江头村种植的 3 500 多亩茶园已经成为当地的特色产业，吸引了众多游客慕名而来。江头贡茶因其特殊的制备方法，得天独厚的地理条件，使其具有“香高味甘、经久耐泡”等特点，得到了消费者和业界人士的一致称赞[6]。

三、总体规划

1. 规划理念

按照可持续的设计愿景，对农庄区域内的旅游服务产品进行适当规划，建立山水共生、人树并存、生态连接、相辅相成的田园综合体，将茶树种植与景观价值相结合，实现茶农产业融合构想，整体效果如图 10-1 所示。与此同时，尊重自然、保护自然、改造自

然，让自然为人所用，并通过人们的活动给予自然良好反馈，和谐共生。总之，弘扬优质茶文化，增加观光服务内涵，让游客在观光的同时享受得到、学习得到、体验得到茶文化。建成省级田园综合体示范区，为人们提供疗养、健康、娱乐新方式。

图 10-1　耒阳市江头贡茶生态休闲农庄效果图

2. 规划定位

江头贡茶生态休闲农庄景区的资源优势，一在茶山，二在水产，而开发特点在于突出生态，突出绿色。江头贡茶生态休闲农庄的品牌战略，一是以生态为中心的山水休闲度假品牌产品，二是以生态“江头贡茶”为品牌的茶文化产品。因此，功能定位应参照田园综合体模式，因地制宜，充分考虑当地农业资源情况，将生活、生产、生态与加工业、农业、服务业相统一，坚持“三宜”理念，秉持“四季欢乐休闲农庄”的建设主题，将农庄旅游项目功能定位为休闲、度假、康乐健康，将农庄旅游地产品特色定位为山、茶、水结合型生态茶文化旅游项目，实施生态农业、景观经济、自然健康的发展路径，为顾客打造集文化、趣味、娱乐、休闲、疗养、健康、绿色为一体的新型综合性经济体，建成吃、喝、玩、乐、住并存的生态休闲农庄[7]。

3. 空间布局

江头贡茶生态休闲农庄景区打造“一中心・四板块・十功能区”的空间布局。一中心即景区管理服务中心；四板块即有机茶种植板块、贡茶产品加工板块、茶文化展示及茶品交易板块和休闲养生健身板块；十大功能区，即有机贡茶生态观赏区、贡茶采摘参与区、茶文化博览区、茶文化展示交流区、茶品商店街、生态休闲旅馆区、绿水娱乐休闲区、园林果树花卉游憩区、原生态森林植被低碳健身区、渔业参与体验区，如图 10-2 所示。

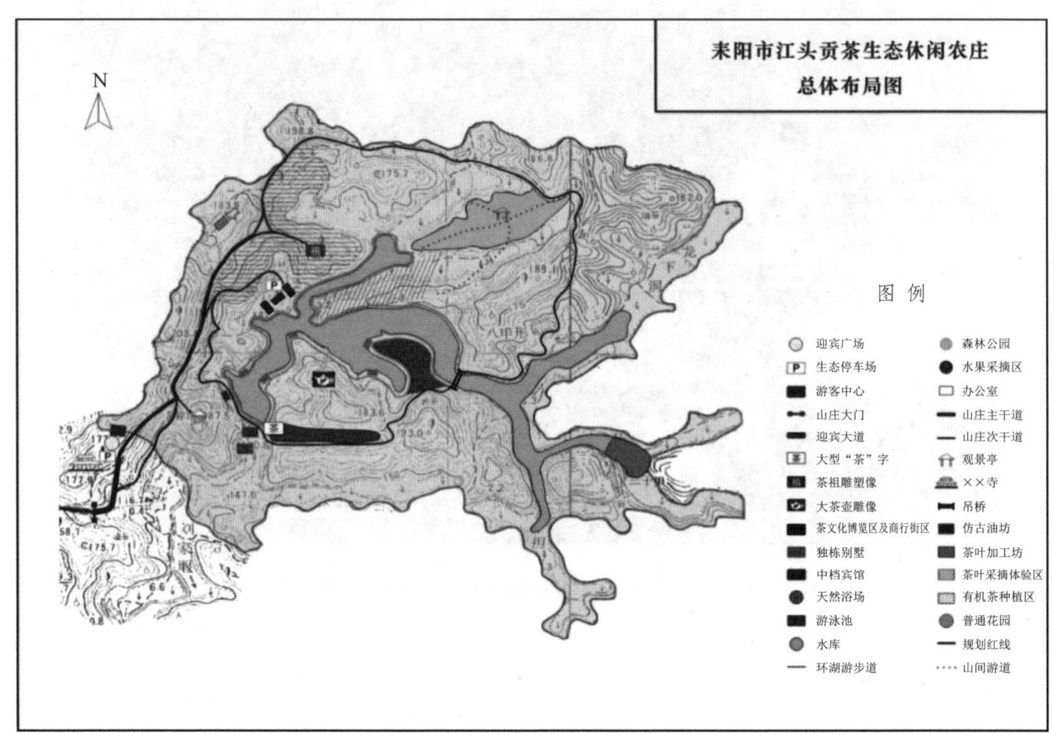

图 10-2　耒阳市江头贡茶生态休闲农庄总体布局图

4. 具体规划建设内容

本企划分为有机茶种植板块（即有机贡茶生态景观观赏区）、贡茶产品加工板块（即贡茶采摘参加区）、茶文化展示及茶品交易板块（包括茶文化博览区、贡茶文化展示交流区、茶品商店街区）和休闲养生健身板块（生态休闲宾馆区、绿水娱乐休闲区、园林果树区），如图 10-3 所示。

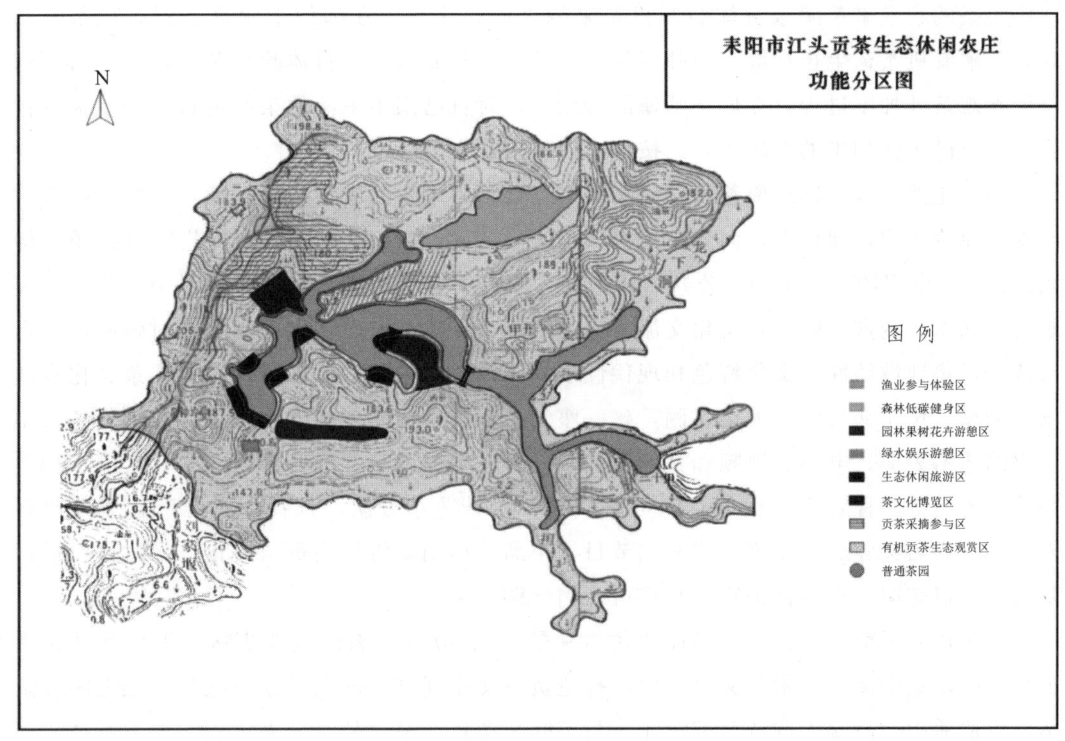

图 10-3　耒阳市江头贡茶生态休闲农庄功能分区图

有机贡茶生态观赏区：在农庄 2 000 多亩茶园中，按整地、选种、种植、施肥、培育等不同工序选择不同地段，供旅游者参观学习，由导游（茶业种植技术员）进行讲解，以达到科普教育的目的。茶叶经有机农业方法加工处理后的产品称为有机茶。茶叶在生长过程中，不添加任何人工合成的肥料，也不喷洒农药和生长调节剂等，在加工过程中也不添加任何人工合成的添加剂，成品必须符合 LFOAM（国际有机农业运动联合会）的规定。经鉴定符合标准后，颁发有机（天然）食品认证证书。与传统茶叶相比，有机茶叶无污染，具有纯天然的优势[8]。江头贡茶其茶园土地属纯天然林地，种植施用的底肥全是农庄自己生产的有机肥和天然绿肥，种植过程中实施生物或者物理方法防治病虫害，从不使用杀虫剂，在加工、包装、运输过程中均不受化学物品等的污染。有机茶是无污染、纯天然、品质好、品位高的高质量饮品，深受广大消费者的喜爱，引领茶叶的发展趋势，发展前景十分广阔。

贡茶采摘参与区：如今，人们的旅游行为开始多样化，各类具有特殊文化意义的特色旅游项目开始出现。参与性旅游活动让游客们看到美丽景色的同时，也获得心灵上亲近自然的慰藉。江头贡茶茶园可以划出九个茶场，专供对茶叶的种植、加工有一定的了解和兴趣的旅游者来参与性旅游。在每年新茶开园采摘之前进行报名、预约，届时正式邀请关注江头贡茶的粉丝来茶园亲身体验有机茶采摘之旅。让他们在师傅带领之下到有机茶园参观，了解有机茶树生长环境，向师傅学习采茶方法和要求，亲自体验采茶乐趣。之后再到茶厂参观茶叶加工过程，在炒茶师傅的帮助下，对自己亲手采摘的茶叶进行炒制，最后自己包装自己采摘加工的有机茶叶，按优惠价格带回家[9]。

茶文化博览区：选址原茶场养猪场的老场地。一定要彻底清理原场地，地面要挖下一层露出原生土质，保证无任何异味。茶文化博览区由主门区和茶文化演艺场（剧场）构成。主门区由广场、停车场、公共厕所、会客服务中心等构成。广场建设得小巧玲珑，集聚会、娱乐、观赏、购物和文化交流等多种功能于一体，突出文化底蕴。同时强调江头贡茶特色，集地域特性、文化特色和现代性于一体，突出主题，体现时代精神。茶文化表演场（剧场）位于交易中心大楼左侧，建一座约 200 个座位的多功能剧场，可以进行各种小规模的艺术表演、电影、视频和其他表演，同时还增加了举办综合会议、文化交流、拍卖展览艺术品等多种效用。贡茶农庄可以成立一个茶艺小分队，选择一批能歌善舞的年轻人，以剧场名义驻店，排练一些文艺节目、小品、小剧宣传江头贡茶文化，平时可以进行茶艺、茶道表演，也可让来宾参与接待，当导游解说。

茶文化展示交流区：由广场往西仿古建筑长约 50 米左右的商业街区，形成茶文化展示交流区，集中体现耒阳茶文化风情，打造贡茶文化气氛，挖掘地方小吃和传统老字号茶馆，打造适中、高端人群特色茶馆业。与茶叶、茶具、纪念品、名人字画、地方特产、现代工艺品等多种产品相搭配，形成逛古街，感受地方文化的街区特色[10]。

茶产品商业街区：在整个茶园中，游客可通过赏、品、闻、听四种不同方式体验茶园的美丽，感受茶文化的魅力。茶产品商业街区主要由贡茶（有机茶）交易中心和茶博物馆构成[11]。贡茶（有机茶）交易中心建在商业街区尾端，建成农庄贡茶交易中心。综合楼面积规划为 2 400 平方米，由交易洽谈、交易营业、库房、配送中心及商务客房等部分组成。茶博物馆是集展览、欣赏茶具，科普、推广茶文化于一体的多功能场所。古时人们饮茶、制茶都有专门的工具，这些工具被统称为茶具，分为采茶工具、制茶工具和饮茶工具等。而现代茶具几乎已成为饮茶工具的代称，多用来指饮茶泡茶的专门器具。因此，建立一个以茶文化为主题的特色茶具博物馆很有必要。在茶博物馆里，旅游者可以进行高档的茶文化体验。赏茶，可以给游人视觉上的冲击。茶花本为中国名花，不仅在其色，亦在其花形，赏花可为一文雅之事，给人以沁心肺之悦；品茶，自古为人所乐道，古有“洗尽古今人不倦，将至醉后岂堪夸”的感言，而今人们同一化休闲、保健饮品日趋明显，这是由于城市环境的同一，人们就会形成同一的行为模式，有共同的品茶习惯；闻茶，闻不仅在于茶的清香，也同样体现于茶花之味，茶香味淡雅清香，给人们清爽之感，也有提神之功效；听茶，即听茶水清澈的声音，听说着茶经之事，可谓人生一乐事。

生态休闲旅馆区：前来农庄的商人、茶客、游人、专家、外宾和社会知名人士都乐于体验茶庄特色。为满足人们休闲娱乐、住宿交流等需要。江头贡茶农庄专门规划出一片生态休闲旅游区，以适应不同层次的需要。生态休闲旅游区分三个档次，即高档独栋别墅、中档宾馆及经济型旅馆。其中，独栋别墅分布在水库边缘，依山傍水、绿树成荫，是休闲养生度假的好去处。每栋别墅为面积约200平方米的小二楼，有厨房、卫生间、主卧、次卧及大型客厅，还有面向广阔水域的凉台，乘凉垂钓均可。独栋别墅门前小庭院，种有四季花草树木，还有小型停车场，是小家庭及密友旅游的最佳选择。中档宾馆建设在水库坝头茶廊北侧，这里有按三星级标准修建的宾馆，以双人间标准客房形式向游客提供服务，同时设置少量单人间，有餐厅及娱乐场所。宾馆背山临水，清闲雅静，是休闲度假的好去处。经济型旅馆布局在接待中心的商业街里，这里繁华热闹，旅馆闹中取静，满足购物买茶、品茶的散客需求，要求安全、卫生、方便。

绿水娱乐游憩区：江头贡茶农庄区域内水体面积广阔，面积达600余亩，水库功能以农田灌溉为主，兼顾游乐、观光和渔业。在贡茶农庄旅游区深入发展以后，为满足游人的多层次需要，在这绿树丛中的水体上规划两处绿水娱乐场。其中，儿童绿水娱乐场位于水库前方面左侧支叉，这里地势比较平坦，水面广阔，但水较浅，适宜开展以儿童为主要对象的儿童水上乐园。购进一些水上娱乐器材，可以满足儿童的游乐需求。公路已修到农庄，当地农民可以在农庄统一规划、安排下为儿童游乐场所提供多方面服务，如休息、农家乐就餐或儿童参与田地劳作，如摘菜、识菜等活动。也可以参与水上乐园管理或投资项目、救生、儿童游泳教学……既方便了旅游者，也富了一方居民，完全符合国家有关政策。成人绿水游乐场位于水库前进方向右侧底部，这里两山逼近，宽度不到100米，水面平衡且较深，适合开展一些成人水上运动，如游船、快艇。还可划出一片区域建设绿水游泳场，满足前来农庄的游泳爱好者的需求。水上乐园一定要做好安全管理工作，要建立健全的管理机构，特别是水上救生。岸边上的几户人家，可以动员他们参与进来，既方便游客，又为村民提供了就业机会。

园林果树花卉游憩区：地处江头贡茶农庄东南角，占地60亩。现为荒废农田、荒地，少有居民。规划着力体现“高新、高效和科技推广”的理念，向前来农庄品茶购茶的旅游者展示现代高科技的农业种植技术，以及新型的农业种植模式和现代高科技农业生产条件下的园艺成果。使游客了解高新技术在农业中的应用，达到增长农业知识的目的，获得一种特殊的农业体验。景区内应建成名、特、优、新花卉与林果育苗示范基地，展示现代增产增效技术、浇灌技术、生物技术，使之成为集高技术展示、果产品采摘及教育休闲于一体的游览区。通过绿化经济林建设营造出瓜果飘香、红满枝头的丰收果园景象。建设特色板栗园、油桃园、梨园等小园区。在建设中要注重因地制宜，适地适树的原则，兼顾生态经济和景观效益。

原生态森林植被低碳健身区：健康对于人们来说已成为第一需求，呼吸新鲜空气也成了城里人的一种需求。为满足农庄旅游者的希望，农庄根据自身独特的优势，开辟以养生健体为目的的森林氧吧健身区。由两部分组成：一是在环库区修建一条自行车栈道，车道宽度约3米。根据线路基底差别，可以部分路段为水泥大道，部分路段为木栈道，还有通过水库的吊桥，计划形成环线，总长约4千米。在水库坝头，森林公园及游客中心设有三个自行车租借场，负责所有自行车的管理、充气、维修，鼓励游客低碳出行，既养生又低碳环保。二是在景区选择一处独立山头规划森林氧吧，面积约20亩。山顶上可修建一个休闲亭，按四个方向修筑游道，游道宽约1米，水泥基上铺鹅卵石，以便健身。山脚下有自行车道，并建自行车停放管理所，人们可以骑车或步行到森林公园之下。

渔业参与体验区：打造一个600亩水面的渔业体验区，这是一个鱼类的宝库。按亩产100千克计，每年所产生的鱼类可达上万千克。为满足旅游者兴趣，可以利用这些优势开展与渔业有关项目，购置一定数量的渔船、渔具、拉网，安排渔民指导游客参与捕鱼。

四、田园综合体设计愿景与设计目标

1. 田园综合体的设计愿景

按照可持续的设计愿景，对农庄区域内的旅游服务设施进行适当规划，建立山水共生、人树并存、生态连接、相辅相成的田园综合体，将茶树种植与景观价值相结合，实现茶农产业融合构想。与此同时，尊重自然、保护自然、改造自然，让自然为人所用，并通过人们的活动给予自然良好反馈，和谐共生。总之，弘扬优质茶文化，增加观光服务内涵，让游客在观光的同时享受得到、学习得到、体验得到。建成省级田园综合体示范区，为人们提供疗养、康健、娱乐新方式。

2. 田园综合体设计目标

（1）打造农业新型循环可持续经济，实现山、水、田、屋和谐共生的良性发展格局以及天人合一、相辅相成的综合性生态休闲农庄。根据国家提出的关于田园综合体建设的指导思想，我们提出将江头贡茶生态休闲农庄建设成“田园综合体示范区”的理念，充分利用江头村的水山资源，开辟乡村休闲度假旅游产品，注意低、中、高档次产品的结合，一日游、二日游产品结合，休闲、观光、参与体验型产品的结合，美食与普通饮食产品的结合，全方位满足旅游者的需求。

（2）重视打造农庄特色风格，以农庄贡茶文化为载体，在建设项目中增添浓郁的地域文化气息，增强农庄独特性和鲜明的人文特征；

（3）规划要考虑茶叶、茶文化观光、茶工艺的融合点，遵循场地开发的逻辑和精神，建设无时限、有底线的幸福茶园区，打造休闲服务、娱乐放松的欢乐场地。

（4）根据江头库区特殊的地形条件，以适应少年儿童旅游的需要，可开发一处野生动物观光园。

可在耒阳市江头贡茶生态休闲农庄建设以下项目：

（1）将龙下冲水库左支流距坝头约 1 千米处左侧 103 米高程的半岛，挑其鞍部切断，使之形成约 20 亩面积的孤岛，然后在岛上放养一些动物。这类景观比动物园具有更大的吸引力。经初步预算，此工程若按 2 米宽设计，挖运土方约 1 000 立方米，投入不是很大，但其影响力却是无法比拟的。

（2）利用天然优良水体培育高质量鱼苗，通过科学饲养，提高江头鱼质量。在原有较好知名度的基础上，大力宣传江头鱼的生态特征以及高营养价值和鲜美的味道，并选择合适时间举办“江头鱼”美食文化节，提升项目知名度，打造农庄自我品牌。诚邀衡阳、耒阳两市林、牧、渔知名人士、新闻记者等相关人员广泛参与。其中，“农业部无公害水产品质量安全认证”资质证书申请是重中之重、当务之急。

（3）利用农庄的资源优势，结合生态农业中的诸多开发项目和景区经营管理人员的技术特长，拟开发一些特种养殖项目，如特殊鱼类引进，以及野猪、野鸭、山鸡、火鸡的饲养。这样既丰富了乡村农事知识，又让旅游者大开了眼界，为发展江头贡茶生态休闲农庄餐饮文化提供了更多的物质基础。江头贡茶生态休闲农庄乡村旅游在推出“全鱼席”基础上，继而推出山珍野味全席，以饱旅游者的口福。

（4）大型“茶”字：选址于水库东头的单面山上，茶字高宽设计为 20 米，选择篆体或隶体（隶体字更代表希望，象征未来），外形设计为一片茶叶，用绿树镶成，茶字可用白色大理石构建。

（5）茶祖陆羽雕塑像：选址于原办公楼前的大水池之上（之中），或在紫元仙前广场立像高 10 米，不影响水池蓄水灌溉功能，还能借水波喷泉灯光显现茶祖陆羽形象，满足旅游者照相留影的心理需求。周边要修好瞻仰台，用大树绿化。通往茶祖塑像的栈道要自然化、绿化、亮化，音响要上档次，同时要修树护栏，保证游客安全。

（6）大茶壶雕像：选址茶祖对角一个山头，塑造一把大“南泥壶”，直径不少于 20 米，与茶祖、“茶”字形成三角之势。游客登上江头茶庄观景亭，整个农庄的景观尽收眼底，在千亩水库染印、万亩茶场烘托的背景下，正面的大茶壶形象，右侧的巨“茶”字，左侧的茶祖神像，把江头贡茶农庄的总体形象深深印在人们的脑海里。

参考文献

[1] 曹野. 基于田园综合体模式的大三湘油茶主题公园规划设计研究 [D]. 长沙：中南林业科技大学，2019.

[2] 张玉成. 关于田园综合体的深度解读 [J]. 中国房地产，2018，(8)：66-61.

[3] 郭涛. 田园综合体建设的路径选择分析 [J]. 低碳世界，2018，(2)：330-331.

[4] 孙吉浩. “田园综合体”模式下休闲农庄设计研究 [J]. 中外建筑，2017 (11)：113-116.

[5] 戴大方，王景亮，俞伟康. 田园综合体建筑特色与色彩规划研究 [J]. 山西建筑，2016，42 (21)：3-4.

[6] 丁歆. 田园综合体乡村景观规划设计发展新模式 [J]. 现代装饰（理论），2016，(6)：66.

[7] 刘明. 田园综合体乡村景观规划设计发展新模式 [J]. 农技服务，2017，34 (9)：109-110.

[8] 罗一墩，肖洒，胡最等. 文化景观基因理论对耒阳“江头贡茶文化园”的规划探索 [J]. 经济地理，2016，36，(8)：202-208.

[9] 谢建宏. 论参与性旅游活动的模式和特点 [J]. 山东行政学院山东省经济管理干部学院学报，2005，(6)：61-63.

[10] 胡向东，王晨，王鑫，等. 国家农业综合开发田园综合体试点项目分析 [J]. 农业经济问题，2018，(2)：86-93.

[11] 戴鹏飞. 常宁市三鑫生态农庄规划与设计研究 [D]. 长沙：中南林业科技大学，2017.

第五部分

农村产业融合助推衡阳经济高质量发展实证研究

第十一章　衡阳市瑶族文化振兴与旅游产业高质量发展互动机制分析及实现路径研究

第一节　背景解读

一、旅游扶贫与乡村振兴

2014 年 11 月，国家发展改革委等 7 部门联合发布了《关于实施乡村旅游扶贫富民工程推进旅游扶贫工作的通知》，该通知指出，要加快完善基础设施建设，使一些重点村的旅游接待条件得以改善。注重乡村旅游发展，并实现规范化管理，加强精品景区建设，发挥其辐射带动作用，使一些重点村尽快实现脱贫致富的目标；加强重点村旅游宣传推广，提高旅游市场竞争力等 5 项重点任务[1]。在党的十八大上，乡村振兴战略首次被提出，这也预示着乡村发展问题已经成为国家战略问题。关于乡村发展，十九大提出 20 字的战略要求，即“产业兴旺、生态宜居、乡风文明、治理有效、生活富裕”的要求，以实现对社会、政治、乡村经济以及生态的全面覆盖。与此同时，还提出了“生态+”“田园综合体”等一系列全新概念，使得乡村发展的界定更加多元化。旅游是推动乡村发展的重要动力，过去一直推崇“美丽乡愁”理念，而现在正式提出“乡风文明”，使得旅游的重要性得到更多关注，战略地位也持续上升。可以预见，在未来乡村发展过程中，乡村旅游振兴将扮演十分重要的角色[2]。

二、乡村文化与乡村振兴

要实现乡村振兴，不应仅停留于形式主义，而应抓住其灵魂。这便需要充分发挥文化传承作用。2014年8月，文化部出台推动特色文化产业发展指导意见，首次在国家层面明确特色文化产业发展的目标和任务是“保护原始风貌自然生态，推动中国文化产业去‘寻找故乡’”，加快经济转型升级和新型城镇化建设，充分发挥文化的“育民、乐民、富民”功能。随着乡村振兴战略的不断推进，乡村发展与文化更加紧密，并建立了积极互动的关系。加强乡村文化的保护与传承，为乡村振兴进行文化基因传承提供了新的发展路径。如此一来，乡村发展便能借此加快产业结构优化，积极获得文化认同，共同铸就“美丽乡愁”，并转化为推动乡村转型与升级的“动力源泉”。

乡土文化是千百年来劳动者延续下来的精华，它是对人类认知和把握自然及社会规律状况的一种有效反映。在城镇化水平日益提升的情况下，国内城乡差距日益明显，乡村长期得不到快速有效地发展。为此，乡村振兴战略在十九大会议上被明确的提了出来，这也意味着乡村地区开始逐步落实“五位一体”这一总体布局。乡村振兴离不开文化振兴这一坚强内核，文化传承更是乡村振兴之短板和弱项[3]。因此，在乡村文化振兴实践中，湖南如何有效地保护好传统的农业文化遗产基因，科学合理地利用好我省优秀的乡土文化资源，对乡村振兴时代解决我省的“乡土文化”问题具有迫切的现实意义。

三、乡土文化是乡村振兴的坚强内核

1. 乡土文化的含义

科学的、正确的民族价值观的形成，离不开乡土文化这种强大的精神内涵，也离不开农村及农民的交流习惯和思维理念等。乡土文化是某个地域内长期存在的、被人们广泛接受的、地方特征非常明显的个性文化，和“产业兴旺、生态宜居、乡风文明、治理有效、生活富裕”这一系列要求完全相符合[4]。湖南地域辽阔，区域内存在多样化的地理及人文环境，湘南、湘北和湘西这三大区域文化便由此而生，并逐步发展繁荣起来。不同的乡土文化拥有自己独特的文化底蕴及个性化的表现形式。湖南乡土文化的形成和发展依赖于特定的历史时期，记载了古代农业文明，将历史建筑和山水田园景象很好地传承并展现出来，使得农民传统的耕种及生活方式完整地保留下来。这是当地物质及非物质文化遗产的集中体现。乡土文化有助于培养和塑造良好的中华民族文化，帮助广大中华儿女养成良好的、高尚的思想道德品质。乡村振兴战略的顺利施行，倡导现代文明，推广现代生活方式，必须要对优秀的传统乡土文化进行充分合理的运用[5]。乡村振兴战略实施期间，怎样对不同地区的乡土文化进行合理有效地保护，并将现代化元素引入进来，努力实现乡土文化的转化、创新和创造，是值得全社会认真思考的问题，也是我们在新时代文化工作中应该重点关注的内容。

2. 乡土文化的保护与传承要以村民为主体

十九大报告特别提到，应该给予农业农村足够的发展优先权。从基层政府角度来看，在实施乡村振兴战略中，应该做到合理引导，统筹兼顾，提供足量的资金支持，制定并完善有关制度，为保护和开发乡土文化注入强心剂。当文化企业只是具体事务的执行者和被监督者时，民众才是乡土文化遗产传承和创新的主体。因此，乡土文化的保护与传承是立足于农民，立足于真正的民间文化传承。乡村振兴的主体是农民，应该充分激发并调动其创新、创造积极性与主动性。

3. 乡土文化的保护与传承是实施乡村振兴战略的基石

产业振兴在“乡村振兴”战略中占据重要地位，应该对优势及特色产业进行精心挑选和大力培育，在农村构建一个总体协调，特色明显，可持续发展，低碳环保的现代化、高效化产业体系，为乡村振兴战略的实施奠定坚实根基。显然，乡土文化既是振兴乡村文化的坚强内核，也为乡村振兴提供了强有力的产业支撑，为民族优秀传统文化形成和发展培育了优良的种苗。乡土文化的消失，既让农村文化血脉中断，文化基因丧失，而且也使特色产业塑造失去了推动力。因此，在乡村振兴中一定要重新认识乡土文化的价值，完善乡土文化保护与传承机制，更加合理有效的保护、配置、开发和运用丰富多样的乡土文化资源[6]。

四、乡村振兴中完善乡土文化保护与传承机制

1. 强化总体规划，建立文化保护与传承长效机制

（1）以保护和传承乡土文化为主要内容，组建专门的工作组，让不同职能部门分工协作。以保护和开发乡土文化为主题设置特别领导小组，在党政领导指挥下，让有关部门领导、骨干和专家共同参与进来，对保护、传承、开发和利用乡土文化的有关工作进行统一规划、合理配备和全面指导。这些职能主要涉及认定乡土文化遗产，调研审查，保护和传承，规划制定及实施，政策制定、落实和完善。此外，还要合理划分不同部门职权，对有关问题进行协调处理。举例来讲，文物单位来统计并管理古建筑和非物质文化遗产，城建或土地部门来管理乡村规划建设活动，旅游部门来审查“特色小镇”等旅游开发项目，监管文化保护工作等[7]。

（2）在考核政府绩效的时候，引入乡土文化保护与开发这一重要指标。政府应该对文化工程理念有一个全面深刻的认知，时刻坚守文化强省建设方针。湖南省的农业产业占比相当高，应该优先关注农村乡土文化，对保护开发工作给予重点关注。现实工作中，对

“政绩考核”机制进行改革和创新，在政府及有关领导绩效考核工作中，将乡土文化保护、文化工程建设情况等指标引入进来；将严格规范的责任追究机制建立起来，破坏者必须承担相应责任，不可用牺牲传统民族文化的方式来换取现实经济利益。此外，在发展过程中大力追求创新，对“抢救”“保护”和“开发”三者关系进行妥善处理，适时、适当的表扬或奖励贡献较大的领导。

2. 加强日常宣传，提升村民文化认知和文化自觉性

（1）借助多样化平台大力宣传乡土文化。在互联网、电视等媒体平台的支撑下，对乡土文化进行广泛宣传，举办学术交流、讲座、竞赛和专题会议等活动。建设乡土文化博物馆，让村民能够全面、深刻地认知民间的乡土、民俗、景观和非物质等文化，提高其自身文化的自豪感，使得其保护及责任意识得以培养和增强[8]。

（2）从村民喜好出发，让乡村文化站充满活力，为村民提供可以休闲娱乐的文化配套设施。乡村文化站要借村民文化偏好的势头去推动各项工作，将乡土文化融进乡民的休闲娱乐活动中，逐步丰富乡村公共文化产品供给，让杂乱分散的广场舞成为富有文化内涵的现代化文娱休闲项目。在充分考量农民老龄化趋势日益明显这一特征的基础上，对群众接受度比较高的文体活动进行组织，并进行配套场所的建设；对农民意见进行征集和听取，了解农民现实需求，进行戏台、乒乓球台等活动场地的建设。在娱乐活动中引入文化教育内容，突出实质和内涵。活动内容要具备明显的针对性和极强的有效性，避免“假”“大”“空”。图书的分配和电影的放映也应该充分激发农民的积极性和兴趣。

3. 挖掘资源，丰富文化内涵

（1）丰富乡土文化展览馆。围绕文化主题及定位进行文化形象的塑造。应该将文化旅游资源的独有特色充分呈现出来，以历史上知名的人物或典故为主题，打造并重点宣传有关形象及服务理念。乡土文化资源的开发应该考虑将当地的文化属性融入活动当中，让游客们从各个方面都能认识和体会到旅游区的文化内涵。如在景点内可以利用一些人造景观来展示地方文化特征。

（2）对农业、乡村和乡土民俗等文化遗产进行深度挖掘和悉心整理，精准统计，有关数据，并做好归档工作，由专家来评估农业文化遗产的价值，对高质量文化遗产进行重点保护和大力传承。对乡村历史进行深刻研读，从区域特征及优势出发，对乡村文化价值进行深挖，对村级文化品牌进行打造和推广。突出各村特色，将其各自的独有资源充分利用起来。

（3）发挥政府的引导功能，完善“政府＋村民”联动机制。现如今，湖南尚未大力开发和整理民间乡土文化，优秀的民间文化元素还没有受到应有的重视和保护，文化传承还是以农民口头传播方式为主。要尽量利用人才资源，将基层政府、社会团体等组织的力量

充分调动和利用起来，对村级“文化保护组”进行组建，着力做好从最基层的农村乡土文化资料的收集、发掘和文字整理工作，深入发掘乡村文化价值。

4. 建立乡村文化人才库工作

对传播乡土文化的专业人才进行大力培养，在乡村振兴战略指引下，将合理的年度计划和月度计划制定出来，在村文化保护组内设置生态农耕和非遗保护等小组，对总体目标和任务进行具体分配，确保个体责任落实到位。当前阶段，鉴于老人、妇女和孩子是农村的主要群体，可以鼓励知识丰富、能力出众的退休人才回到家乡，引导部分妇女和老年人加入文化保护大军中。引导本地成功人士投资家乡文化保护事业，借此全面收集家乡优秀的传统文化元素，为传播和发展乡土文化贡献自己的力量。

5. 出台保护办法，强化乡土文化的有效保护力度

尽管国家已经围绕文物和非物质文化遗产保护制定了有关法律规范，然而在乡村振兴发展战略中，保护和传承乡土文化涉及了人文、自然和文化等多方面内容，在乡村建设工作中还是很多专题法规对文化保护都起不到应有的作用。应该尽快出台《乡土文化保护开发条例》，在乡村建设工作中，文化保护要做到切实有效，开发利用要做到合理适度，管理要做到科学规范。在文化保护方面，应该坚守历史真实、风貌完整和生活延续性这几项原则。此外，对乡土文化管理信息平台进行搭建，对覆盖省、市、县、乡镇和村这四级的综合管理体系进行构建和完善，对保护和开发乡土文化的有关的工作进行强化监管。执行乡村振兴战略期间，在保护和开发乡土文化有关法律规范的指引下，对有关监督机制进行建立和规范，确保各项措施得以落实到位。在搭建平台的基础上，让管理工作变得更加科学、精准和合理，分级、分档管理不同村落的文化遗产。对文化保护工作成果及成效进行适时，适度的公开，接受有关部门及社会公众的监督。在保护和管理乡土文化的过程中，尽可能地吸引广大村民积极主动地参与进来，对乡土文化保护平台进行搭建，让此项工作变得更加合法、规范和科学。

第二节　衡阳市塔山瑶族乡文化解读

一、生态内涵深厚，生态资源丰富

塔山瑶族乡位于衡阳市南部，是三市（郴州、永州、衡阳）四县（新田、桂阳、祁

阳、常宁）的交界处，距衡阳市区118千米，距永州市区110千米，距郴州市区约160千米。地形以山地为主，群山迭起，沟壑纵横。主峰天堂山海拔达1 265米。东江峡谷溯溪，全长约4千米。西江激情漂流，全长约10千米。塔山瑶族乡属于亚热带季风性湿润气候，四季分明，雨量充沛。境内植物种类丰富，古木众多，如上百年的南方红豆杉、珍贵的半枫荷等，森林覆盖率为41.9%。由于受域内大气候影响，加上境内地形复杂，各年的云雾、气温、日照变化无常。正是以山为肌骨，水为脉络，缔造了塔山自然之俊美。

二、盘王故里，瑶族史歌

塔山瑶族乡是衡阳市唯一的少数民族乡，包括13个行政村，总人口8 990人，其中瑶族4 349人，占塔山瑶族乡总人口的48.9%，主要分布在10个村20个组。瑶族民族文化源远流长。艺术奇葩《长鼓舞》、湖南省非遗保护项目“瑶族谈笑”，以及只有大喇叭与打击乐的瑶族乐器，无不妙趣横生，别具一格。盘王节更是塔山文化艺术中的瑰宝。每年农历十月十六日在塔山举行的祭祀盘王已成为全国盘王节祭祀最盛大的节日。瑶族盘王节、盘王歌以及长鼓舞，2006年5月经国务院批准列入第一批国家级非物质文化遗产名录。

塔山瑶族乡是典型的瑶族聚居区，民族文化特色凸显。其中瑶族传统民居（吊脚楼、斗墙屋、竹篱笆）、服饰（以青、蓝、黑色为主，镶各色花边和花鸟图案，配头饰耳环）、食俗（竹筒当锅煮饭、火煨烧玉米红薯、苦槠豆腐、瓜箪酒、石板蛙等）、工艺美术（竹编、挑花、雕刻等）等均展现了浓郁的瑶族特色民族文化。同时，瑶族风趣的民间节日活动（正月初一春节、初五“送穷”、十月十六盘王节）仍在塔山瑶族乡境传承至今，同时汇聚衡阳地方特色的“谈笑”为媒、满姑“坐嫁”、新娘“哭嫁”以及颇为流行的“入赘婚”等瑶族婚俗风情共同构成的具有塔山瑶族乡特色的文化语境，这也是未来乡村建设与发展过程中的文化宝藏。

三、山水交织，休闲之乡

塔山旅游资源丰富，生态环境优异，山、水、花、林、茶、瑶是彰显塔山休闲特色的六大硬要素。天堂山是常宁市境内的第一高峰，属南岭山脉，群峰毗邻，地势素雅秀丽，山顶是草甸，山腰是杜鹃花，山底为茶园，生态良好，终年云雾缭绕。西江发源于天堂山，全长约10千米，沿江高山峡谷、瀑布飞泉、云海雾凇，滩险湾急，落差高达150米，西江漂流誉为中华瑶乡第一漂。塔山红豆杉树龄超过800年，具有极高的观赏价值，而茂盛的楠竹有“常宁竹海”之称。塔山盛产山岚茶、苦丁茶两大名茶。山岚茶属于有机食品，有生津止渴、防病抗癌、减肥健美、延年益寿之功效；苦丁茶清香有苦味、而后甘凉，素有“保健茶”“美容茶”“降压茶”等美称。天堂山上杜鹃花生长周期长，品种众多，花色主要有淡红、深红、淡紫，俗称“人间四月芳菲尽，天堂山上杜鹃红”。瑶药也是塔山民族乡的独特文化标识，以治疗风湿骨痛最为出名。

第三节　瑶族文化振兴与旅游产业高质量发展互动机制分析

一、生态文化引领旅游，形成多层次的乡村休闲旅游发展空间

生态文化衍生于一定的环境，并不断得以发展，动态性构成其基本特征。为有效保护和传承乡村文化，应当始终把握“生态、动态、活态”的基本理念，加快建立相应的推动引导机制，即不再拘泥于“静态保护”，而应向“动态传承”积极过渡。换言之，就是一方面要充分挖掘乡村文化，并积极加以整合，另一方面要立足于城乡发展实际，在旅游产业发展过程中融入生态文化，从物态文化向非物质文化转化，从文化深度向乡村广度转化，从多个维度保证文化脉络得以继承与创新，以绿色养生、全方位养生为手段，顺四时、调身心，通过“四季五行九养”的养生模式，打造天堂山泡瑶浴、瑶药养生健身游项目，提升生态、养生价值链。

二、以全域旅游发展为理念，促进文化与产业相融合的乡村文化振兴

根据党的十九大报告精神，积极加强农村第一、二、三产业的相互发展，并实现共同发展。并指出乡村振兴战略的实施动力在于产业，出路在于融合。文化是促进乡村发展的灵魂所在，是十分宝贵的资源，必将推动乡村振兴。进入新时代后，要想实现传承与振兴乡村文化的目标，就不应再受传统文化保护理念与模式的束缚，用好文化这一有利抓手，使文化、农业以及旅游实现产业跨界，促进文创、农创以及旅创的融合，使乡村文化实现传承和振兴。要为乡村赋予产业发展、文脉传承的动力。要积极加强乡村文化传承体系创新，把握文化导向，以旅游为主体，促进文化旅游的相互融合；要加快文化集成，实现要素集聚，从而建立起乡村田园综合体，赋予乡村发展的动能，促进农村产业、地域风情以及民族文化的相互协调发展。积极推动乡村文化和产业的相互融合，要让农业产业化具备更加丰富的内涵，功能更加多元化、利益联结更加紧密，使之成为推动乡村文化传承与振兴的重要动力。

三、以“互联网＋”为平台，加强乡村旅游产品开发

在历史的孕育过程中，乡村文化这颗璀璨的明珠一直淹没在广袤的乡土间默默无闻，得不到人们的关注。在广阔的农村中缺乏乡村文化特色内容，传播也处于空白状态。而现在乡村文明在时代的发展过程中不断受到信息化与网络化的洗礼，并进入一个崭新的时代。不管是乡村特色文化还是乡村特色产品，都是有效的“乡村网红”素材。与城市文化相比，乡村文化有着更加迫切的传播与宣传需求。在这种形势下，就要找准本土文化特色突出的乡村内容进行转换，加强对互联网新媒体平台的运用，促进乡村文化的广泛传播。特别是最近几年，国家相继推出农村电商、“互联网＋”等一系列的新概念，我们更要抓住时代契机加快保护与传承乡村文化，依托现代化的平台，针对乡村文化构建持续有效的保护与传承体系，树立乡村文化品牌。

第四节　瑶族文化振兴与旅游产业高质量发展协同共进路径选择

一、依托山地农林畜牧业资源，大力发展旅游产业

着力将乡村旅游打造成为塔山精准扶贫的绝佳产业，提高山区产业价值，实现山区脱贫致富[9]。规划传承塔山特色空间肌理，延续空间文化脉络，以“保护乡村传统风貌及文化”为策略，以美丽乡村、文明新村、养生名村为发展导向，推进区域联合打造旅游品牌，加强产业融合推进农旅一体化，以重点项目开发、景区创建、基础设施和公共服务体系建设为抓手，健全旅游产品体系，提升旅游服务功能，培育旅游消费市场，优化旅游发展环境，将塔山瑶族乡打造为全省知名“生态、传统、健康”的乡土乐园、瑶家风情体验及山乡农业生态旅游区[10]。

依据塔山的开发条件与发展定位，塔山瑶族乡旅游空间将形成“一轴一基地，三片区多组团”的空间结构（图 11-1），体现塔山瑶族乡“山、水、林、花、茶、药”的特色风貌。一轴即弥塔公路旅游发展轴心；一基地即板角旅游综合服务基地；三片区即天堂山户外生态休闲养生区、大西江瑶寨风情休闲体验区、山地农业与乡村旅游示范区；多组团即鳌头茶主题休闲养生组团、天堂山康体休闲组团、下阳欢乐牧场休闲组团、松塔康乐药园

休闲组团、高岭农夫乐园休闲组团、上阳吉祥水果休闲组团、茅坳竹韵山色休闲组团、茶群创意木工休闲组团。

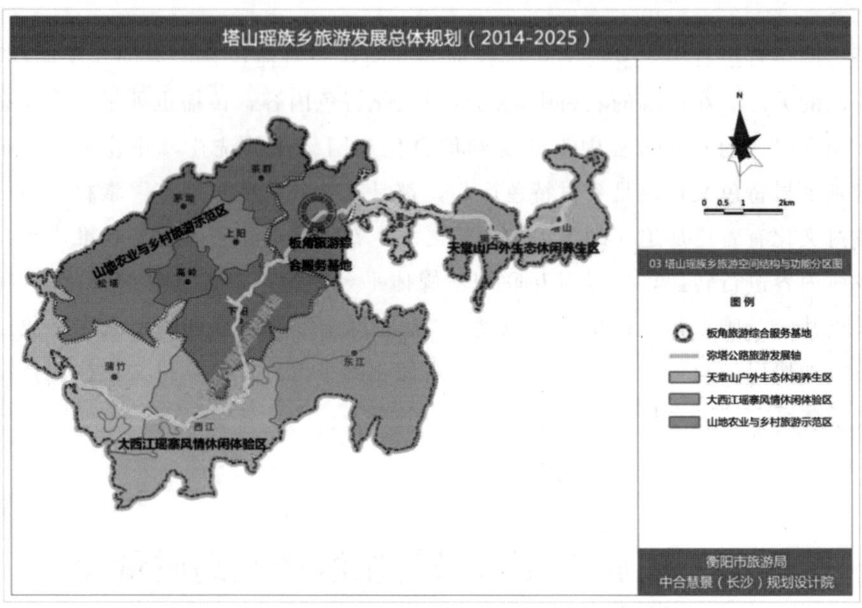

图 11-1　塔山瑶族乡旅游发展总体规划图

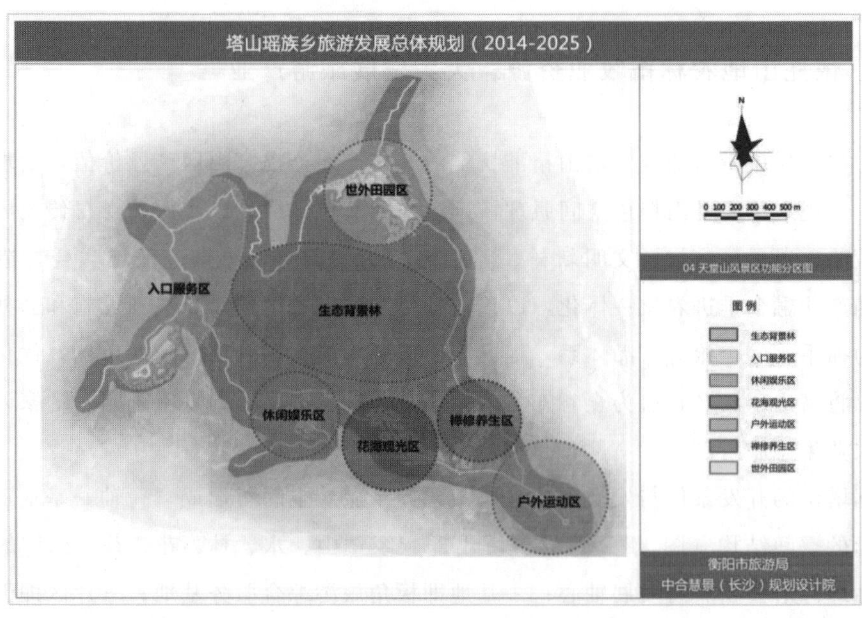

图 11-2　天堂山风景区功能分区图

二、打造“三产融合、多元互动”的乡村文化产业

要推动乡村发展，保证乡村文化顺利传承，就必须突出产业的重要地位[11]。所以，在新的发展时期，为了实现乡村文化振兴，就必须加强文化与产业的相互融合，加强对各种乡村独特资源的应用，如民族特色、地域特色等。要积极探索新型农村发展模式，使乡村文化和康养、农业以及旅游产业实现相互融合。要注重观光农业、创意农业以及体验农业的发展，加强田园综合体发展模式推广，构建乡村特色产业发展模式，确保乡村发展过程中乡村文化能够真正融入其中，并实现保护与传承。

塔山瑶族乡有着丰富的文化资源，文化类型主要有地域民俗文化、生态山水文化以及历史文化等。要深入挖掘各类文化内涵，及时加以梳理和整合，并构成新的乡村文化产业链条，保证其丰富且具有内涵。认真分析各种类型的文化分布，并结合乡村空间格局，形成点、线、面一体化的文化网络格局。

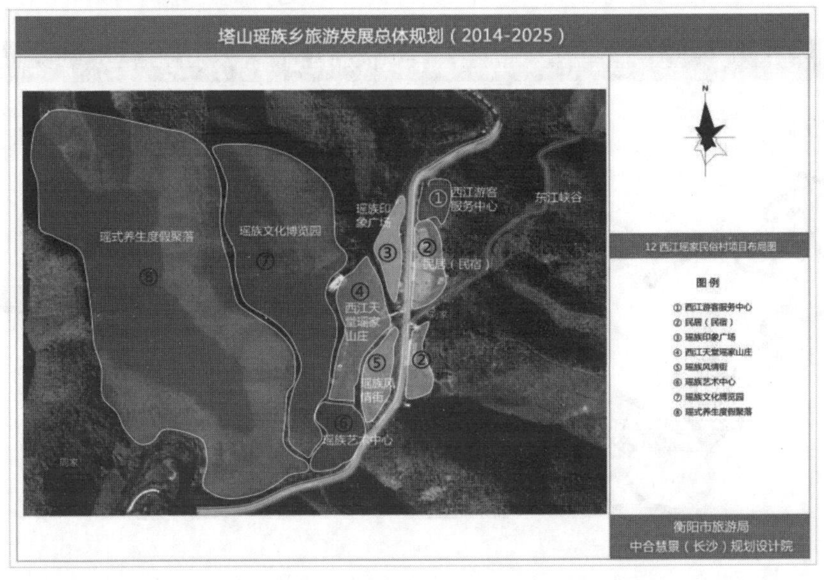

图 11-3　西江瑶家民俗村项目布局图

明确工作目标，加强历史文脉延续，推动乡村文化传承，着力打造景观节点，并进行有效串接。以天堂山风景区、大西江风景区、生态农业为主要板块，以瑶家风情为主要特色，以塔山山峰、林地、茶叶、药材、峡谷、溪涧、田园、畜牧等为载体，联动山区种植业、畜牧业等农业类型，立足全域全民发展旅游，打造以生态观光、山地休闲、文化体验、乡村休闲、瑶式养生、户外运动为主要功能的瑶家风情体验及山乡农业生态旅游区，托起塔山瑶族乡乡村文化旅游产业新格局。并依托塔山瑶族乡天堂山户外生态休闲养生

区、大西江瑶寨风情休闲体验区、山地农业与乡村旅游示范区等三大片区的特色旅游产品，打造“三天两夜”精品旅游线路。

三、恢复传承民居风貌，营造“民族浓郁”的乡村文化风貌

对于瑶族特色传统民居进行有效保护与恢复。全力修复和改造塔山瑶族乡民居，对于其建筑立面、建筑色彩、建筑材料、建筑细部、建筑门窗、特色传统符号等提出统一的管控和要求。同时，对于民居内部的绿植、铺装、农具等元素提出建议。充分展现瑶族传统民居特色，建设塔山创意农居，对塔山村集中改造，融入创意民俗、乡土餐饮、乡土民风体验等文化元素，建筑立面以灰色为主色调，局部增加雕花等传统符号。同时，按照传统民居的风貌提质改造西江天堂瑶家山庄，深入挖掘瑶族民俗文化元素，打造元素多样化、体验多样化的集乡村生态观光、瑶家民俗文化休闲、瑶式养生度假等多功能的瑶家民俗村，展现瑶民人家的传统文化特色。

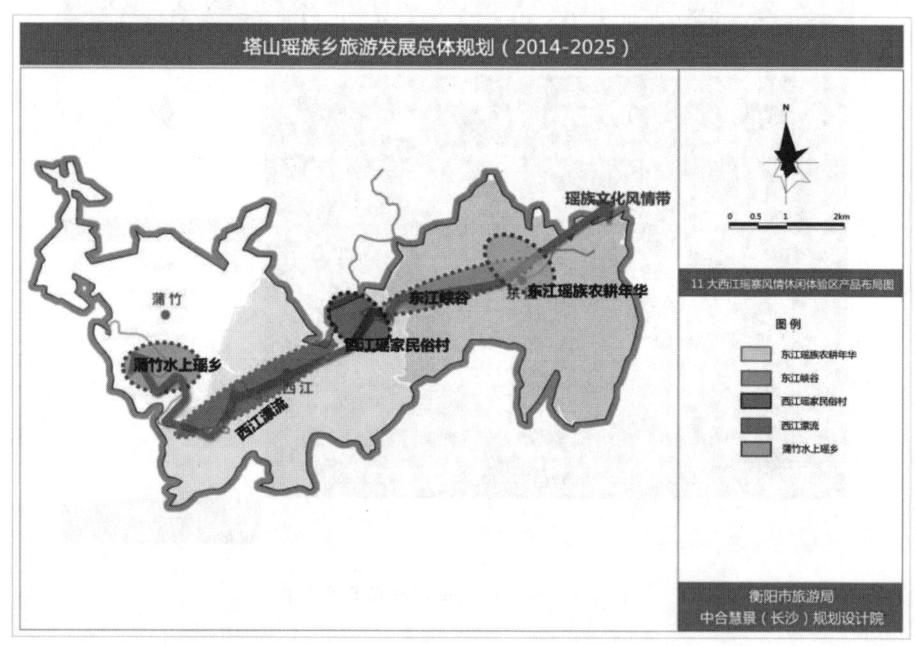

图 11-4　大西江瑶寨风情休闲体验区产品分布图

四、营造文化景观节点

以瑶族文化为依托，采用传统民族符号，建设具有民族文化特征的瑶族印象广场（利

用瑶族传说故事以及民族风情等元素，设计文化景观，营造瑶族文化氛围，强化游客印象）、瑶族风情街（按照传统瑶族建筑样式修建街巷，导入餐饮、住宿、购物等多样化的商业业态）、瑶族艺术中心（以瑶乡特有的民间艺术为依托，建设民间艺术创作基地和剧场等设施，将艺术村打造成一个民俗艺术荟萃、内涵丰富、氛围浓厚的瑶族民间艺术高地。支持项目包括瑶族民歌创作基地、情景式瑶族民俗歌舞“瑶族谈笑”“瑶族恋人”情歌对对碰等）和瑶族文化博览园（结合瑶族文化特色，采用“一园一主题”的形式打造文化概览、餐饮美食、民族工艺、歌舞曲艺、医药养生、纺织蜡染、风俗礼仪等七个主题院落），充分展现与传承瑶族文化内涵与特色。

五、构建“立体开放、信息动态”的乡村文化旅游平台

建设“互联网＋”乡村文化宣传展示平台，建立乡村旅游电子商务平台等信息化管理模式，加快建立乡村文化旅游价值输出体系。综合运用物联网技术以及大数据技术，就乡村文化旅游的新型业态展开积极探索，比如旅游产品个性化定制服务、众筹文化旅游等。借助网络信息平台优势，不断加强塔山瑶族乡村旅游品牌宣传，确保乡村文化旅游能够真正“走出去”。同时，还要加强新时代新技术的应用，使乡村文化旅游得到持续推广。

第五节 瑶族文化振兴与旅游产业高质量发展协同共进的对策

一、地方政府应采取多种方式筹集乡土文化保护与传承基金

地方政府应该对多种筹集渠道进行开发和利用，为乡土文化保护和开发工作筹集充足的基金。首先是市场化运作方式。借助租赁或外包土地或房屋的产权，以及招商引资等方式，对社会资金进行吸收，对乡土文化资源进行联合开发和共同保护。其次是将有效的奖励制度建立起来。按年度奖励在乡土文化保护和传承方面有突出工作表现的组织或个人。再者，以乡土文化保护为主题，设置专项基金会。在网络等宣传方式的辅助下，引导本村成功人士投资本村，向全社会发出资助申请，将那些有突出贡献的组织或个人写入乡村发展史等。最后，假若乡村可发展旅游业，以属地分成方式分配旅游收入，乡土文化保护工作可由此享受到相应的资金配额。

二、地方政府在乡村振兴实践中应明确文化保护资金的比例

地方政府在投资新农村建设和城镇化发展项目中，更多是对短期建设成果及成效更为关注。此种情况下，一般会统一规划建设，很多乡村因此丧失了自己的特色。在乡村振兴战略实施期间，地方政府应该对乡村建设规划进行科学制定，也应该对乡村特色进行尽可能地保留，对乡土文化进行重点保护和适度开发，对文化保护资金占比进行合理确定。不同乡村文化不能一味地沿用统一的保护方案，应该将自身特色充分凸显出来。举例来讲，湘南乡村建筑拥有明显的山水文化特征，在建设新型乡村的时候，应该以修复为主，这样既不增加建设成本，也不会破坏原有的特色。湘西、湘北拥有各自特色化的人文和民俗文化，应该在此方面投入大量的保护资金。在开发建设特色小镇和旅游项目的时候，不能单凭资金投入量来选择开发商，不可单从商业角度去规划和建设乡村，也不应对传统村落、自然和生态格局不管不顾，肆意破坏。

三、依托乡村资源，提升文化旅游核心竞争力

湘南乡村景色秀美，人文气息浓厚，民俗风情多种多样，文化内涵非常丰富，人们能够从湘南农村感受到的既有美景，也有深深的文化沉淀，开发前景非常广阔。从当地现实情况出发，将其文化优势充分发挥出来，以既有特色的保持为根基，发展具有明显生态特征的特色化和品牌化乡村旅游项目。在条件符合的情况下，部分区域可在“全域旅游”思路指引下，实现旅游发展和文化保护、生态保护相结合，将生产、生活和生态开发及保护有机结合起来，对休闲、度假、参与和体验等项目进行重点开发和打造，将全新乡村旅游业态打造出来。使文化、旅游和谐共生，彼此促进。

四、进行深度开发，打造文化品牌力

乡村振兴战略执行期间，有关部门在保护和开发乡土文化方面制定政策法规时，应该对特色文化的价值和收益进行统筹兼顾，不可为片面追求经济效益而忽视文化本身的价值，也不可在脱离民间乡土文化发展现实的情况下制定并推行一些硬性政策，或刻意分割乡土文化的实践主体和其传统形态。首先，我们要对优秀乡村传统文化的基因进行激活，运用现代化方式对其进行解读。此外，用一些现代元素来改造和创新优秀的传统文化，从村民现实需求出发，在政府指引下，在龙头企业的带动下，在社会共同参与下，将全新发展模式创造出来，对文化资源进行深度挖掘和高效利用，对地域优势文化资源进行整合，丰富乡土文化，使品牌价值在其文化根脉上得到最为鲜明的体现。

五、注重乡村文化与旅游产品的融合协调，坚持适度开发

旅游和文化是无法完全隔离的，旅游经济对文化资源产生了极强的依赖感，旅游发展便是对景点灵魂的探寻。就此来看，应该从当地的特产特色出发，对旅游资源进行丰富和充实，方可对游客产生极强的吸引力。从旅游景点角度来看，其旅游资源应该具备充足的文化内涵。乡土文化来自当地长期以来的历史积淀，特色旅游产品的开发也以此为根基，在对旅游资源文化内涵进行挖掘的过程中，让旅客对乡土文化积淀有一个全面的、深刻的感知。此外，开发要适度，对特色化的生态农业进行大力发展，让农户在生态理念指引下对绿色有机农产品进行生产，传承、升级并创新传统工艺，实现传统元素和现代元素的有机融合。在山区培育并大力发展特色化的乡土文化产业，增强乡土文化发展的持续性。

六、各级政府应加大投入力度，将乡土文化保护与传承纳入本级财政预算

在乡土文化保护工作方面，政府任务取决于其公共职能。首先，省、市政府负责进行“乡土文化基金”的设置。其次，县政府在财政预算中划拨乡土文化专项经费，用来维护乡村景观、保护乡村古建筑、维持当地生态环境、传承和发展当地非遗文化等。此外，对于村级“文化保护小组”，应该按年度进行活动经费的划拨。

总之，在乡村发展过程中，乡村文化旅游将发挥积极的作用，有利于乡村振兴战略的实施。在乡村振兴的大背景下，应当加快乡村文化保护和传承，着力塑造全域文化旅游环境，立足乡村振兴发展建设实际，深度把握示范区山水、田园、峡谷等资源特色，挖掘整合瑶族传统民族文化，大力发展以瑶文化休闲为主，以生态观光、养生保健、户外运动、乡村休闲为辅的大西江瑶族风情休闲体验区，构建文化保护、传承与旅游开发相结合的文化保护与传承策略机制。以此促进乡村文化在旅游扶贫领域中的光彩再现，同时也将“乡村文化”作为农耕文化的深度体验，以及世外桃源生活的情景打造的重要发展动力因子，促进塔山淳朴的民俗风情和优美的田园环境建设新一轮的发展和提升，同时唤醒沉睡已久的塔山瑶族历史文明与浓浓乡愁。

参考文献

[1] 潘昱丞，唐良申. 乡村振兴与农耕文化协同推进的逻辑与路径 [J]. 现代经济信息，2018，(9)：5-6.

[2] 郑凤贤. 乡村振兴视角下农村职业教育有效供给研究 [D]. 广州：广东技术师范大学，2019.

[3] 江又明. 乡村振兴中安徽乡土文化的保护与传承机制研究 [J]. 池州学院学报，

2018，(5)：77-81.

[4] 黄震方，黄睿. 城镇化与旅游发展背景下的乡村文化研究：学术争鸣与研究方向[J]. 地理研究，2018，(2)：233-249.

[5] 彭雅惠. 湖南常住人口逼近6 900万人[N]. 湖南日报，2019-03-01 (2).

[6] 邓金. 乡村振兴战略背景下大学生村官功能拓展研究[D]. 南昌：南昌大学，2019.

[7] 曹云，周冠辰. 城镇化进程中乡土文化的保护困境与有效传承策略[J]. 现代城市研究，2013，(6)：31-34.

[8] 李铁鹏. 乡村振兴战略视角下的乡村文化保护与振兴策略——以沈阳市拉塔湖村为例[J]. 产业与科技论坛，2018，(12)：222-224.

[9] 郭志敏，白淑英，郑颖莉等. 巴彦淖尔市乡村生态旅游发展模式探析[J]. 内蒙古科技与经济，2016，(14)：12-13，26.

[10] 黄洲，钟文干，成伟光，等. 广西精准扶贫机制创新研究[J]. 广西经济，2015，(10)：32-36.

[11] 衡阳市旅游局，慧景（长沙）规划设计院. 塔山瑶族乡旅游发展总体规划(2014-2025)（文本）[Z]. 2014，12.

第十二章　农村产业融合发展背景下衡阳市实施“农民大学生培养计划”的探索与实践

——以衡阳市广播电视大学为例

2004 年 2 月 20 日教育部召开新闻发布会，向社会宣布实施“一村一名大学生计划”。“一村一名大学生计划”是教育部发展农村高等教育的一项新举措，旨在利用现代远程教育手段将高等教育送到农村，为农村培养能够适应社会主义市场经济发展需要的科技人才和管理人才，使他们成为发展农村经济和农业生产的带头人、农村科技致富的带头人，以及发展农村先进文化的带头人[1]。

2007 年 12 月，湖南省委组织部、省教育厅、省财政厅联合向各市州委组织部、市州教育局、财政局和湖南电大下发了《关于在全省实施农村党员干部“一村一名大学生计划”的意见》（湘组发〔2007〕12 号），决定依托湖南电大系统，组织实施农村党员干部“一村一名大学生计划”。2014 年 12 月，湖南省委组织部、省教育厅、省财政厅、省人社厅联合向各市州委组织部、市州教育局、财政局、人社局下发了《关于实施“农民大学生培养计划”的通知》（湘组发〔2014〕12 号），决定从 2014 年起在全省实施“农民大学生培养计划”，培养对象主要是村干部、村级后备干部、农村中共党员。它是“一村一名大学生计划”的升级版。

衡阳市是首批参与全国“一村一名大学生计划”试点的地级市。2005 年秋季，市委组织部、市农委、市教育局、市财政局、市人事局、团市委和市电大等联合发出通知，正式启动“一村一名大学生计划”（当时称为衡阳市乡村人才培养计划，2006 年更名为“一村一名大学生计划”）。2011 年 7 月，根据衡阳农村发展实际，市委组织部牵头启动实施了“农民大学生培养计划”项目，依托市电大，培养适应农村发展需要的实用型人才。市委、市政府高度重视衡阳市的农民大学生培养工作，将之作为加强农村基层党建的基础工程和精准扶贫工作的战略举措来抓。市委组织部、市教育局、市畜牧水产局等市直部门大力支持，确保了项目的顺利实施。

计划实施十三年来，我校始终不忘责任担当，主动对接衡阳农村基层组织建设、对接精准扶贫的要求、对接乡村振兴战略，坚守为新农村建设培养实用人才的初心，坚持以学员发展为依归，以质量管理为保障，以培养学员能力为重点，创新培养模式，强化教学和管理措施，优化教学支持和学员发展服务。十三年来，共招收农村行政管理、农村经济管理、乡镇企业管理、畜牧兽医技术与管理、法学（农村法律事务方向）等专科、本科学员9 353人（2015年后招收2 862人），毕业学员6 400余人。2017年，在全市村“两委”换届中，有599名农民大学生被选为村党组织书记，有1 935人选为村“两委”成员，列入村级后备干部560人，并涌现出1 248名致富带头人，打造出一支“不走的‘三农’工作队”。如今，农民大学生培养计划已成为衡阳落实十九大精神、激活农村内生发展动力、推进乡村振兴的重要举措。

第一节　乡村人才培养的探索

为抓好“农民大学生培养计划”的实施，我市从项目启动开始就由市委组织部牵头，依托市广播电视大学的具体实施，将农村党员干部远程教育与电大开放教育有机对接，既丰富了农村党员干部远程教育的内容，又创新了培养乡村人才的模式、途径和方式，探索了一条推进我市农村党员干部学历教育的有效途径。

一、优化机制，保障有力

1. 统筹推进机制好

“农民大学生培养计划”由组织部门牵头，主要做好“农民大学生培养计划”的组织动员、新生审核、学员管理、工作部署与督导考核等工作。市委组织部每年组织召开“农民大学生培养计划”工作会议，听取相关单位工作情况汇报，加强对教学管理工作的具体指导，并组织对“农民大学生培养计划”实施情况进行专项检查。检查内容主要包括学员招生、学费收取、教学管理、专业与课程建设等。对在检查中发现的问题，及时督促整改。教育、财政、人社等部门按照职责分工积极发挥作用，财政部门在“农民大学生培养计划”学员学费资助、资金监管方面给予支持和监管；人社部门负责农村实用人才培养、评价、职业技能鉴定、职称评定工作，并按政策对本级电大实施“农民大学生计划”项目给予相应经费补贴。市畜牧水产局积极参与畜牧兽医专业的教学与组织管理，在教师聘任、基地建设等方面发挥重要作用。市电大认真做好教学计划制定、课程资源建设、教学过程落实、教学管理与质量保障等方面工作。通过各方面的共同努力，逐步形成市委主导、组织部门主抓、电大具体实施、相关部门积极参与的“党政校”多方联动的良好格局。

2. 学员发展保障政策好

市委组织部把“农民大学生培养计划”当作加强农村基层组织建设、打赢脱贫攻坚战的重要举措来抓，出台了对学员学费实现全免的政策。2017 年，《市委组织部机关贯彻落实〈关于充分发挥组织部门职能作用为打赢脱贫攻坚战作出重大贡献的通知〉（湘组电〔2017〕11 号）的九项工作措施》（衡组通〔2017〕27 号）提出：持续实施“农民大学生培养计划”，学员个人承担学费不超过学费总额 30%的部分由县市区财政全部兜底。从 2017 年起，衡阳“农民大学生培养计划”实现了学费全免。为确保政策落实，市委组织部每年组织专项督查。

重视学员使用和后续发展，出台了“七个优先”政策，即在符合基本条件的前提下，农民大学生学员在入党上优先、在聘为村级远教站点管理员上优先、在推荐担任“两代表一委员”上优先、在推荐提名村“两委”班子人选上优先、在推荐参加招录公务员考试上优先、在安排创业资金上优先、在推荐提名劳动模范等评选表彰人选上优先。2017 年村“两委”换届，《衡阳市村（社区）党组织和村（居）民委员会换届选举工作实施方案》明确规定，每个村一般应有 1 名农民大学生进入村“两委”班子。同时，“定向招考扶贫专干”。2017 年 9 月 13 日，市委常委会提出的《全省基层党建工作重点任务推进会及全省城市基层党建工作经验交流座谈会精神及贯彻落实意见》，明确指出要从脱贫攻坚任务较重且有事业编制结余县市的大学生村官、村（社区）干部、“一村一大”等基层人员中，公开选拔 100 名基层经验丰富、基本素质较高的同志到脱贫攻坚工作相对滞后的薄弱村担任扶贫专干，具体从事村级扶贫工作，方案正在实施中。

二、明确目标，精准定位

按照省委、省政府和省电大精准培养农民大学生的要求，衡阳从解决“三农”问题的实际出发，从学员需求和终身发展出发，从新时期电大的责任担当与转型发展出发，探索如何科学定位农民大学生培养计划，明确培养目标，实施精准培养。经过多年探索，结合时代特点，笔者从“三层级”明确了定位与目标。

1. 坚持“三个对接”的社会责任目标

“三个对接”即主动对接农村基层组织建设，主动对接“精准扶贫”的要求，主动对接乡村振兴战略，服务衡阳经济社会发展。

2. 坚持“一元四维”的学员培养目标

“一元”即为新农村建设培养实用人才；“四维”即培养农民大学生的学习能力、专业能力、创业带富能力和乡村治理能力。

3. 坚持“终身发展”的学员成长目标

——“三个培养”：把有志青年农民培养成农民大学生，把农民大学生培养成致富带富能人，把致富带富能人培养成乡村干部和乡贤名士。

——“四引四培”：思想引领，把农民大学生培养成政治上的明白人；创新引导，把农民大学生培养成农村发展的带头人；典型引路，把农民大学生培养成“互联网＋”的领路人；制度引擎，把农民大学生培养成乡村的当家人。

——“四员一者”：把“农民大学生培养计划”与农村党员干部现代远程教育高度融合，努力把每一名农民大学生培养成为远教站点管理员、远教喇叭操作员、远教电商领军员、远教脱贫帮扶员和远教服务志愿者。

——“三项教育”：注重加强对农民大学生的思想政治教育，在每个班都成立临时党支部，新生入学开展党性、感恩、责任“三项教育”，教育、引领农民大学生爱党、爱国、爱民，感党恩、听党话、跟党走，引导农民大学生争做一个有理想、有责任、有敬畏、有良知的新农民[1]。

三、重视质量，抓实教学

什么是有质量的教育？适合学习者、引领学习者终身成长和发展的教育才是有质量的教育。衡阳在实施“农民大学生培养计划”时，在专业与课程设置、教学模式与方式、教学管理与评价等方面充分考虑到了农民大学生学习需求多样性、学习能力和知识储备参差不齐、工学矛盾突出、居住分散等特点，按照为乡村治理和振兴培育人才、储备人才的要求，把农民需要学什么和要把农民培养成什么人才相结合，突出精准，将农民大学生培养为村干部（村级后备干部）、致富带头人和专业技能人才。

1. 科学设计专业与课程，突出适应、实用

（1）开设“适需性”特色专业。根据学员和农村产业发展的需求，灵活开设专业。2016 年衡阳开设了畜牧兽医技术与管理专科专业，两年来共招收学员 554 人；2020 年秋季，将开设专科“茶叶专业”。（2）构建“三模块”课程体系。根据精准培养的思路，突破原有学科体系的局限，从通识性、专业性、技能性三个方面，创设了“通识素质＋专业技术＋职业技能”三模块组合课程体系。（3）创设“实用性”特色课程。学校在所有专科

专业教学计划中统一开设了“农村应用文写作”“信息技术应用”“农村党建实务”“农村会计实务”和“农村政策法规”5门通识素质课程。衡阳根据当地农村种植养殖的特点开设了一些实用性强的地方特色课程，同时，对接市人社局“SYB培训项目”，把学业与创业教育融入课程体系，将知识与技能应用于实践，让农民大学生立足本地产业和本岗实际选择所需的学习课程，解决了供与需不对等、学与用脱节等问题。

2. 精心组建教师团队，强化支持服务

（1）建立了跨行业的面授课程专家团队，由理论专家、党建专家、农技专家、土专家共同组成。根据“全市比选，优中选优”的原则，先后从市畜牧水产局（协会）、市农科所、南华大学、衡阳师院、湖南环境生物学院及财工院、电大选聘各类课程教师36人，其中教授8人、高级农艺师（畜牧师）6人、副教授9人、博士2人、执业律师2人，建成了衡阳市“农民大学生培养计划”面授教师专家团队。如市畜牧水产局总畜牧师亲自把关畜牧兽医技术与管理专业的教师选聘，县市区组织部副部长、党建专家亲自担纲教学“农村党建实务”和“村干部领导方法与艺术”教学，很好地发挥了专家团队的作用，保证面授课的质量。（2）建立实践经验丰富的实训教师队伍。在全市范围内首批选聘出24位有头脑、有技术、有经验、有影响、有热情的“土专家、田秀才”组建实践教学专家团队，担任实践指导教师，所有“土专家、田秀才”都参加了实践教学的指导。（3）配强助学服务队伍。学校全权负责农民大学生培养教学和管理工作，配备了专职副院长和农民大学生专干，建立了助学服务团队。助学服务团队由教务人员、线上教学技术服务人员、班级导学教师（辅导员）组成。辅导员按行政班级配备，选择最优教师担任，负责教学组织及学生管理工作。

3. 创新教学服务模式，优化教学实施

（1）坚持“四结合”的教学模式。“四结合”即线上教学与线下教学相结合，理论课堂教学与实践教学、技能培训相结合，集中学习与小组学习、自主学习相结合，学习与应用相结合。“四结合”模式较好地解决了学员学习不便、学用脱节、缺乏交流等问题，教学效果好。（2）优化教学六方式。通常采用面授、专家讲座、实践教学（田间课堂）、空间教学与网上学习、小组学习、创业与技能培训等六种教学方式，帮助学员更好地处理工学关系，找到适合自己的学习方式，促进了有效学习。（3）完善入学教育和实践教学。完善了培训内容，形成了一套规范的流程。入学教育做到“三必培”，即终身学习的理念必培、信息化学习方式必培、“三项教育”（党性、感恩、责任教育）必培。培训流程规范化、标准化，并且建立入学教育考核制度，对培训没有合格的学员要求再培训，务必使学员实现“三个转变”。即树立终身学习理念，实现由农民到学员的转变；掌握信息化学习手段，实现由传统封闭学习向开放学习的转变；心怀责任担当，实现由自发到自觉自由的

转变。实践教学是培养学员的实际应用能力的重要途径，尤为重要。从2015年开始，我市在实践教学中精准发力，主要体现在两个方面：一是加强实践教学与创业基地建设，开展“三授”（教学实践与创业基地授牌、“土专家、田秀才”授证、志愿服务者授旗）活动，分两批挂牌建立了农村行政管理、种植养殖、旅游电商基地37家。二是创新实践教学组织形式，分“班级、小组、个人”三级开展，班级实践教学由开放教育学院负责组织和实施，每县每期1～2次，小组实践教学分乡镇组织，每期不少于1次，学员根据需要自主开展个体实践活动，辅导员按照“一帮一，一帮多”的模式帮助学生联系好基地[2]。

4. 完善管理和评价，突出规范、实效

（1）建立全市统一管理、分县组班、送教下县的教学管理模式。全市共分八个教学点，四个城区和衡南县这两个教学点设在市电大，其他六个县市各设一个教学点，南岳区和衡山县为一个教学点，按照“师资统一、资源统一、教学统一、要求统一”的要求，课程编排、教师安排、辅导员选派等全部由市电大统筹，有效解决了市县不平衡的问题，确保了培养整体质量。（2）加强对教学活动和过程的管理。全面落实省委组织部和省电大《农民大学生教学质量动态测评体系》，成立了由市委组织部牵头的农民大学生教学质量督导委员会，定期组织对全市“农民大学生培养计划”教学工作的巡查，开展听课、评课活动，出台了《加强农民大学生教学管理的十条规定》，有力促进了教学和学员管理。全面加强教学各环节的管理，确保过程落到实处。在常规教学管理中，明确了集中面授教学“六必须”（师资必须优中选优，必须有教案和PPT，必须保证教学时长，必须有师生考勤，必须有师生互相评价，组织部门必须参加督查），实践教学“六有”（有方案、有基地、有理论讲座、有实践讲解、有记录册或实践报告、有评价反馈），空间教学（网上学习）“双百”（100％参加学习考试，100％考核合格）的要求，在定期性考核和网学网考方面，充分发挥助学辅导员和学习小组的作用，重点抓学员的上网学习时数、有效回帖数和形考合格率。同时，通过建立临时党支部、班委会、学习小组长、班级QQ群、微信群等加强学生及学程管理。（3）加强考纪考风教育和考前复习，确保学习真实性。首先是考前复习具有针对性，组织专业教师建设课程资源包和考试复习包，通过多年的努力，资源包和复习包已覆盖每个学科，为学员学习和考试提供帮助。其次是强化底线思维，加强考纪考风教育，在组织部门的支持下，把农大学员失学、缺考与乡（镇）村党员教育工作考核挂钩，保证了学习与考试的真实性。再次是加强蹲考巡考，邀请组织部门参与巡考，严防考生替考、利用信息化手段舞弊。（4）积极推进以网络形考为主的智能测评模式。针对农村成人“业余学习”的特点，为缓解农学矛盾，学校对农民大学生的学习成果评价进行了改革和创新，实行形成性考核和终结性考核相结合的评价模式，将网络平台运行课程考核形式统一设计为“100％网络形考”或“50％网络形考＋50％终考”，其中100％网络形考课程占比30％。课程形成性考核重在考核学生的课堂参与度和实践能力，将形成性考核和

教学过程紧密结合，科学合理地植入到网络学习课程中，实行边学边测，学员每看一个文本，每学习一个视频、每做一个作业，系统均会自动记录其学习成绩。课程终结性考核内容突出考核农民大学生运用所学理论知识分析和解决实际问题的能力，考核形式上，增加了实践性考核、开卷考试、课程小论文等形式，有效引导了农民大学生学以致用[3]。

四、活用载体，立体推介

为了展示农民大学生培养工作成果，总结经验，同时也为更好的宣传优秀典型，激发广大农民大学生的学习和创业热情与自豪感，科学设计各种活动，以活动为载体，推进农民大学生培养工作持续、深入开展。

积极组织学员参加全省电大系统开展的各类活动。如组织参加创新创业演讲大赛、农民大学生创业设计大赛、“我的学习故事”演讲比赛、“新型农民大学生风采”演讲比赛、“信息技术应用能力”竞赛、“希望的田野”新农村建设知识抢答赛、优秀毕业论文（作业）评选等大型教学竞赛活动以及“希望的田野”奖学金、“寻找追梦者”系列任务评选、优秀农民大学生等评选活动，等等。衡阳每次参赛，都名列全省电大系统前茅，激发了农民学员的学习兴趣。

同时，由市委组织部牵头，每年组织开展一两次大型活动，宣传、推进农民大学生培养工作。2015 年，值“一村一名大学生培养计划”和“农民大学生培养计划”实施十周年之际，开展了“六个一”系列活动（一次十周年实施情况专题调研，举办一次十周年总结表彰会，在衡阳电视台、《衡阳日报》、衡阳党建网等开辟“农民大学生十年回眸”专栏，拍摄一部农民大学生微公益广告，编写一本农民大学生十年成果展书，制作一套“农民大学生风采”博客）。2016 年，开展了“三授”活动，建立了一批教学实践基地和创业基地，组建了“土专家”“田秀才”实践教学团队和志愿者服务团队。2017 年举行了“万名农民大学生助力脱贫攻坚”志愿服务活动启动仪式，正式把农民大学生助力脱贫攻坚纳入学员日常教学管理活动中来；开展了“三个十佳”（“十佳农民大学生村官”“十佳农民大学生创业能手”“十佳农民大学生志愿服务者”）评选活动，评选采取逐级推荐、逐级审核、网络投票、组织评审的方式进行，并于 12 月 13 日举行“田野追梦者——衡阳市优秀农民大学生评选汇报会”。

这些活动，既为农民大学生找回了久违的家园文化氛围，也鼓舞了农民大学生的终身学习热情，而且还把农民大学生培养与脱贫攻坚工作相结合，成为乡村振兴战略的务实之举，得到了国家开放大学、省委组织部的充分肯定和高度评价。

近年来，衡阳市农民大学生培养工作举措有力，成效明显，引起了各大主流媒体的关注。2016 年，国家开放大学“农民大学生培养计划”（“一村一名大学生计划”）现状情况调研组前来我市调研，对衡阳的培养模式、培养措施、培养成效给予高度评价。2017 年

"国开之旅——走进湖南农民大学生培养计划"组织国家和省级 11 家主流媒体对衡阳模式和衡阳经验进行宣传，推出了系列报道。近三年来，《光明日报》《中国政协报》《中国教育报》《人民网》《新华网》《凤凰网》等主流媒体采访报道 14 篇，尤其是《人民日报》内参于 2018 年 1 月 12 日进行了推介，评价衡阳农民大学生培养工作"打造了一支永不走的'三农'工作队伍"。《湖南日报》《红网》等省级媒体采访报道 13 篇。《衡阳日报》等市级媒体推出专版 4 版、专栏 2 个，宣传报道 50 篇以上。《湖南经视》和《湖南教育台》分别制作了宣传节目，《衡阳电视台》播出《表彰汇报会》一场，专栏 2 个，宣传报道 30 次以上。这些宣传报道，提高了衡阳"农民大学生培养计划"的知名度，产生了良好的社会影响，云南电大及省内市州电大多次来衡交流，云南电大还邀请衡阳面向云南全省介绍经验。"农民大学生培养计划"已成为服务衡阳乡村人才振兴的靓丽品牌，得到了各级党委政府的高度关注和大力支持[4]。

第二节　乡村人才培养成果丰硕

一、培养质量显著提高，培养了一大批农村领军人才

乡村振兴，人才是关键。衡阳市农民大学生培养计划得到了各级党委、政府的高度重视，保障措施有力，教育教学有特色有质量，学员后续培养和发展途径广，深受农村有志青年欢迎，他们把成为农民大学生当作时尚。衡阳市农民大学生学风好，学员学习互助意识强、自我管理能力强，网上学习有效参与度高，在全省网上教学考核中一直稳居全省前列，形考合格率接近百分百，面授学习、实践教学到课率高，各县大多在 80%以上。近三年来，衡阳市农民大学生期末考试合格率专本科均居全省第一，学员休学、退学率低，三年招收学员 2 862 人，目前处在休学状态的仅 114 人，巩固率达 96.1%。优秀学员和学用典型不断涌现。2016 年国家开放大学组织"寻找追梦者"系列人物评选活动，衡阳市易晓军荣获了"全国优秀农民大学生"称号。2017 年，衡阳市共有 36 人荣获省校优秀农民大学生称号，占获奖总人数比率达 18%。衡阳市自 2005 年实施"一村一名大学生"培养计划以来，十余年如一日，从未间断，稳步推进，共招收农民大学生 9 353 人（近三年招收学员 2 862 人），学成毕业 6 400 余人，培养了一批"留得住、用得上、懂技术、会经营"的农村实用人才，改善了农村人才结构，为衡阳落实乡村振兴战略打实了人才资源的基础[5]。广大优秀农民大学生扎根在农村广阔土地上，在创业、扶贫、基层组织建设等方面发挥了重要作用，取得了累累硕果。

二、学员发展前景喜人，支持了农村基层党建工作

重视学员的培养、使用和后续发展是衡阳农民大学生培养工作的特色。“七个优先”政策为学员的后续培养、发展提供了有力保障，一大批农民大学生由此受益，迅速成长，在农村政权建设和基层组织建设中发挥了重要作用。农民大学生中有的通过招考成了公职人员。2016 年，湖南首次“三类人员”（乡镇事业工作人员、村干部、大学生村官各占三分之一）招考直接进乡镇领导班子，同时解决公务员身份和副科实职。全市共招考 140 人，其中农民大学生 26 人，占三类人员总数的 19%；村干部 46 人，其中农民大学生 26 人，占村干部总数的 57%。农民大学生中一大批进入村级班子，并成为骨干力量和“两代表一委员”。2016 年，省、市、县、乡四级班子换届，农民大学生担任乡镇“两代表”357 人、县“两代表一委员”88 人、市“两代表一委员”8 人、省党代表 3 人。2017 年，在全市村“两委”换届中，有 599 名农民大学生被选为村党组织书记，有 1 935 人选为村“两委”成员，列入村级后备干部 560 人。

三、推动了农村产业和经济社会发展

乡村振兴，产业兴旺是重点。广大农民大学生在学习和实践中磨砺创业带富能力，积极投身创业实践，立足当地丰富的资源优势，致力于发展现代农业，大力发展优势特色产业，把“青山绿水”转化为“金山银山”。据统计，截至 2018 年 5 月中旬，衡阳市农民大学生（含一村一大）建立规模农民（农业）专业合作社、公司等经济组织达 499 个，有 1 628 人成为当地农村种养殖大户和致富带头人，为构建乡村产业体系，提高农村产业发展水平，实现产业兴旺贡献了力量。

农民大学生是农村致富带头人。他们通过组建志愿服务队、开展小组活动、结对帮扶、发挥产业基地及农民专业合作社的辐射作用等方式，培育种养大户 593 人，吸纳贫困户 2 552 户 5 498 人就业，发放工资 7 000 余万元，已帮扶 3 725 户 11 564 名贫困群众脱贫。16 级学员常宁大义村村主任廖忠平流转了 2 千多亩土地，成立常宁市湖边种养专业合作社、大义山果业开发有限公司，种植水稻、脐橙和柑橘等水果，发展养殖和餐饮项目，提供就业岗位 50 余个，带领村民走向共同致富的道路[6]。

四、助力了农村精准扶贫工作

农民大学生积极投身扶贫攻坚，成为一支“不走的扶贫工作队”，激活了农村内生发展动力。他们按照“万名农民大学生助力脱贫攻坚”志愿服务活动的要求，每人至少联系

一名贫困户，进行一对一、一对多的帮扶，每人每月至少进贫困户家门一次，与贫困户谈心谈话一次，帮助贫困户解决至少一个力所能及的困难，有条件的尽可能为贫困户提供就业岗位。他们通过志愿服务，助力贫困农村地区的脱贫攻坚，使“希望的田野”变得更有魅力、更加出彩。截至2018年4月底，全市农民大学生志愿者涌现了1 248名脱贫致富带头人，共联系贫困户5 511户，为贫困户免费提供资金3 461万元，解决生产和生活实际困难和问题7 630多个。农民大学生志愿服务者把“服务农村、服务农民”作为实现自我价值的目标，用自己的青春放飞梦想，用自己的善良播种美好，用自己的汗水书写辉煌，成为一支真正的“不走的扶贫工作队”。2017年3月21日，时任市委书记周农在调研驻衡高校座谈会上指出，“发展教育是脱贫攻坚的治本之策，是精准扶贫的战略举措，培养农民大学生，培养村干部，我非常感兴趣。”“高校是打赢脱贫攻坚的重要平台。培养农民大学生让农民大学生带领大家致富，这个很好。”

五、探索了学校转型发展和培养农村人才的新路径

在建设全民终身学习的学习型社会、实现教育现代化的伟大事业中，基层电大如何担当责任、抢抓机遇，开拓发展新路？在电大系统整体转型发展的大背景下，基层电大何去何从，路在哪？农民大学生培养计划在目标定位上体现了学校的责任担当，契合了农村经济社会发展对人才的需求和学员个人发展需要，因而，得到了市委市政府的重视和支持，受到了农村学员的欢迎。市电大通过实施农民大学生培养计划，达成了共识，就是要以服务全民终身学习为己任，找准热点主动对接衡阳经济社会发展，找准切入点主动对接市委市政府中心工作，为学习者个性化、多样化学习提供服务，为衡阳经济社会发展培养急需要的人才。

在实施“农民大学生培养计划”的实践中，围绕“农民大学生”这一特殊群体，针对“培养成什么人、怎么培养”“学什么、怎么学以及如何有效组织学习”等问题，开展教育教学改革与创新，精准定位“三层级”培养目标，构建“党政校”多方联动运行机制，建立了“七优先”等有利于学员培养与发展的保障制度，创新了适合农民大学生特点的“三课堂”“四结合”“六教学”教学模式和学习方式，形成“学历教育与技能培训衔接、学业与创业融通”的农民大学生培养模式，探索了一条有效破解农村“耕地谁来种、畜禽谁来养、农业谁来兴、产业谁来调、乡村谁来建、生态谁来美”等现实难题的实用人才培养新路径，形成了远程开放教育培养农村人才的“衡阳模式”和“衡阳经验”。省电大陈建民书记调研衡阳农民大学生培养工作后，高度评价了衡阳的做法，他说衡阳农民大学生培养工作站位高、统筹妙、抓得实，为全省农民大学生培养工作提供了可借鉴、可复制的成功经验。

实践证明，通过网络远程教育模式培养农民大学生，是一条大规模、低成本、高效益

培养社会主义新型农民的有效途径，是加强农村人才队伍建设，促进农村基层组织建设的有力措施，是学校服务地方经济发展，服务新农村建设的重要载体，对于加快我市农村经济社会发展，推进学习型社会建设，实现农业现代化，实现市委、市政府提出的全市农村工作目标，具有十分重要而深远的意义。时任市委书记郑建新同志在市委组织部调研全市组织工作时，对我市全面实施“农民大学生培养计划”，培养乡村振兴人才给予了高度的评价。下一步将对照“五个振兴”（乡村产业振兴、乡村人才振兴、乡村文化振兴、乡村生态振兴、乡村组织振兴）的要求，提高认识，更新观念，强化责任担当，推进农民大学生培养工作创新，探索乡村人才培养新模式、新方法，全面提高乡村人才培养质量，为实施乡村振兴战略提供可靠的人才保障和智力支持[7]。

参考文献

［1］彭思毛．农民大学生培养：一项值得关注的民生建设［J］．湖南广播电视大学学报，2013，（2）：1-4．

［2］彭瑛．基于远程条件培养农民大学生的实践探索——以湖南广播电视大学为例［J］．邵阳学院学报（社会科学版），2011，（3）：18-121．

［3］尹文芬，宁可．湖南“农民大学生培养计划”教学平台课程资源现状分析与对策研究［J］．湖北广播电视大学学报，2017，（2）：6-8．

［4］孙王保，郝卫红．试析“农村干部学历提升工程”远程教学模式［J］．山西广播电视大学学报，2019，（4）：2-5．

［5］龚佑臣．教育扶贫视域下“农民大学生培养计划”的独特属性及其发展路径探析——基于湖南省“农民大学生培养计划”的思考［J］．湖南广播电视大学学报，2016（3）：16-19．

［6］郭丽云，蒋楠．乡村振兴视野下“一村一项目”升级重构探析——兼谈乡村人才培养模式的构建［J］．广播电视大学学报（哲学社会科学版），2018，（4）：103-109．

［7］萧峰．基层电大的学校精神［J］．中国远程教育，2013，（24）：67-69．

第六部分

政府行为与政策建议

第十三章 促进衡阳农村产业融合发展的地方政府行为与政策建议

我国自2014年起才逐步提出和确立农村三产融合发展的方针，而国外学者早在20世纪60年代就开始了关于产业融合的研究。尽管我国在产业融合研究方面的起步较晚，却在短时间内就取得了令人瞩目的长足发展。产业融合在我国起步和推进的各个环节都离不开政府[1]。2014年中央一号文件首次提出农村三产融合发展的理论，将现代化的产业组织方式纳入农业体系，以现代手段提高农产品附加值、为农民创收；2015年颁布的《关于加大改革创新力度和加快农业现代化建设的若干意见》再次重申三产融合的重要性，指出在农业现代化的道路上存在一个重要转变，要推动农业由生产为主转向将消费作为引领，充分发挥农业发展对地区发展的推动作用；2016年国务院办公厅发布指导意见，明确推进农业供给侧结构性改革的决心。至此，三产融合的政策在我国正式确立。在2017年的中央一号文件中更将农业供给侧结构性改革提高到当前最大主题的地位之上，为了实现这一目标，更需要政府积极推进三产融合，逐步推进改革，激发农业农村的发展活力[2]。农业一二三产业的融合发展需要政府与地方政府的共同努力。在推进三产融合的过程中，地方政府具有相当的天然优势：在信用度方面，社会主义制度的优越性使地方政府具有相当程度的号召力，更容易得到农村居民的信任；在稀缺资源的获取方面，地方政府承惠于现实制度，能够更轻松地进行银行贷款，获取财政支持；同时，地方政府也拥有更加丰富的信息渠道，对政策的理解也具有一定优势[3]。以上优势在极大程度上保障了地方政府对农村有限资源的合理优化配置，使得以低成本换取高收益成为可能。地方政府在推动农村产业发展方面的努力和成就是不可忽视的，但同时我们也必须承认，政府在职能、组织体制和领导队伍的建设方面仍有改进的空间[4]。这些问题主要表现在以下几方面：政府职能转变滞后、农村基层政府条块分割、职能不全、政府行为不规范加重了农民负担、农村基层干部的素质与能力有待提高、政府对农民的教育培训投入尚显不足等。这些都启示衡阳地方政府在制定本区农村产业融合发展规划时必须因地制宜，一切从实际出发，本地的制度创新要符合当地农村产业融合的实际情况，适应需要，充分发挥政府宏观调控的作用，为农村产业融合发展保驾护航。衡阳地方政府要发挥地方政府农村产业融合的引导、推动、组织与协调作用，保证智慧农场、田园综合体和小城镇建设的有序进行，在推动农业一二三产业融合发展进程等方面有所作为，有所贡献[5]。

第一节　促进衡阳农村产业融合发展的地方政府行为

农村产业融合发展不是一蹴而就的，它的顺利进行需要农村三产融合主体的积极参与，除此之外更需要国家和地方政策的鼎力支持[6]。

一、转变政府职能，围绕农村产业融合发展这个重心，高标准做好顶层设计

1. 农村产业融合发展目标

衡阳农村产业融合发展当前尚处于发展的初级阶段，很难用量化的方式制定出一个具体的农村产业融合发展目标，所以当前在发展目标设置方面大多数都是定性描述。因此，衡阳农村产业融合发展的下一个十年发展宏观目标要符合衡阳具体市情，契合农村产业融合发展的实际情况，可以从三个方面进行规划：一是在产业链条完整、功能和业态丰富方面进一步拓宽融合的广度，围绕着主要农产品已经建立起了比较完善的加工产业链条，农产品的加工转化率能够达到80％，与发达国家基本持平。二是在利益联结紧密方面进一步加深融合的深度，以股份合作制和股份制为主的利益连接机制更加紧密、完善，在农村产业融合发展过程中形成一股稳定的推动力量。三是在农业竞争力、农民收入、农村活力提升方面进一步提升融合的效果，从融合效果上来看，产业融合的进一步发展，让农村综合竞争力和农民收入实现了大幅度提升，农村的活力得以充分挖掘，农村经济社会的各个方面得到快速发展。

2. 制定农村产业融合的基本原则

农村产业融合发展作为一种全新的发展形式，是农村未来发展的普遍趋势，也是农业农村发展理念更新、发展方式转变、发展机制创新、振兴战略实现的重要内容。要想推进融合的健康发展，就必须遵循四项原则：一是坚持农民主体原则。农民是农业的主体，更是农村产业融合的主体。在融合发展过程中，只有尊重农民、各类经营主体的意愿与选

择，建立完善的利益连接机制，才能够调动融合主体的积极性和主动性，推动融合的有效发展。二是坚持粮食安全原则。粮食安全是一个国家和民族的命脉，是农村产业融合必须坚持的原则，在任何情况下都坚决不能动摇。三产融合发展必须推进，但在发展的过程中不能以牺牲耕地为代价，需要借助于各方力量，不断地提升农业综合生产力，推动现代农业的快速发展。三是坚持一切从实际出发，因地制宜。必须立足农村当地的具体情况，摸索系统完善的产业链，逐步推进农村产业融合。产业融合不能盲目去想，必须结合当地的具体情况，制定出切实可行的融合方式，因地制宜地进行发展，才能达到理想的发展效果。四是坚持市场导向原则。农村产业融合发展是市场经济体制下的一种新的发展模式，要充分发挥市场配置资源的功能，营造一种良好的市场氛围，借助政府的宏观调节功能，增强融合的内生动力，推动融合的快速发展。

3. 明确农村产业融合的主要任务

推动农业和其他产业的有效融合，形成各种新业态，是农村产业融合发展的主要任务。具体可以从以下几个方面开展：第一，进一步促进农、林、牧、渔业基础性的内部融合。大部分的农村已经具备了此方面的融合，通过内部融合，能够实现农、林、牧、渔等产业的协同发展。内部融合的方式很多，包括农林融合、林牧融合、农林牧渔融合等。第二，推进农业和农村工业的融合。此方面的融合是社会各界所关注的焦点，农业和农村工业实现有效融合，能够拓展农业产业链，提升农产品的附加值，实现产业链价值的进一步提升，为农村和农民创造出更多的经济和社会效益。此方面的融合既体现在农业和农副食品加工业融合方面，也涵盖着能源工业、纤维工业等方面。第三，促进农业与农业功能开发的融合，两者融合有利于生成农村新业态，在农村经济发展过程中成为新的经济增长点，挖掘农村发展潜力，同时让农民获得实实在在的收益。此方面的融合主要体现在农产品和农产品经济功能的开发利用，同时还包括农业文化和休闲、生态与环境等功能的开发与应用。第四，推进农业和农业生产性服务业的融合。此方面的融合符合衡阳当前农业现代化建设的趋势，也是农村城镇化发展的必然要求。两者的有效融合有利于小农户和现代农业的有效衔接，为农业现代化打好基础。第五，推动农业和农村生态的融合。随着网络技术的不断更新换代，在信息技术作用之下，催生了一系列的互联网新业态，这些新业态已经成为农村农业经济新的增长点，是农业产业融合中不可缺少的内容。在将来，互联网与农业、服务业将实现更为紧密的融合。

二、创新农村产业融合发展思路，拓宽农村产业融合渠道

加快衡阳农村产业融合的发展必须结合当地的具体情况，从融合模式、融合主体和机

制、融合政策措施三个方面创新发展思路，出台新举措。一是总结农业领域四种产业融合模式，明确衡阳农业领域三个产业融合的全面思考方向，在主要实体、区域、当前发展状态层面解决衡阳农业领域三个产业融合过程中出现的问题。二是将内部产生主体与外部产生主体相结合，思考如何培养不同主体，并且明确不同主体合作的方向，基于主体的选取明确农业领域三个产业融合过程中体系的创建。三是延长产业链长度，扩大产业规模，推动农业领域三个产业的融合发展，并且提供政治策略方面的意见。

这些思路最终要落到实处，还必须多方面拓展构建对产业融合发展渠道：一是延长产业链。只有延长产业链才能够实现农产品有效转化、提高农产品的附加价值，让农民获得更高的收入。延长产业链的做法必须因地制宜，掌握产业与农业之间的科学技术，借助于原料和农副产品之间的循环利用特点，构建符合地方经济特征的产加销产业链。二是开拓功能链。创造条件、改变外部环境，充分挖掘农业的各种功能，只有把农业的各种功能全部转化成为生产力，才能创造出更多的经济和社会效益。农业蕴含的功能非常多，如果能够把他们全部转化为生产力，推动各种产业链的形成，就能进一步挖掘农业潜能，充分释放产业融合的效能。三是完善网络链。网络链的构建离不开互联网与交通方面的各种基础设施，结构完备的网络链将为农村产业融合提供更好的环境，打造线上线下同一的服务模式，实现不同产业之间的有序运行。同时还能够培育更多的新业态，成为农村经济新的增长点。四是提升价值链。在农村产业融合发展的基础上，不断地提升企业形象，塑造区域形象，实现加工增值，实现融合主体收入的提升。在不断提升价值链的过程中，能够取得品牌政策效应。五是完善利益链。构建完善的利益连接链条，才能让农村各相关主体能够实现有效融合，形成一股强大的合力，全面推进农村生态融合的发展。构建利益链条的关键在于保障农民和其他市场主体的切身利益，才能够推动农村主体的有效融合。

三、规范政府行为，减轻农民负担

必须将农村和农业立法提上日程，在国家层面以法律形式对农村产业融合发展过程中可能遇到的问题、已经出现的业态进行梳理与明确，最大程度避免使农民上当受骗的可能与风险，以严格完善的制度秩序保障农民的经济利益与各项经济权利。要在国家层面规范土地使用权、土地流转等方面的要求，重申农户与集体和国家之间的关系。农村和农业立法必须面面俱到，遍布农村产业融合发展的方方面面，无论是农业投资还是科技投资，体系建设还是资源保护，每一个环节都要处在法律法规的保护下，保护农民的一切合法权益。这就要求地方政府在制定相关制度时必须向上依照国家法律，向下倾听农民意愿，同时兼具简单具体的特征，真正发挥地方政策在农村产业融合发展过程中的引导和管理作用。想要切实推进农村产业融合发展的各项工作，光是有法可依还不够，更要做到严格执法。当下地方政府在执法的程序、手段、结果等方面都尚未拥有完备的法律监督，这对产业融合发展的大环境相当不利。地方政府应当采取合理手段，如将行政执法引入司法流程，着力推进管理监督，促进农村的法治化进程。

四、全面提高农村基层干部的素质和能力，加大对农民的教育培训力度

基层干部是农村产业融合发展的支柱性力量，建设农村基层干部队伍的工作要始终坚持加快农村产业融合发展的总体目标，要狠抓干部素质，全面提升农村基层干部的工作能力，做好思想政治、组织、作风三方面的建设工作，使农村基层干部充分发挥榜样带头作用，在实现共同富裕的道路上砥砺前行。

农民是农村的基础，农民素质的提高直接关乎农村产业融合的各个环节能否有效开展。在普及义务教育的行动之上，还要拔高层次，开展职业与科技方面的相关培训。必须正视培训需求的缺口，增加农村科教经费，为农民提高个人素质与知识做好财政保障，降低农民的学习成本。要积极挖掘农业培训的方式和渠道，进行产学研合作，培养农村自己的人才，降低人才成本。科学技术在任何产业中都是第一生产力，农业也是如此。农村在高科技人才资源方面相对短缺，在研发和管理层面都几乎呈现空白状态，开展产学研合作可以在很大程度上填补人才资源缺乏的空白。要充分利用周边的教育资源，向周边的高校或研究所借调掌握专业知识与技能的人才，保障研发环节和管理环节的有序运行。同时也要对这些人员做好安置，积极寻求各种资源，早日建成自己的科技研究所与生活居住区，为参与产学研的人才资源提供施展才能的平台与良好的生活工作空间，充分发挥产学研在提高公司整体素质、降低人才培养时间成本方面的优势。为了尽快向衡阳农村补充科技人才与管理人才，农村企业要加强与地方高校之间的联系与合作，广泛招纳合作伙伴，在搭建实验室、加强人力资源培育、优化管理体系等多个方面寻求合作，将产学研的范围逐渐辐射到农业、生物、食品安全技术等多个领域，以积极的心态促成成果共享，合力打造出当地农村发展的支柱性农业产品[7]。

五、拓展农村产业扶贫融合的多种形式

衡阳当前正在全面开展精准扶贫精准脱贫工作，各级地方政府为此出台了一系列的产业脱贫项目，可以利用这些项目实现农村产业融合，寻求农村和农业更好的发展路径，让当地的农民真正能够脱贫致富。寻求农业脱贫项目和工业服务业的融合可能，既抓脱贫，又求发展。脱贫政策在衡阳得到了行之有效的执行与落实，使得农村贫困人口占比逐年下降，贫困地区逐年减少[8]。眼下，衡阳的农村贫困地区大多为山区、丘陵地区，这些地区

自然条件恶劣、农业生产困难，甚至是不适合人类生存的地方。农村深度贫困地区的群众文化水平低下、缺少技能，大多数都属于老弱病残群体。针对这些地方的扶贫，地方政府不仅要为此出台各种扶贫项目，而且还要提升农业和其他产业的融合力度，只有多管齐下，才能找到适合这些地区农民就业和增收的路径，才能让当地的农民真正脱贫致富。具体可以做到：

1. 开启土特产品与电商服务、加工业的融合模式

贫困地区受制于自然地理条件，土地肥力薄弱、土地面积有限，无法进行大宗农产品的生产，但是在土特产品上具有一定优势。很多偏远贫困地区工业化程度低，土特产品具有绿色、安全和生态的特点，没有任何污染，洁净度高，能够满足消费者对农产品品质的要求。所以应该积极地和电商服务业实现融合，利用电商平台实现土特产品更广泛的销售，同时还有利于塑造一些品牌形象。除此之外，还要积极的和加工业融合，为贫困地区的贫困人口提供更多的就业岗位，增加此部分人口的工资性收入。目前衡阳土特产品加工大多数都停留在初加工阶段，科技含量不高，对劳动者文化程度和技能的要求并不高。这些岗位非常适合贫困人口参与，所以在贫困或者深度贫困地区，迫切需要此种方式的融合。

2. 促进贫困地区文化自然景观资源开发和旅游业之间的融合

在调查中发现，那些能够保持原汁原味民俗文化风情的地区，往往是贫困地区或者是深度贫困的地区。这些地区地处偏远，交通不便，现代化和工业化程度不高，所以民族文化风情得以保存，特别是湘西、湘南民族地区往往处于山区丘陵，原汁原味的民族文化风情和独特的自然景观融在一起，是非常优秀的旅游资源。所以在扶贫开发的过程中，应该把这些地区的特色资源和旅游业实现有效融合。但是这些地区经济整体水平低下，当地的农民和企业缺乏此方面的经济实力，因此应该鼓励外部企业、社会资本也加入推动产业融合的队伍中来。

3. 改善贫困地区的基础设施，将基础设施与旅游产业进行融合[9]

为了帮助贫困或者深度贫困地区脱贫致富，党和政府为此出台了一系列的措施，并且投入了巨大的人力、物力、财力完善当地的基础设施，比如修建道路、水库，危房改造，新住房建设，等等。可以利用基础设施建设的过程，把基础设施打造成为观光资源，让基础设施和旅游业实现有效融合。鼓励当地的旅游企业共同参与到基础设施建设、新农村建设中，并将此打造成旅游路线，不断地提高旅游路线的知名度，吸引更多游客的参与。此种方式既能够为旅游者提供全新的旅游路线、获得新的旅游体验，又能够推动当地基础设

施建设的持续深入和完善，帮助当地脱贫致富。

六、优化农村产业融合扶持政策

农民、合作社和相关企业是产业融合的主要参与者，在融合过程中首先要解决产业融合的切入点，也就是说找到两个产业之间的连接点，才能够实现产业的有效融合。虽然衡阳各级政府针对产业融合出台了一系列的扶持政策，但是单从政策中很难找到契合点。产业融合过程实质上是市场主体自主选择的过程，但是市场融合主体自主选择的有效性并不高，应该提高市场融合主体此方面的认知能力，才能更好地进行产业融合。由此可见，应该从以下几方面对市场融合主体开展培训、提供政策支持。

1. 根据地方实际情况和特点做好培训规划，此方面的工作应由县乡党委和政府全面负责

培训规划要接地气，和当地的需求相辅相成，帮助市场融合主体找到产业融合的连接点，提高培训的有效性和针对性。通过全面的培训，有利于开拓融合主体的眼界、拓宽其思路。同时还有利于不断提升农民尝试产业融合的能力，为产业融合提供人力资源方面的支持。

2. 因地制宜，补充培训费用

各区域之间的政策要有所区别，湘中、湘北地区可以通过省级政府出资、市级县级政府补贴的方式获取培训经费。湘南、湘西地区这方面的经费一部分来自国家和省级财政，另一部分来自市县财政补贴。深度贫困地区，此方面的经费应该以国家财政支持为主、省级财政支持为辅。

3. 利用现有的培训渠道，拓宽培训覆盖面

实际上衡阳相关职能部门很早就已经开始了合作社带头人、农村两委负责人、大学生村官等方面的培训，已经建立了完善的培训渠道，可以利用已经形成的培训渠道对产业融合带头人、骨干人员进行各种形式的培训。须知农民才是融合的主体，加强培训主要是为了有效提升农民的综合素质，同时充分调动融合主体的积极性，提高他们的参与度与主动性[10]。

4. 利用政府购买服务，提升融合培训的力度

比如利用职业技术院校，为融合主体提供融合培训服务。因为高等院校或者高职院校

师资力量非常强、专业门类比较齐全。借助此种渠道，通过政府购买服务的方式为融合主体提供培训，能够实现培训资源的充分利用。

5. 通过参与产业融合有条件的企业，拓宽培训路径

此类企业实力雄厚、具有一定的培训条件，并且培训的针对性、专业性非常强，可以利用此类企业的力量对农民与农村合作社相关人员进行培训，能够达到良好的培训效果。

七、优化农村产业融合要素支持政策

农村产业融合从性质上看属于要素融合的过程，比如土地、资本和技术等方面的融合，因此，在要素融合方面，应该给予充分的政策支持，具体体现在以下几方面：

1. 利用土地政策，实现农村产业融合

为了挖掘土地资源的优势，国家已出台一系列搞活农地经营权的支持政策，比如三权分置政策等。这些政策为农村产业融合创造了条件。利用农地使用权，农民既可以借助合作社实现产业融合，也可以直接参与到农产品加工企业之中，实现第一和第二产业的有效融合。还可以通过农地经营权的出租，参与到农业创业企业、旅游企业运作过程中，在不改变农地用途的情况下，借助农业旅游从中获利。比如通过农田艺术、农田景观等获得更多的非土地性收入。特别是当下农村有很多空心村、闲置的校舍操场等，利用这些闲置的土地或者废弃的建设用地，在符合国家法律法规的前提下，打造成景观场所。让这些闲置的集体土地资产通过产业融合能够产生更多的价值。

2. 实现农村产业融合发展资金支持政策的优化和创新

在具体实践中，农户在发展产业融合过程中，可以凭借自身土地承包经营权预期收益来拓宽融资的渠道，获得金融机构的抵押贷款。此种抵押贷款在农村比较普遍，其资金主要用于农业生产，并且所抵押土地的用途、土地经营权权属等仍然能够保留，不会因为贷款而改变。因此在发展农业产业融合过程中，此种贷款模式能够有效地解决融合参与者各方资金难的问题。针对农业产业融合发展，笔者认为，应该设置专项贷款，提高贷款的针对性和有效性，才能为农村产业融合发展提供助力。产业融合的课题覆盖着方方面面，环节多，要素多，跨界融合的可能性越来越高，因此催生了一系列的新业态和新模式。在此背景下，单一的指向性非常明确的资金支持显然已经落后，要针对融合产业的发展提供更多的综合性资金支持，这样才能够满足新业态和新模式发展的需求。农村产业融合仅仅依靠国家政策的支持显然是不够的，要鼓励社会工商资本和其他资本共同参与到融合过程

中，提高融合过程资金支持的力度，才能让产业融合发展更加顺畅。农村产业融合刚刚起步，需要融合各方的共同参与与支持。但是目前农民群体知识薄弱、资本力量有限，单靠自身的力量很难实现融合的有效发展，因此更需要社会资本的介入，帮助农民干好产业融合项目，为农业资源的最优配置提供助力。

3. 实现农业产业融合发展过程中其他政策的优化

产业融合涉及多个方面，从经济方面来看，省职能部门的经济扶持政策显得尤为重要。当下的产业融合主要表现为与农村文化的结合，比如和农村的民俗、景观、红色经典、建筑文化等方面的融合，形成了农村文化旅游业，该产业在衡阳已得到了蓬勃发展。地方政府在方针政策制定的过程中，要提高政策对农村文化产业和其他产业的融合更多的支持。比如在农村产业发展项目中，应该把文化产业纳入农村文化产业发展项目之中，利用国家的支持政策，推动农村产业融合发展的不断深入。随着衡阳老龄化程度的不断加深，人民群众对养老养生的需求更加旺盛，农村地区可以借助自身的自然环境条件，大力发展养老养生产业，实现农业和此类产业的有效融合。很多养老产业具有一定的准公益性质，政府部门应该给予财政补贴等方面的支持。虽然衡阳已经出台了一系列的此方面支持政策，但是随着产业融合力度的不断加深，这些政策的支持力度也越来越弱，因此应该进一步加大此方面的支持力度。

八、优化农村产业融合服务支持政策

农村产业融合发展在衡阳尚处于发展的初级阶段，对于农民或者企业来说，都是一个新的存在，因此更需要政府对此方面的引导和支持，具体可以做到以下几点：

1. 在舆论方面加大宣传和引导

及时地把国家针对产业融合的方针政策通过各种渠道传递给相关主体，让农民、合作社和企业能够充分了解国家的方针政策，积极地参与到方针政策的落实中，成为产业融合的主体之一。针对面向农业农村的培训，同样离不开舆论媒体的广泛宣传，可以挖掘成功的案例作为榜样或者典型教材，在农民和企业中广泛宣传，让农民和企业能够学习其优势，弥补自身的不足，同时能够提高参与产业融合的积极性。农村产业融合涉及各个领域，因此在舆论宣传过程中不仅要在农村产业融合参与主体中进行宣传，而且更要在整个社会上进行宣传和引导，鼓励各市场主体、社会力量参与其中。农村产业融合过程不可能一蹴而就，需要不断地进行政策宣传、舆论引导才能达到预期目标。

2. 提高农村产业融合支持政策透明度、公平公正度，鼓励群众和社会的共同监督

国家和省、市政府非常重视农村产业融合发展，并为此出台了一系列的支持政策。这些政策是否能够落实到位，是否能够让农民、农村合作社、农村企业真正获得实惠，关键在于地方政府具体工作的开展。在产业融合的具体扶持项目中，县乡两级政府要及时地公布相关政策，公开发布相关数据，提高扶持项目的透明度，鼓励社会各界监督。只有如此，才能够让农村产业融合优惠政策真正落实到位，落实到相关经营主体头上，调动群众参与的积极性与主动性，推动融合的有效发展。在各参与融合主体中，比较弱势的一方是广大农民群众，必须采取各种方针政策，保障农民能够享受到国家政策所带来的优惠。

第二节　促进衡阳农村产业融合发展的政策建议

一、延伸农业内部循环的产业融合链条

农业和工业、服务业的有效融合，农村内部产业的融合，共同构成了农村产业融合。农村产业融合发展是农村经济未来的发展之路。

1. 延伸种植业与畜牧业的循环融合

随着社会经济的发展，人民群众对生活品质的要求越来越高，迫切渴望种植业向绿色、生态和安全方向转变，只有如此才能满足人民群众对美好生活的需要。而实现种植业的转变，实现衡阳粮食安全，就必须不断地提升耕地质量、提高土地肥力，同时还要减少化肥和农药的使用。而这些畜牧业可以为此提供支持。畜牧业能够产生大量的有机肥，种植业使用有机肥之后，就能够改善种植环境，提高农产品的质量。但是在具体实践中，有机肥的效能低，而无机肥的效能高，很多农户纷纷选择了无机肥料，这种行为不利于农产品质量的提升。因此国家和地方政府要出台此方面的政策，双管齐下，既要向农民宣传使用有机肥的好处，同时也要对有机肥进行加工，逐步提高使用效能，降低其成本，才能够调动农户使用有机肥的积极性和主动性。

2. 要延伸畜牧业和林业融合

林业是农村经济中不可缺少的产业，尽管衡阳已经采取了一系列的手段积极推进农村

集体林权改革，在一定程度上鼓舞了农户的积极性，但林业生产所创造出的经济与社会效益毕竟是单一的，从事林业生产的农户也无法获得预期收益。所以很多从事林业生产的农户希望能够获得更多的盈利渠道。当前从事农业生产的农户盈利的主要路径就是林牧结合，在林地中大力发展经济林，并人工种植各种菌类、中草药等。有的是在林地空间中饲养各种畜禽，或者发展特种养殖业。由此可见，林牧产业融合能够推动两个产业的可持续发展。

二、延伸农业与其生产性服务业的融合链条

随着社会经济的快速发展，农村城镇化全面铺开，部分农民的就业问题得以解决，使得土地流转的规模和力度逐渐加大，土地规模经营已经成为农业发展的普遍态势。农业和其他生产性服务业的融合可以从以下几个方面展开：

1. 发展田间作业配套功能

对于劳动力不足与设备短缺的农户，可以为他们提供大田托管服务，或者提供代耕、代种、代收服务。这种服务不仅能够满足农时节点要求，而且还有利于农田作业质量、作业速度的提升。农户之间、合作社之间、农业企业、家庭农场之间都可以开展此类服务。虽然衡阳田间作业服务尚处于发展的初级阶段，但是融合的效果已经初步体现。

2. 积极发展农业保障性服务

针对依靠自身能力无法解决农业问题的农户，可以通过保障性服务，帮助农户解决各种问题。比如帮助农户开展病虫害防治，或者帮助农户打机井等。可以采取多种手段，吸引农业企业、服务组织加入提供农业保障型服务的队伍中。

3. 做好农业生产资料的提供工作

生产资料供给涉及多个方面，包括农药化肥、种子、机械设备、燃油等方面的供给，此种供给服务历史悠久，主要是由相关公司、企业为农户提供此方面的服务。但从服务双方的实际情况来看，供给方为了追求自身利益的最大化，经常出现一些坑农、害农现象，比如为农户提供假冒伪劣生产资料，所以两者之间的融合并非具有共同利益的相互融合。只有把双方的利益捆绑在一起，结成利益共同体，才能实现双方真正融合。农业和农业生产资料供给方之间本身就存在着一定的利益关系，只要把双方的利益捆绑起来，就能够促进双方的有效融合。可以让农用生产资料供应企业参股农民合作社，这样就能够形成利益共同体，防止供应商提供假冒伪劣的生产资料。

4. 充分发挥物流产业在农业发展中的积极作用，着力发展冷链物流产业

冷链物流产业事关农产品的流通，是农业快速发展的重中之重，只有实现两者之间的有效融合，才能让农村农产品在更广阔的范围内流通。在调查中发现，衡阳当下很多地区农产品流通速度和质量在不断提升，再加上农业电子商务的快速发展，农产品线下物流近年来实现了快速发展。但是冷链物流发展速度比较缓慢，根本无法满足农产品快速流通的需求，比如肉、蛋、鱼、新鲜水果等，均需要冷链物流。可以鼓励涉农服务主体、其他社会力量共同参与其中，甚至还可以鼓励有实力的农业生产经营主体自办冷链物流，提高冷链物流的流通速度、扩大其覆盖面，让农业和冷链物流产业能够有效融合。

三、延伸绿色特色农业与加工业融合形式

目前，衡阳农业的产业融合主要表现为与农产品加工业的融合。随着社会的发展，人民群众对农产品和农产品加工制成品要求不仅仅停留在数量上，而且要求高品质、绿色、安全、生态和有特色的产品。为此，要积极促进绿色和有机产品与农业加工业的有效融合。通过此种融合方式，可以保证农产品和农产品加工制成品在整个产业链条中都能够实现绿色、安全和高品质。通过建立起追溯体系，从各个环节上、整个产业链条上全面保证绿色有机食品的质量。消费者还可以通过追溯体系，对绿色有机食品质量进行全程监督。绿色有机农产品的生产是农业供给侧结构性改革的重要举措，生产规模持续扩大，在衡阳的农业生产中已经成为一支强大的新生力量。所以只有实现农业和加工业的有效融合，全面推动绿色有机农产品的生产与加工，才能满足人民群众对美好生活的需要，为产业融合助力。与此同时，还要促进地方性的特色农产品生产与农产品加工业的融合。受自然禀赋条件的影响，再加上生产习惯、饮食习惯和文化传统的不同，各地农产品品质、种类、加工方法等各不相同，形成了带有典型地方特色的农产品，有些更已成为地方的品牌产品，具有了全国性的知名度。地方性的特色农产品具有显著的广告效应，在一定程度上代表着地方的形象。不过在调查过程中发现，衡阳很多地方的特色农产品仍然属于初级农产品，其功能没有得到充分挖掘，所以应该大力推动地方特色农产品生产和加工全面融合，充分挖掘特色农产品的功能，提升其附加价值。湘西、湘南不发达农村地区拥有相当一部分的特色农产品，很多特色农产品在全国具有一定知名度，所以应该及时地促进该产业和加工业的有效融合，才能够挖掘其功能，让特色农产品能够在更广阔的范围内流通，帮助中西部地区早日脱贫致富。特色农产品生产与加工业的融合发展，其中的主导力量是加工企业，可以凭借着加工企业的优势，让特色农产品走出地区，走向更广阔的发展空间，让当地的农民获得更多的收入，走向富裕之路。

四、延伸农业与新型业态的融合链条

随着网络技术的不断更新换代，互联网迅速地普及，互联网和农业之间的融合程度越来越高。在互联网技术的作用下，农村涌现出了一系列的新型农业业态。这些新业态为农村产业融合创造了条件，并且成为农村经济发展的新动力。农村新型业态优势集中体现在：一是能够降低交易成本；二是能够加快农业和其他要素之间的有效连接；三是有利于农户、农业合作社、农村企业等组织形式可以直接进入产业融合的各项环节。需要注意的是，互联网技术下的农业新业态目前还是新生事物，仍需要政府和市场的鼎力支持，具体体现在以下方面：

1. 寻求农业与众筹业的融合点

消费者和生产者通过农业众筹的方式形成交易，在这种方式的作用下，消费者可以在农业生产环节直接提出自己在数量与质量方面的需求，在跟生产者协商后发出订单，达成一致见解之后，由农业经营主体直接在田地中进行生产，农产品收货之后，农业经营主体会根据订单的内容职责把农产品送达到消费者手中。农业众筹属于订单引导和驱动的农业生产，其基本模式为：搜集订单后交由农业经营主体进行生产，随后消费者和生产者根据协商内容完成交易。除此之外，还存在着偏向投资类的股权募集式农业众筹。这种众筹由发起者募集资金，农民或社会资金以购买股票的方式加入，在生产项目结束后取得收益，融合的范围比较广。

2. 积极发展农业和个性化定制业态的融合

随着消费者消费品质和要求的不断提升，个性化农产品定制得到了快速发展，已经成为农产品细分消费市场中的一种新业态。借助互联网平台，消费者直接和农业经营主体定制农产品，可以定制具体的农地地块，也可以认养具体的畜禽，消费者可以根据自己的需求提出个性化要求，然后农户结合消费者的需求开展标准化生产，当产品成熟之后，农业经营主体就会把农产品直接送到消费者手中。此种业态消费的群体主要是城市中高端消费群体，此类群体具有一定实力，有着强烈的个性化定制需求，但是此类群体受到时间和空间的限制，不能够全部参与到农产品的生产管理过程中，往往会委托农业生产经营主体进行生产和管理，可以是全程托管模式，也可以是半托管模式。消费者和生产者在此种新业态之下实现了有效融合，农业和服务业的界限已经被打破。

3. 积极发展农业与会展业态的融合

会展农业近年来发展得非常迅速，在全省各地普遍开花，这种新业态实际上是农业和会展业的有效融合。从形式上看，会展农业或者农业会展就是举办农业展览和会议。在计划经济时代，就存在着农业展览和会议，但当时并不属于一种经济业态。市场经济体制下的会展农业从性质上看是一种商业业态，通过举办各种会展，让农业生产经营主体、服务主体实现有效对接，从而促进农业和服务业信息、资金和人才等方面的有效流动，为农业的发展创造更多的商机，让农业经营主体获得更多的收益。农业与会展业态融合，有利于扩大农业在社会上的影响力，从而实现农业市场综合竞争力的快速提升。根据上述分析可以看出，衡阳农业未来的发展方向与其他服务业的融合紧密相连，农业与其他服务产业的融合发展需要政府和市场等方面提供更多的支持。

五、拓展农业文化功能，促进产业融合

衡阳千百年来的农耕文明代代传承，具有丰富的可开发资源，如果能够实现与其他休闲产业的有效融合，就能够催生一系列的休闲产业，使农业休闲产业的快速发展带动农业经济的繁荣与发展。农业文化的拓展开发存在着多种可能：

1. 将农业景观与观光旅游业进行融合发展

衡阳历史源远流长，不同民族在各自的农业生活中形成了异彩纷呈的民族文化、风俗习惯，还打造了各种各样的、带有明显地域特征的古村落建筑。这些百花齐放的农业景观是地方农业发展中难能可贵的、不可复制的资源，可以和观光旅游业实现有效融合，形成新的农业景观，为农村经济发展助力。此种融合可以在农村内部实现，包括农民或者农业合作社、农村集体经济组织等，可以作为融合的主体，通过和旅游业的融合，既能够解决农民就业问题，又能够实现农民增收、农业快速发展。

2. 围绕农村文化、体育产业进行融合

广大农村文化、体育资源极其丰富，很多农村地区非常适合摄影、采风、攀岩和探险等活动，为相关文化、体育产业奠定了扎实的资源基础，应当乘势积极推动相关产业的融合。因为农村地区地域广阔，消费者在这些地区进行文化、体育消费，往往具有分散性、指向单一性的特征，并且对区域情况熟悉程度不足，这就需要农村经营主体为消费者提供引导性服务。随着这种引导性服务范围的不断扩大，消费者人群数量的不断增多，很有可能形成规模性产业，会成为农村区域经济新的增长点。不过从当前的实际情况来看，此种

融合主要在农村内部实现，有赖于农民自身的努力才能够扩大市场，提高融合的力度。

3. 在城市周边近郊围绕都市农业进行融合

为了推动城乡共同发展，很多地方大力推广都市农业。都市农业的内容非常广，包含了多个方面和多个领域，比如农产品生产、休闲度假、旅游观光、养老养生等，属于典型的多功能农业集合体。农村最基本的生产生活和休闲服务业的有效融合，形成了新的农业业态——都市农业。当前应该进一步开拓都市农业的发展形势，在原有基础上不断提高都市农业融合的层次，鼓励社会资本、社会力量参与，既能够保障农民的切身利益，又能够让产业融合实现有效发展，缩短城乡之间的距离。

六、拓展农业社会功能，促进产业融合

农业功能是多方面的，既有经济方面的功能，也有社会方面的功能。其中，在农业社会功能中，部分功能能够转化为经济功能，所以应该对此部分社会功能进行拓展和挖掘，发挥社会功能中农业的经济属性，通过产业融合的方法，实现农业的快速发展。拓展和转化农业的社会功能，可以与衡阳的养老产业相联系，从衡阳人口众多、老龄化现象突出的社会现实出发，推动农业与养老产业的融合发展。随着社会的不断发展，人们对于生活质量的追求也在不断提高，越来越多的人开始重视养老与养生。衡阳农村的自然地理环境优越，在气候和水土方面都非常适合老年群体养生养老需求，为衡阳养老养生产业的发展创造了条件。很多社会成员都非常青睐于农村地区养老，所以在农村发展养老养生产业，具有极其广阔的发展空间，可以鼓励农民与社会力量参与其中，共同推动农村养老养生产业的快速发展，满足人民群众对美好生活的需求。另一方面，围绕农村土地征用、农民动迁安置方式实现产业融合的创新。随着城镇化规模的不断扩大，很多农村地区土地被征收，农民被动迁安置，在此过程中，农民和整个社会关注的焦点就是补偿安置措施。此类农民在此过程中获得了一定的补偿，但是他们失去了土地，或者只拥有少量土地，为了方便此类农民的可持续就业和生计，可以开展多种形式的产业融合。比如通过土地换企业股权、换门市房屋、换社保等方式，吸纳失地农民到企业中就业，或者为此类农民提供生存路径和社会保障等。上述措施均属于拓展农业社会功能的措施，能够保障经过土地征用和动迁之后的农民仍然有可持续发展之路，同时还有利于促进产业融合的持续深入。

七、拓展农业生态功能，促进产业融合

随着农村生态环境治理力度的不断提升，农业环境功能和生态功能也正在逐步彰显。

优良的农业生态环境已经成为当代人所向往的环境，也是当代人对美好生活需求的体现。所以可以把农业的生态功能和其他产业实现有效融合，让农村和农民利用自身的青山绿水，来赚取更多的经济和社会效益。

1. 在农业生态环境保护、修复、改善和美化的过程中，实现产业融合

当前广大农村已经充分认识到了生态环境保护的重要性，采取了一系列的保护措施，并对部分不良的生态环境开展了修复工作，在修复和建设中还非常注重生态环境的美化，引入了园林设计理念，此种措施不仅有利于改善和调节生态系统平衡问题，而且能够进一步提升农村生态环境的宜居程度、艺术魅力，能够让农村生态景观更加赏心悦目。农村生态环境的修复和改善，有益于农村和休闲旅游、农产品加工与流通等产业的有效融合。此方面的产业融合应该以农村和农民为融合主体，吸引更多的社会力量参与，提高融合力度，推动农村生态环境质量的不断提升。

2. 结合农业自然资源的可持续利用，实现产业的有效融合

农业生态环境功能之一就是自然资源的可持续利用，实现这一目标的方法主要在于：一是通过发展各种循环产业来实现；二是通过把农村和农业中不利条件、不利因素转化为有利条件和有利因素实现发展；三是培养农村新产业实现发展。农村和农业发展深受自然条件的制约，特别是那些水土条件比较差、气候条件不理想的农村地区，农产品质量和数量均不高，很难实现产业的有效融合。这些地区要把对自身有利的条件进行挖掘，把不利条件转化为有利条件，大力发展适应性产业，发展特色农产品，才能实现农业和其他产业的有效融合。产业融合也是推动自然禀赋条件不好的农村地区快速发展的基本措施。

参考文献

[1] 张轩铭. 吉林省农村一二三产业融合发展研究 [D]. 长春：吉林农业大学，2018.

[2] 唐兴霖，张紧跟. 农村经济社会发展进程中政府行为存在的问题与对策 [J]. 云南行政学院学报，2000，(4)：48-51.

[3] 杨立宾. 东西部农村社会发展中的县级政府行为比较 [J]. 宁夏党校学报，2005，7 (5)：72-76.

[4] 王一冰. 基层政府在生态富民中的职责研究 [D]. 南京：南京师范大学，2019.

[5] 金太军. 农村经济社会发展进程中地方政府行为对策 [J]. 中共天津市委党校学报，2000，(4)：52-54.

[6] 姜峥. 农村一二三产业融合发展水平评价、经济效应与对策研究 [D]. 哈尔滨：

东北农业大学，2018.

[7] 杨京鑫. 衡阳市角山米业人力资源管理现状与对策研究 [D]. 长沙：中南林业科技大学硕士论文，2015.

[8] 温淑萍，郭淑敏，王秀琴等. 农村一二三产业融合发展模式探析 [J]. 宁夏农林科技，2017，58 (12)：83-87.

[9] 胡元. 句容市茅山镇政府生态富民实践研究 [D]. 南京：南京师范大学，2019.

[10] 雷贤辉，陈清浩，王俊峰. 一二三产业融合发展的新兴之路 [N]. 南方日报，2016-10-25 (2).

后　记

改革开放以来，衡阳农业不断发生质的变化。一方面产业链快速拓展，由单一的农产品生产向农产品加工、品牌打造和市场销售等纵深发展；另一方面农业功能日益优化，以旅游、观光和休闲娱乐为特点的“三产融合”的发展模式逐步成为农村主要形式，摆脱了原先单一功能的生产制约。显然，2019 年中央“一号文件”强调的推进“三产融合”发展，实质上也就是加快现代农业产业体系的构建。在此政策背景下，本书以“三产融合”是什么为重点，探究衡阳市是如何围绕“三产融合”开展工作，去挖掘增进“三产融合”发展的具体方法。

一、“三产融合”的内涵界定及现存关键问题

从研究成果来看，学术界对农村产业融合的研究较为完善，基础理论体系的构建趋于完善，体系包含有内涵概念、策略、发展模式等方面内容，并在诸多领域开展了关于农村战略融合的各项研究，其中针对农村旅游产业融合的研究居多。这里所提及的旅游业已不单单归属于第三产业，比如乡村旅游，已是多种产业之间相互融合的产物。从整体而言，国内研究学者针对农村产业融合主要是定性分析，而对于实践案例的应用性研究较少，这就导致了研究结果缺乏深度性。此外，关于如何促进各产业在农村大环境下的深度融合，促进相对应的基本指导理论走向成熟，还处于探索分析阶段。因此，本书通过衡阳农村产业融合过程中存在的问题、表现及原因，判断衡阳农村产业融合过程中出现的新问题、新情况，分析衡阳农村产业融合推进力的构成及相互关系，归纳农村产业融合推进过程中的关键性问题及其解决方案，提出运用宏观政策调整解决农村产业融合建设中农村产业融合目前面临的紧迫问题。所有这些探索性研究对于当前农村三产融合战略的实施具有明显的现实意义。

1. 文献梳理与内涵界定

作为更高级别的农业产业化概念，以满足农民的各种福利待遇要求，建立现代化农业、高质量农业，实现中国广大农村的伟大振兴为根本目的，突出“融合”关键的“三产融合”概念应运而生。具体来说，当广大农村建立了不同于之前生产模式的组织与生产形式，与农业相关的包括制造业、服务业在内的二三产业之间的界限逐步模糊，农业各种生产要素的区别变得不明显，这种新的充满着交叉、渗透的农村生产方式就称为“三产融合”。该概念第一次是中央在2015年的“一号文件”中提出，从此之后，各专家学者开展了大量的研究。Yoffie（1997）立足于信息传输产业相融问题展开阐述，他表示，数字技术在产业融合的过程中发挥着十分重要的作用，它可以将独立性较强的产品加以综合，最终整合成整体性的产品。植草益（2001）认为应该立足于产业组织层面对产业融合概念进行阐述，他表示要限制产业壁垒，首先就要放宽技术限制，积极创新技术形式，使各类企业都能够处于更加积极的竞争关系当中，以此来创造一个更具活力的产业环境。马健（2006）表示，各产业领域当中的竞争关系以及合作关系并不是一成不变的。在市场需求发生变化的同时，原有的产业产品也会随之产生波动。在这样的情况下，产业界限会因此变得十分模糊，甚至需要重新划分才能够投入使用。王乐君认为，“三产融合”过程可以有效地将农业的各产业链与价值链进一步提高和延伸，提高农民除第一产业之外的收入，实现多种方式营收、多种主体的共同提高。而在学者姜长云看来，为了促进农村各生产要素的相互交流，促进各种产业的相互融合，提高农村各资源的集中配置力度，最优化农村各产业的布局，必须要形成一种之前从未有过的技术、业态以及商业模式，而“三产融合”正是这样一种充满交叉重组和渗透融合的方式。同时，根据马晓河的观点“三产融合”的基础依旧是农业，但需要在农产品从生产到销售的整个生命周期内，将各产业集聚在一起，发挥联动作用，积极探索新的体制和技术，实现整合的目的。在熊爱华的研究文献中，农村中存在着三种不同的“链”，分别是产业、价值和供应，当“三链”开始相互缠绕，共同发展的时候，一种新的农业生产模型就诞生出来，而这种过程便被称为“三产融合”。综上所述可以发现，尽管不同学者对“三产融合”的概念有不同的解释，但值得注意的是，大家都普遍认同一个观点，那就是“三产融合”是促进农业农村转型发展的过程，而该过程的实现必须通过农村包括一二三产业在内的各种生产要素的相互交叉融合。

2. 关键问题

（1）组织带头示范作用弱，工作不协调

目前我市对农村产业融合越来越重视，将产业融合在农村的发展视为重大工程。而这个过程中，政府需要承担着这重要的责任。但是政府在执行工作时，存在弊端：政府大包大搅，其他主体参与度不高；产业融合过程组织管理混乱，缺乏经验，走了许多弯路；缺乏与村民的沟通，与村民产生矛盾，引起了村民的不满；一些干部对产业融合急于求成，不尊重客观规律，导致资源浪费，因此增加了农村产业融合的难度。

(2) 农村金融体系落后，资金投入少

农村产业融合筹集资金压力大，仅仅依靠政府的支持，不能满足农村产业融合发展，因此，农村产业融合发展尚存在资金的缺口。农村信用社等金融机构作用发挥不明显，职能部门监管不严，存在一定的金融风险，因此不能吸引外来的产业融合投资者。

(3) 产业融合发展效率低

在乡村振兴的大发展背景下承担着经济基础地位的就是产业融合，将极大影响农村的建设、农业的发展以及农民的收入。在衡阳的广大农村中，产业融合发展的程度较低，产业结构失衡：第一产业仍占据重要地位，第二、三产业发展速率较慢；粮食作物与经济作物之间存在比例不协调的问题，林、牧、渔业对比于农业之间产值相比存在差距；自然资源存在着不合理的应用；工业发展缺乏资金支持，生产力水平低下，相关工业技术与管理水平较低，生产出的产品质量较差，导致产品市场竞争力较差。

(4) 环境保护压力增大

衡阳农村产业融合水平要想提高首先应当加强环境的保护。随着当前农村产业的不断发展以及农村居民生产生活方式的转变对农村环境产生了一定的影响；随着城市化进程的加快，城市的环保意识加大，导致高污染、高消耗企业迁往农村地区，但是农村也面临基建、环境保护管理和设备不完善的问题。

二、衡阳市“三产融合”发展模式分析

近年来，衡阳市主要通过以下四种发展模型来开展“三产融合”策略，实现农村的一二三产业的融合发展与农村的现状结合，造福农民，幸福农业农村，使农业农村各产业大变样的目标。

1. 农业内部交叉融合模式

农村的经济结构需要调整，必须要充分发挥农业独特的资源优势。以此为基础，充分考虑不同资源的特点，整合资源，共同经营，将农业与畜牧业结合、使农业与林业相互促进、林下经济、庭院经济等农林牧渔复合经营模式。比如，衡阳县利用虾稻共生互利原理，营造良好农业生态环境，减少农业面源污染，快速推广“水稻十龙虾”生态种养模式，实现一田多能、一水多用。这种养殖模式，是传统种养模式的极大创新，作为一种新的循环生态养殖方式，在提高农民收入的同时保护了生态环境，提高了亩产，挖掘了农业

的发展潜力。

2. 农业产业链延伸型融合

在衡山，形成了一条包括鸡、茶、辣椒等生产全周期在内的完整产业体系，同时孕育了一大批的优秀当地企业。例如衡山祁黄鸡、角山米、南岳云雾茶和祁东黄花菜都形成了自己的品牌效应，具有一定的产业规模，能够有效地带动农民脱贫致富。在衡山得以施展的这种模式是一种以农产品需求为导向的现代化的农业生产方式，通过建立一条从田间地头到百姓餐桌、从原材料到最终的消费品的产业生产链条，使农业的第二产业和第三产业连接起来，最终形成了一种高度融合、三维各层次立体发展的新农业。为了实现“接二连三”农业发展，向前延伸和向后延伸缺一不可，向前延伸主要是围绕农产品原料开展的各种加工、销售企业为主建立原料生产基地，而向后延伸则聚焦于农产品的深度加工、流通和餐饮，该途径的经营主体变成了各种专业大户。

3. 功能拓展型融合

该方式充分发掘农业各方面的功能，建立农业为基础的多种多样的发展方式，包括体验农耕文化在内的农村旅游业，以科学知识普及和运动健康为主的休闲农业以及围绕农村开展的各种创意活动等。同时不可忽略的是农村具有很多各具特色和充满历史文化气息的包括农业生产、加工在内的各种资源，以此为基础，大力创新，建立人人可参与、人人可体验、充满娱乐元素、因人而异的创意农业，构建集生产、生活、生态功能于一体的农业产业新体系。比如，耒阳市江头生态茶园农庄开发茶业、渔业和生猪养殖业、餐饮住宿和娱乐产业，不仅仅充满着湘南乡土风情，还具有历史悠远的贡茶文化，再结合庄园具有的玩、赏和餐饮，极具特色。这种方式已经成为衡阳农村新的经济增长点，连续六年产值持续增加。

4. 技术渗透型融合

随着网络时代的到来，出现了一种以模式创新和依靠信息技术的现代农业，以此为基础出现了一种新的模式。即充分利用包括传感器、卫星等在内的先进设备和各种信息技术包括互联网、大数据、云计算和物联网，在包括生产、加工、销售在内的农业全生命周期过程中，充分应用新技术带动传统农业发展，依靠电商智慧农业的发展促进农村产业的大升级大发展。依靠这种发展模式，在衡阳利用互联网，建立了互联网＋农业，方便快捷对接农业供求关系，提供便利的农业服务，解决农产品面临的问题。

本书系 2019 年度湖南省教育厅科学研究重点项目《一二三产业融合促进湖南经济高质量发展的影响分析及实现路径研究》（编号：19A120）研究成果。该书以《经济高质量发展背景下农村产业融合发展分析与湖南实证研究》书名申请2020年度衡阳市优秀社会科学著作出版基金，喜获立项出版资助。后经出版社责任编辑建议，改成《区域农村产业融合发展水平测度与路径优化的实证研究》出版。本书系由我和萧烽、喻琨、赵少平、罗白璐、曾思敏诸位学者共同完成，其中第一、二章由罗白璐负责撰写，第三、四章由赵少平负责撰写，第五、六章由曾思敏负责撰写，第七、八章由喻琨负责撰写，第九、十、十一章由萧烽负责撰写，第十二、十三章及全书框架设计统稿由我负责。

陈国生

2020年6月19日于雁城罗佳井